그람시와 한국 지배계급 분석

그람시와
한국 지배계급 분석

그람시의 역사적 블록 개념과 한국적 적용을 중심으로

김종법 지음

바다출판사

1996년 1월 1일 오전 6시 무렵 김포공항에서 출발하는 비행기를 타고 이탈리아라는 생소한 나라로 유학을 떠난 지도 벌써 20여 년이 가까워 온다. 이제 막 결혼한 아내와 함께 생애 처음 비행기를 타고 떠나는 낯선 이국땅은 설렘과 희망보다는 두려움과 공포감으로 다가왔다. 그렇게 시작한 이탈리아 유학 생활은 처음부터 그람시에 의해 시작된 것이었고, 그람시로 끝을 맺었다.

토리노에서 보낸 7년은 필자의 인생에서는 아주 중요하고 커다란 의미가 있는 기간이다. 이탈리아어를 전공했다고 하지만 겨우 인사 정도나 할 수 있던 필자에게 이탈리아어는 공포 그 자체였다. 서른이 넘어 새로운 언어를 배워야 한다는 두려움과 이탈리아 사람들도 어려워하고 공부하지 않는 그람시에 대해 연구한다는 어려움은 막연함 그 자체였다. 언어적인 어려움은 차지하고라도 학제가 다른 이탈리아에서 학위를 습득한다는 것은 어쩌면 쓸모없는 시간낭비에 불과했을지도 모른다.

그렇게 7년이라는 시간이 흘러 그람시 연구를 통해 학위를 받게 된 것은 거의 기적에 가까운 일이었다. '운칠기삼'이라는 말이 있다. 어떤 일에 성공하거나 목표를 달성하려면 운이 70퍼센트 그리고 능력이 30퍼센트 정도가 따라주어야 이룰 수 있다는 말이다. 이탈리아의 유학 생활은 아마도 이런 한자성어가 딱 어울리는 기간이었다. 내 능력의 한계를 극복하고, 완전하지는 않아도 박사학위를 받을 수 있을 정도로 그람시를 공부할 수 있던 70퍼센트의 운은 그람시와 이탈리아에 대한 필자의 생각을 바꾸는 데 충분했다.

먼저 부끄러운 고백을 하자면 필자는 그람시를 7년간 공부한 것이 아니라 그람시를 이해하기 위해 선행해야 할 사항들에 대해 7년 동안 공부했다고 보는 편이 맞을 것이다. 그람시가 자라온 환경과 19세기 통일 당시 전후의 이탈리아, 그리고 그람시에게 영향을 끼쳤던 수많은 사상가들에 대한 공부를 7년간 했던 것이다. 그러고 나니 신기하게도 유학가기 전 한국에서 그렇게 열심히 그람시를 읽었지만 이해가 되지 않았던 여러 부분들이 서서히 이해되기 시작했다. 어째서 그람시가 남부 문제라는 지역 문제에 매달리면서 노동자 계급의 혁명을 꿈꾸었는가를 그람시의 생애와 토리노의 노동운동사를 읽으면서 이해가 되었다.

그람시의 저서나 글만 읽거나 그람시 연구자들의 논문이나 비평서에만 매달린 것이 아니라 그람시의 주변과 기초 지식을 이해하는 데 7년을 할애한 것이다. 그렇게 시작된 그람시 주변부 공부는 그람시라는 중심 연구를 위한 좋은 토대와 기반이 되었다. 서양의 사상가나 이론을 한국에 소개할 때 가장 흔하게 나타나는 오류의 하나가 서구 이론이나 개념을 한국 사회에 적용하면 마치 모든 문제가 해결될 것이라는 막연한 기대와 희망일 것이다. 필자 역시 초기에는 그러한 막연한 기대를 그람시를 통해 피력했다. 한국 사회의 많은 문제점들에 대한 해결의 실마리를 그람시에 기대고 있었지만 현실 정치에서의 한국 사회는 생각보다 경제적 이해관계에 너무 많이 경도되어 있었다.

그람시 저서에 대한 완역의 필요성은 그러한 혼돈과 혼란의 시기에 더욱 마음속 깊이 다가왔다. 그렇게 시작된 그람시의 이론과 개념을 한국에 소개하는 작업은 쉽지 않은 과정의 연속이었다. 그람시 전기를 시작으로 남부 문제에 대한 연구, 헤게모니 개념과 이론, 역사적 블록 개념을 통한 지배계급 연구, 마키아벨리에 대한 그람시의 시각 등이 지난 10년의 연구 결과물들이었다. 그러나 온전하게 그람시를 읽기 위해서는 대표저작인《옥중수고》의 완역이 필수적이었고, 번역 작업을 지금까지 해오고 있다. 그러나 시간강사나 연구교수의 신분으로 이러한 작업을 지속적으로 수행하기에 현실의 벽은 너무나 높았고, 집중적으로 번역 작업에만 몰입할 수 있는 현실적 여건도 없었다.

이 책은 그러한 어려움 속에서도 그동안의 연구를 하나의 주제로 모으면서 그람시 이론과 개념을 서구의 시각이 아닌 한국의 조건과 환경에서 바라보고자 하는 필자의 조그마한 시도이다. 그러나 한국 사회에서 그람시를 소개하는 작업과 그람시의 이론과 개념들을 한국적으로 해석한다는 것은 전혀 다른 작업이라는 단순한 사실을 이 책은 깨닫게 해주고 있다. 일반적으로 한 국가나 사회 혹은 체제를 분석할 때는 내부적인 시각에서 분석하는 방법과 외부의 시각에서 분석하는 방법이 있을 것이다. 방법론적인 시각에서 본다면 이 책 역시 둘 중의 하나를 선택하여 책을 서술하는 방향이나 원칙을 명확하게 밝혔어야 했다. 그러나 서로 다른 두 개의 체제를 하나의 이론을 통해 동시대적으로 분석한다는 것은 결코 쉽지 않은 일이다.

이 책에서 다루고 있는 주제와 내용은 우리 모두에게 익숙하지 않은 것들이다. 그람시라는 이탈리아의 낯선 정치이론가의 이론과 개념은 차지하고라도 너무나 많은 주제가 이 책을 채우고 있다. 이러한 주제군 중에서 몇 가지를 분류해서 보면 다음과 같이 정리할 수 있다. 이탈리아 파시즘 체제, 파시즘 체제의 지배자인 무솔리니, 이탈리아 통일운동, 지역 문제인 남부 문제 등 이탈리아 사회를 이해하는 데 필수적인 요소들이 그 첫 번째 주제들이다. 두 번째는 그람시 이론과 개념들에 대한 연구이다. 헤게모니론, 역사적 블록 개념, 지배계급의 문제, 시민사회론, 민주주의론, 국가론 등의 개념과 이론이다. 세 번째는 한국사회를 구성하는 연구 주제들이다. 특히 한국의 지배계급, 친일, 친미, 반공, 독재, 한국적 민주주의, 개발독재론, 한국사회론, 한국사회구성체 논쟁 등이 주요한 주제들이다.

이 세 개의 주제들이 어울려 이 책이 구성되었다. 그러나 필자의 의도나 생각만큼 이 책의 완성도가 높다고 생각하지는 않는다. 무엇보다 그람시를 제대로 이해하고 소개하기도 전에 '그람시 이론의 한국적 적용'이라는 어설픈 목적을 제시해 스스로의 한계를 보였다는 자책감도 없지 않다. 그럼에도 이 책은 몇 가지 측면에서 독자들에게 분명한 방향과 의미를 전달해주고 있다.

첫째는 그람시 연구의 연장선에서 한국의 자본주의 체제 분석으로 이어지는 단서를 제공했다는 점이다. 그동안 한국 사회를 분석할 때 가장 어렵고 오류 가능성이 높았던 부분은 성격이 전혀 다른 사회를 분석한 서구의 이론을 그대로 한국에 대입함으로써 발생하는 한계였다. 특히 한국 사회나 민주주의 체제에 대한 일반적인 대입이 아니라 역사적 블록이라는 개념을 통해 제시하고 있는 한국 지배계급의 성격 분석은 한국 사회 지배계급 분석과 연구에 새로운 방향을 제시했다는 점에서 충분한 학문적 의미를 부여할 수 있다.

둘째는 그람시 이론과 개념을 통해 한국 사회 분석의 한계를 넘어서기 위한 서구 개념과 이론 적용의 사례를 제시했다는 점이다. 물론 이 부분의 경우 그 유효성과 학문적 성과에 대한 명확한 평가와 판단이 필요하겠지만, 적어도 서구의 이론과 개념을 한국 사회에 적용할 때 어떤 방식으로 접근하는 것이 바람직할 것인가에 대한 좋은 사례를 제시했다는 점에서 그람시의 이론과 개념은 공헌을 하고 있다. 현재의 한국 사회 분석이 답보 상태라는 점을 고려한다면, 어쩌면 이 점이 현 시점에서 우리에게 가장 필요한 분석과 연구일 수도 있다.

셋째, 이 책이 그람시 연구의 난점과 한계를 뛰어넘기 위한 가장 기본적인 작업이며, 그람시에 대한 연구 영역의 확장이라는 측면에서 총제적인 연관성을 제시하고 있다는 점이다. 그람시를 통해 한국 사회를 들여다 볼 수 있는 계기를 마련하고, 그람시 이론의 한국적 적용의 유용성과 한국화를 위해서 다양한 사례와 분석틀을 제시하는 토대가 될 것이다. 따라서 본서에서 본격적으로 시도하는 체제 분석으로서의 박정희 시대 연구나 지배계급의 특징과 내용을 담기 위한 역사적 블록 개념의 한국화는 이후 후속적인 작업을 통해 한국 사회를 다양한 관점에서 볼 수 있는 초석이 될 것이다.

이 책의 출판은 한국연구재단의 인문저술지원의 일환으로 기획되었지만, 책의 성격이나 내용에서 보다 대중성과 구체성을 제시하고자 했다. 정해진 기한보다 조금 늦어지기는 했지만, 더 많은 내용과 충실함을 위한 게으름이라고 생각해주었으면 한다. 어려운 책의 편집과 출간을 맡아준 바다출판사에 심심한 감사의 말을 전한다. 보통 출판의 변을 적을 때 빠지지 않고 등장하는 여러 사람의 도움에 대한 서술은 이 책에서는 생략하고자 한다. 대신 지면을 통해 책을 편집하고 출간해준 고마움을 다른 방식으로 전달하고자 한다.

이 책의 출간 연도인 2015년은 여러 가지 면에서 기억될 수밖에 없는 해일 것이다. 대한민국이라는 공간에서 벌어진 수많은 사건과 사고들은 대한민국의 존재와 가치에 대해 제대로 생각하게 하는 계기가 되었다. 이 책이 그런 대한민국의 실재와 현실을 이야기할 수 있는 출발점이 되기를 바라면서, 절망과 실망을 안고 사는 수많은 한국 사람들에게 이야기하고 싶다.

오늘의 대한민국을 이렇게 만든 것이 위정자들이나 친일과 독재의 주역들이라고 손가락질하며 스스로를 위로하기보다는 오늘의 대한민국을 만든 책임을 통감하고, 우리의 미래 세대에게 더 나은 대한민국을 만들어주기 위해 우리 스스로가 참여하고 만들어갈 수 있는 기초와 토대를 만들어야 한다. 국가는 결코 권력에 의해 스스로 괴물 국가나 독재 국가가 되는 것이 아니라, 역사에 무지하고 현실을 외면하며 참여하지 않는 수동적인 국민들이 만들어주는 것이다. 비록 이 책이 많은 면에서 부족하고 지루함을 갖춘 전형적인 현학서라고 평가받을지 모르지만, 적어도 부패하고 추악한 지배계급이 연속적으로 대한민국을 망치는 일을 간과하지 않도록 우리 모두 노력해야 한다.

다음의 그람시 책에는 더 많은 것을 담고자 필자 역시 혼신의 힘을 기울일 것을 약속하면서 책 출간을 위해 도움을 주신 모든 분들께 진심어린 감사의 말을 전한다.

2015년 용운동 연구실에서

김종법

차례

1
왜 다시
그람시인가

들어가면서

　1987년 민주화운동 이후 한국 사회에서 민주주의란 더 이상 지식인들이나 사회 운동가가 추구해야 할 가치가 아니라 완성된 사회 체제이자 당연한 사회 운영의 원칙이었다. 그러나 시간이 흐를수록 그러한 정의가 얼마나 유용한지에 대한 회의와 의구심이 들기 시작하였다. 민주주의의 역행이라고 평가받는 이명박 정부의 등장과 집권, 그리고 박정희 전 대통령의 딸인 박근혜의 집권, 그리고 여전히 미국과 일본에 의해 주도되는 한반도의 상황 등은 1987년 체제가 끝났거나 극복된 것이 아니라 그 이전의 상황이 반복되거나 심지어 어떤 면에서는 전보다 더 나빠지고 있다는 인상을 준다.

　이승만 정부의 수립과 현대 한국의 출발점인 남한만의 단독 정부가 출범한 이래 현재까지 많은 정부와 정권이 한국을 통치하여 왔다. 그러나 우리 사회는 이들 정치적 권력과 정부에 대한 평가에 너무도 소극적이었다. 상황이 이렇게 된 것은 주로 현재까지 긴밀하게 연관되는 상관성을 통해 지나친 연속성을 내세우거나 당대 체제를 평가하는 것에 대한 부담과 여전히 당대 정치권력 당사자들의 이해관계가 얽혀 있다는 점 등이 작용한 결과였다. 일반적으로 민주정부의 범주에 포함시킬 수 있는 김대중 정부나 노무현 정부조차 '잃어버린 10년'이라는 단순하고 악의적인 구호에 휘둘릴 정도로 정치권력의 민주적 정당성은 취약한 성격과 구조를 갖고 있다.

이러한 현상은 단순히 이명박 정부에서만 성공한 것이 아니라, 그 뒤를 잇는 박근혜의 대통령 선거 운동 기간 내내 가장 중요한 정치 구호와 프레임으로 커다란 위력을 발휘했다. 그렇다면 과연 이렇게 취약한 민주적 구조와 성격을 어떻게 규명하고 분석하는 것이 바람직한가?

한국 사회 체제의 성격을 논의한다는 것이 현재라는 시점에서 보면 그다지 유용하지도, 유효하지도 않을 수 있다. 해방 이후 현재까지 정부를 분석하고자 할 때 분석의 기준과 관점을 어디에 둘 것인가에 따라 다소 다른 해석과 내용이 도출될 것이지만, 기본적으로 한국 사회구성체에 대한 해석 문제는 자본주의에 근간한 자유주의의 연장선에서 발전되어 왔다는 사실을 부정하기 힘들다. 조선 왕조의 봉건적 질서가 해체되자마자 준비도 안 된 상태에서 자본주의 체제를 맞게 된 대한제국이 주변 열강의 세력 다툼의 각축장이 되었다는 사실 역시 우리 사회의 출발점이 다양한 이해관계를 가진 세력들의 구조적 계층화와 지배계급 영속화에서 이루어진 것임을 방증한다. 더구나 너무나 짧은 근대 국가로의 이행 과정에서 외부적 요인, 다시 말해 일제 강점이라는 변수의 등장은 한국 근대성의 왜곡을 초래하게 된 근본적인 요인이었다.

이런 왜곡과 굴절의 역사적 출발점은 1948년 이승만 정부 수립 이후 2008년 이명박 정부 수립까지 크고 작은 영향력과 한국 사회 구조에 결정적 요인으로 작용하였다. 수많은 사건과 전환기를 맞이하면서 한국의 정치권력과 사회 구조는 그 속성 면에서 외부적인 요건과 내부적인 요건으로 나뉘어 시대에 따라 그 변화의 폭과 내용에 커다란 차이를 발생시키면서 공고화와 안정화 과정을 겪게 되었다. 결국 한국 사회를 구조적으로 결정하였던 역사적 경험에 대한 분석과 내용이 그람시 이론의 한국적 적용을 위한 이론적 틀을 제시하는 기준이 된다는 점에서 역사적 발전 경로에 대한 접근이 필요한 이유인 것이다.

특히 이승만 정부 수립 이후 현대 국가로 넘어오는 과정에서 '산업화' 혹은 '근대화'라는 명목으로 진행된 박정희 체제는 2012년 중요한 정치적 이벤트인 총선과 대선에서도 여전히 막강한 위력과 영향력을 발휘했다. 한나라당의 후신인 새누리당은 박정희 대통령의 영애였던 박근혜라는 정치인을 내세워 제18대 대통령 선거에서 승리했다.

박근혜라는 인물이 가지고 있는 여러 한계와 문제에도 국민들의 선택을 받은 것에 대하여 많은 사람들이 평가와 분석 결과를 내놓았다. 그러나 무엇보다 박근혜의 정치적 자산 중에서 가장 큰 것이 박정희와 그 시대라는 점은 대부분의 전문가와 분석가 들이 일치하고 있는 평가이기도 하다. 그러나 박근혜를 반대했던 많은 사람들이 우려했던 것은 박정희 시대의 잔재와 비민주적 정부의 재등장이 한국 사회에 가져올 파장이었다. 이렇듯 짧은 근대의 역사 속에서 너무나 극명하게 대비되는 박정희 체제에 대한 평가가 오늘날 긍정적이든 부정적이든 이렇게 큰 영향을 미치고 있는 이유는 무엇일까? 아버지가 독재자라고 해서 정치를 하지 말라는 법은 없지만, 적어도 역사적으로나 현실적으로 정치적 공과에 대한 적절하고 적법한 평가와 청산이 뒷받침되었다면 지금의 박근혜라는 인물의 정치적인 활동에 극단적일 정도의 의문이나 부정적인 판단은 거의 존재하지 않았을 것이다.

이 책은 그런 불명확한 역사적 평가와 왜곡된 역사 청산이 가져온 오늘의 대한민국을 조금이나마 적절하고 유용하게 분석하고자 하는 작은 시도에서 시작된 것이다. 특히 대한민국 건국 세력이 여전히 한국 사회의 주류 세력으로 남아 있다는 점에서 수많은 비난과 오해를 감수해야 할 것이다. 그러나 이것이 지금까지 한국 사회 체제 분석을 정확하고 유효성 있게 시도한 수많은 선구자들의 연구 결과를 뒤집거나 새로운 해석을 추구하기 위한 것은 아니다. 오히려 그러한 선구적인 연구 결과물을 충분히 참조하고 고려하여 학문적으로 적절하게 정리하고, 그 내용을 기반으로 독자들에게 한국 사회 분석의 새로운 예시와 이해 가능한 방향을 제시하고자 한다.

그렇다면 어떻게 정리하고 방향을 제시할 것인가가 핵심적인 문제가 될 것인데, 이 책은 바로 그러한 '어떻게'를 위한 하나의 사례에 대한 지금까지의 연구 결과나 분석과는 다른 시도이다. 그리고 그 시도를 위한 기준과 제시의 출발점을 그람시에 두고자 하는 것이다. 그렇다면 왜 하필 그람시에 기대에 한국 사회를 분석하는지를 이해하는 것이 이 책을 이해하는 출발점이 될 것이다. 또한 사회주의 붕괴가 한참 지난 지금의 21세기에 철지난 후기 마르크스주의자로 평가받는 그람시를 신자유주의 자본주의 체제의 정점에 와 있는 한국 사회에 적용한다는 것은 어떤 의미를 갖는지도 살펴야 한다.

안토니오 그람시는 이탈리아의 정치사상가이자 후기 마르크스주의자로 20세기 산업사회 분석에 탁월한 계기와 개념을 제공했다. 그는 20세기 뛰어난 정치사상가의 한 사람으로 1980년대 중반 이후 한국에서 헤게모니론과 시민사회에 대한 이론가로서 알려지면서 한때 한국 사회를 바꿀 수 있는 사회 변혁 사상가로 많은 이들에게 회자되기도 했다. 그런 그람시가 제시하고 분석했던 내용과 방법의 유효성이 한국 사회에도 적용 가능한 것이 되기 위해서는 몇 가지 전제와 충분한 설명이 뒷받침되어야 할 것이다. 또한 그러한 분석틀과 전제 조건이 한국 사회, 특히 박정희 시대를 분석하는 데 어떤 유무형의 적합성과 시사점이 있는지를 충분히 설명하고 예시하여야 할 것이다.

따라서 그람시 이론과 개념에 대한 21세기의 유용성과 그러한 유용성이 가능한 그람시의 핵심 개념을 소개하고, 한국 사회, 특히 박정희 시대 분석에 직접적으로 적용하고자 하는 이론에 대한 소개와 의미를 서술하는 것으로 시작하고자 한다. 다소 길고 지루할 수 있는 전제와 도입부가 예상됨에도 이런 구성은 서구 사상과 개념을 한국적으로 변용하고 이론적으로 한국화한다는 측면에서 충분한 시도 가치가 있다. 특히 지난 1980년대 이후 이미 한국 사회 분석을 위해 소개되고 실제로 적용했던 그람시의 사상과 개념을 다시 한 번 구체적으로 한국의 특정한 시대와 체제를 해석하고 적용한다는 시도 자체만으로 충분한 학문적인 유용성을 가질 것이다.

대한민국이라는 지리적인 공간과 해방 이후부터 현재까지라는 시대적인 배경 아래 정치권력의 속성과 한국 민주주의의 특징을 그람시적으로 재해석하는 작업은 그리 쉽지 않을 것이다. 더구나 2012년 대선이 박근혜의 승리로 귀결된 상황에서 얼마나 학문적인 유용성을 지닐 수 있을지에 대해서는 오히려 논란과 평가절하가 뒤따를 수도 있을 것이다. 또한 국민들이 성공했다고 평가하는(제18대 대선은 박근혜의 당선보다는 박정희의 승리라는 측면이 더 강할 수 있기 때문이다) 박정희 체제와 시대를 분석하고 규정하는 시도 자체는 수많은 위험 요소와 함께 치열한 논란을 초래할 가능성이 매우 높을 것이다. 그럼에도 그람시를 통해 박정희 체제를 분석하고자 하는 의도와 목적은 분명하다. 특히 여러 공과에도 불구하고 박정희 시대에 대한 평가와 분석은 일반적으로 특정한 방향과 이미 의도된 결론을 증명하는 수준에서 진행되어왔다는 사실을 고려한다면 조금은 다른 시각과 방법의 적용과 재해석은 향후 한국 사회 분석을 위해서도 분명 필요한 작업이다.

중세에서 근대로 넘어오는 기간과 과정이 그 어느 국가보다 짧았던 한국의 건국 과정과 그 과정에서 도입된 유무형의 요소들은 현재까지 존속하고 있는 한국의 성격과 의미에 대해 올바른 해석의 기준을 제시할 수 있다. 그러나 외부적이거나 내부적인 요인과 이유로 인해 그러한 올바른 해석과 시도들은 너무나 자주 비틀어지고 변형되었다. 적절하고 올바른 평가와 재해석의 시기마저 찾기 어려워지는 시대적인 상황 속에서, 아니 어쩌면 영영 과거에 대한 과학적이고 정확한 평가 기회마저 실기할 가능성이 매우 높은 현재의 여건과 환경은 지나간 한국 사회 분석에 대한 각성과 국민적인 관심을 요구하고 있다. 그람시의 이론과 개념을 통한 한국 사회의 사례 분석은 바로 그러한 각성과 국민적 관심의 조그마한 시도일 뿐이다.

그렇다면 어째서 21세기 한국이라는 시공간적인 배경에서 그람시의 개념과 이론 들이 분석과 재해석을 통한 학문적인 유용성을 가질 수 있을까? 이 질문에 대한 답은 한국 사회의 학문적인 풍토와 경향에 대한 이야기에서 출발해야 할 듯하다. 한국 사회에서 학문조차 상품으로 전락한 지는 이미 오래되었다. 더구나 최근에도 학문뿐 아니라 문화 역시 경쟁력과 유용성에 따라 평가하는 일이 일반화되었다. 특히 몇 해 전 한국 사회를 들끓게 했던 '황우석 사태'나 취업률 기준에 따라 대학의 인

문계열 학과들이 통폐합되는 사태를 지켜보면서 학문을 더 이상 순수성과 과학성만으로 평가하거나 판단하지 않는 자본의 논리가 한국의 학계를 관통하고 있음을 느낀다. 비단 그람시뿐 아니라 대부분의 학자 역시 대형 마트의 진열대 속 다양한 상품 중 하나로 전락하여, 선택에 의해서만 유용함을 얻게 되어버린 지도 이미 오래되었다.

그런 그람시가 한국 사회에 소개된 것은 1984년 최장집 교수에 의해서였다. 한국 사회에 처음 소개되었을 당시 그람시는 특히 진보적인 지식인들에겐 새로운 보고, 아니 잘 나가는 상품이었다. 여전히 요원했던 민주 사회에 대한 염원을 해결할 해결사였을 뿐 아니라 헤게모니 개념으로 대표되던 그의 이론과 사상은 거의 모든 인문과학 및 사회과학 분야에서 앞 다투어 인용되던 '인기 상품'이었다.

1990년대 초반까지 시민사회론으로 또다시 한국의 학문적인 유행을 선도하던 그람시는 유행의 끝자락에 도달하자 갑자기 팔리다 만 중고 서적으로 전락해버렸다. 이후 간헐적으로 그람시 연구 결과나 번역서 등이 소개되었지만, 이제 더는 베스트셀러의 반열에 오르거나 사람들에게 잘 읽히는 인기 상품은 아니었다. 더군다나 이전에 그랬듯이 매번 다른 사람의 눈과 언어로 표현된 이차적이고 반쪽짜리 책들이 상품으로 나올 뿐이었다. 물론 여기에는 필자를 비롯한 이탈리아 관련 학문 연구가들의 게으름과 무지가 한몫을 했지만, 어쨌든 한국 사회에서 '팔리는 상품'으로서의 그람시는 여전히 제3국을 경유한 이차 상품이었고, 그의 이론이나 사상 역시 제대로 한국화하는 데 성공하지 못했다.

그람시의 한국화를 말한다는 것 자체가 어쩌면 어울리지 않는 표현일지도 모른다. 그는 자신의 사상과 이론을 이탈리아화하는 데 성공했을지 몰라도 여전히 미국화하거나 세계화하는 수준까지는 나아가지 않았기 때문이다. 그람시의 일차적 저작에 대한 전체 번역은 아직까지도 완전하게 이루어지지 않고 있다. 그나마 현재까지 그람시 저작에 대한 일차적 번역을 가장 많이 이룩한 언어는 인접한 프랑스어와 독일어이며, 영어와 일본어 역시 일정 수준 이상의 번역 작업을 넘어서지 못하고 있는 실정이다. 그나마 그람시가 남긴 모든 저작이 아니라 주로《옥중수고Quaderni del carcere》라 불리는 파시스트 감옥에서 남긴 수고가 대부분이었다. 여기에 그람시가 남긴 서간집이나《옥중수고》이전의 글들을 선별하여 번역한 정도이다.

그러나 실제로 그람시가 우리에게 남긴 글은 어림잡아 대략 A4 용지를 기준으로 8,000에서 9,000여 페이지에 달한다. 그가 학문적 수준에서 본격적인 글을 남긴 것은 1914년일 것이라 추정하고 있다. 이후 그는 거의 모든 분야를 통틀어 잡다한 수준의 칼럼에서부터 이론적 정교함을 갖춘 체계적 글까지 단편이나 논문 형식으로 수많은 글을 남겼다. 우리에게 비교적 자세하고 빈번하게 소개된《옥중수고》는 파시스트 감옥에서 자신의 마지막 생을 정리하는 과정에서 자신의 사상과 생각을 비교적 체계적으로 정리한 수고집이다.

그의 글은 크게 시기와 종류별로 분류해볼 수 있다. 시기적으로는 체포되기 전에 썼던 글과 체포된 후의 글로 나눌 수 있고, 종류별로는 문화평론과 정치평론 및 이론적 글과 수필적 글, 그리고 서간문 등으로 나눌 수 있다. 체포되기 전에 썼던 글은 편지를 모은 한 권 분량의 서간집과 총 다섯 권에 달하는 글로 에이나우디Einaudi 출판사에서 연도별로 정리하여 출간한 글이 있다. 이 시리즈는 1914년부터 1926년 파시스트에 의해 체포되기 전까지 각각의 시기가 주요 사건과 연도에 따라 분류하여 편집한 글들을 모아 놓았다.

이를 순서대로 열거하면 다음과 같다. 《상징 탑 아래서Sotto la Mole》 (1972), 《젊은 날의 글Scritti giovanili》(1972), 《신질서L'Ordine nuovo 1919~1920》(1972), 《사회주의와 파시즘-신질서 1921~1920Socialismo e fascismo ?l'Ordine nuovo 1921~1922》(1972), 《이탈리아 공산당 창당 1923~1926La costruzione del Partito Comunista 1923~1926》(1972). 이들 시리즈에는 나름의 특징들이 있다. 특히 그람시 사고와 이론의 점진적 변화를 보여주고 있는 글로 볼 수 있기 때문에 여기에 수록된 글들은 초기 그람시의 사상적 기반과 이론적 개념들에 대한 동기를 찾아볼 수 있다는 점에서 심히 의미심장하다.

먼저 《상징 탑 아래서》라는 책은 그람시가 토리노에서 문화평론가로 활동할 당시 문화와 관련된 수필이나 평론을 모은 글로, 초기 그람시의 문화적 관점을 잘 알 수 있다. 여기서는 다소 거칠지만 분명하고 재기 넘치는 은유적 표현들을 많이 사용했다는 사실을 알 수 있고, 또한 그람시의 초기 문학적·인문적 교양과 독특한 문체를 많이 발견할 수 있다.

《젊은 날의 글》은 1914년 그람시에게 후일 참전론자라는 불명예를 안겨주었던 〈능동적이고 절대적 중립〉이라는 글이 첫머리에 있는데, 1918년까지의 문화평론과 정치평론을 묶어 놓은 책이다. 이 책에서 우리는 초기 그람시가 성숙되지 않은 사회주의의 영향을 어떤 식으로 전개해나가고 있는지를 볼 수 있으며, 그의 사상적이고 개념적 단초들을 언뜻 알 수 있다.

《신질서 1919~1920》에는 1919년 팔미로 톨리아티Palmiro Togliatti, 안젤로 타스카Angelo Tasca, 움베르토 테라치니Umberto Terraccini 등과 함께 구상했던 새로운 시대의 사회주의 문화지라 평가할 수 있는 《신질서》를 본격적으로 펴내면서 썼던 글부터 그람시가 생각했던 초기 사회주의 문화지 성격을 그대로 보여주는 글들이 많이 수록되어 있다. 특히 이 시기는《신질서》를 모태로 하여 공장평의회 운동을 전개하면서 그람시가 생각하던 노동자 운동과 조직에 대한 직접적인 언급을 담고 있으며, 초기 프롤레타리아 노동계급과 공산주의 혁명에 대한 그람시의 사상적 전개와 발전 과정을 잘 알 수 있게 해준다.

《사회주의와 파시즘-신질서 1921~1920》에는 그람시의 초기 공산주의 사상과 국가에 대한 분석 등을 잘 보여주는 글들이 많이 수록되어 있다. 특히 이탈리아적인 그람시에서 국제적인 그람시로의 시각 전환과 보다 확장된 국제공산주의 노동운동과 연결된 글들이 수록되어 있다. 이 책에서 보여주고 있는 파시즘의 등장과 발전 과정에 대한 예리한 분석은 저개발국가나 아직 자본주의가 정착하지 않은 국가와 사회에 대한 분석의 모범을 보여주고 있다는 점에서 큰 의미가 있다.

《이탈리아 공산당 창당 1923~1926》은 그람시가 이탈리아 공산당을 이끌면서 정당 지도자이자 국회의원으로서 현실 정치 속에서 느낀 생각과 현실을 가감 없이 전달하고 있으며, 권력의 쟁취와 유지라는 측면에서 많은 관심과 이론적 공고화를 시도했던 글들이 보이는 책이다. 여기에는 헤게모니 개념의 단초로서 남부 문제에 대한 그람시의 평론이 실려 있으며, 아울러 이탈리아 국내외의 정치적 상황에 대한 정교한 분석 글들과 자신이 향후 하나의 이론으로서 발전시키고자 하는 개념들에 대한 언급이 있는 글들이 수록되어 있다.

전반기의 이와 같은 분기점이 되는 책들은 다시 후반기라고 할 수 있는 옥중에서 또 다른 형식과 내용으로 모아지게 된다. 영어의 기간 동안 썼던 서간문 한 권과 우리에게《옥중수고》로 알려진 책이 그것이다, 특히 주요한 저작인《옥중수고》는 모두 서른세 권의 노트에 총 2,840여 쪽

분량으로 구성되어 있다. 이 책은 처음 출간되었을 때부터 당시 이 책을 편집하고 연구한 책임자 톨리아티의 자의적 판단에 따라 가감이 많았다며 논란에 휩싸였다. 그러나 다시 다섯 개의 주제(마키아벨리, 리소르지멘토, 마사토 에 프레젠테 등)로 분류하여 1960년대에 출판되었고, 다시 이를 보완하여 연대기 순으로 에이나우디 출판사에서 총 네 권으로 구성하여 출간하였다.

이렇듯 많은 글을 남겼지만 여전히 파시스트의 감옥에서 죽어가던 그람시가 과연 어떤 생각과 개념을 말하려고 했는지는 아직 정확하게 모른다고 하는 편이 더 정확할 것이다. 생전에 남긴 글의 양이나 질에 대해서도 정확한 평가가 이루어지지 않고 있는 시점에서, 단지 이차적 자료나 시각으로 접근해야 하는 우리에게 그람시는 더욱 난해한 서양의 사상가이자 필요할 때만 자의적으로 인용할 수 있는 사상가일 따름이다. 다만 우리가 그를 이해하는 데 중요하게 생각해야 할 부분이 있다면 이탈리아의 상황과 역사이다.

그람시는 자신이 살았던 격동의 이탈리아를 생각과 사고의 중심으로 삼았다. 그는 갓 통일한 이탈리아의 여러 사회 문제들을 몸소 체험하고 느끼면서 자신의 사상을 구체화하였다. 통일이 되었다고는 하나 여전히 존재하고 있는 대중적이고 지방중심적인 사회 구조, 북부 산업과 남부 농업의 불일치에서 오는 지역 문제로서 '남부 문제', 유럽 열강들에 둘러싸인 이탈리아의 현실, 급속한 자본가 계급의 성장은 전통적인 지배계급과 사회 구조의 변화를 가져왔지만 이에 아무런 대책이나 전략을 세울 수 없던 노동자 계급과 농민 계급, 인민이 바탕이 되는 새로운 대중문화의 필요성이 요구되던 시기에서 대항 헤게모니를 창출할 수 없었던 프롤레타리아 대중의 무기력함은 이탈리아의 내외적 혼돈 속에서 새로운 정치 체제의 임박이 갖는 의미를 축소시켜버렸다. 이러한 현실을 목도한 그람시는 이탈리아 사회의 심각한 구조적·사회적인 문제를 근본적으로 고민하고 성찰할 필요성을 재인식하였다.

그의 문제제기와 고민은 바로 이러한 이탈리아적인 상황에서 출발했다. 전형적인 남부 농촌사회이자 봉건적 사회 구조를 지닌 사르데냐라는 섬에서 성장하면서 품었던 '사르데냐주의'를 토리노라는 북부 산업 도시의 대학생활에서 벗어던질 수 있었던 것은 '남부 문제'라는 지역 문제에 대한 관심이 계기였다. 협소한 민족주의적인 시각을 벗어던지고 '남부 문제'라는 보다 확장된 문제의식으로 전환하면서, 그람시는 더욱 이탈리아적인 구조와 사회적인 모순에 대한 연구와 분석을 자신의 지력과 운동의 동력으로 삼았다.

또한 노동자들과 접하면서 노동운동이라는 틀에서 프롤레타리아 계급동맹의 문제와 이를 국가 지배 구조 안에서 파악하면서 훗날 그람시의 문제의식이 정치권력의 획득 문제로 발전하게 되는 계기를 부여했다. 지배계급이나 산업자본가에 대항하기 위해 노동자들만의 새로운 문화가 필요함을 역설하고, 새로운 문화의 토대가 되는 '실천철학'을 전개하였다. 또한 모스크바 시절에 쌓기 시작한 국제적인 차원에서의 노동운동에 대한 지평 확장과 새로운 문화의 조직화 문제는 그람시를 국내적인 범위에서 벗어나 국제적인 노동운동가로 변모시켰다 이후 국회의원 신분으로 현실 정치 세계를 경험하면서 보다 구체적인 국가와 권력의 문제를 고민하게 되었고, 이는 자신의 사상 체계를 총체적으로 정리해야 할 필요성으로 연결되었다.

그러한 필요성의 계기는 외부에서 찾아왔다. 파시즘에 의해 체포되면서 자연스럽게 자신의 생각과 개념들을 정리할 시간을 갖게 된 것이다.

파시스트 정권에 의해 영어의 몸이 된 뒤 집필한《옥중수고》는 바로 그러한 정리를 기록한 저작이다. 이 책은 편집 과정과 내용의 논란에도 그람시 사상을 집약한 것으로 평가되고 있다. 비록 미완성 수고이기는 하지만 비교적 이론적인 일관성도 보이고 있다. 따라서 이 책의 체계적인 연구와 독해야말로 반쪽짜리 그람시를 온전하게 그려낼 수 있는 행위일 것이다.

책에 수록된 많은 부분은 이전에도 그람시가 보여온 관심과 개념들을 더욱 발전시킨 것들도 있어서, 전기와 후기 그람시의 연속성을 주장하는 학자들의 근거가 되기도 한다. 그러나 일면 전기의 이론적인 부분과 설명들이 다소 반대적인 내용을 담은 형태로 나타나고 있기 때문에 전기 그람시와 후기 그람시를 분절시키는 근거로 활용되기도 하는 학문적인 아이러니도 존재한다. 이는 그람시 글이 갖는 미완성적이면서 일면 모순적인 특징들이 저서에까지 그대로 나타난 것이다. 서술 자체가 갖는 이중성이나 미완성적인 특징들은 차지하고라도 이 책은 그람시 사상의 정리 편이라는 점에서 중요한 의미를 가진다.

그람시는 이 책을 통해 적어도 다음과 같은 점들을 말하려고 했던 것으로 평가받는다. 그람시는 이탈리아적인 특수 상황이 구체적이고 현실적인 정치 세계나 정치이론에 커다란 동기부여를 할 수 있다고 믿었다. 이는 마치 정치학의 시조로 일컬어지는 마키아벨리가 이탈리아의 당대 현실을 통해 정치학을 당위의 학문으로 정립하고자 했던 것과 유사한 의미다. 신학의 지배 아래 현실과 격리된 정치를 강하게 비판하고 통일 이탈리아를 꿈꾸면서 현재의 정치를 구현하고자 했던 마키아벨리에게서 단서를 구한 그람시가 정치학이라는 학문을 마르크시즘 안에서 현실의 학문이자 구체성을 가진 학문으로 발전시키고자 한 자신의 의지나 시도를 서술한 저서로 평가받을 수 있다. 아마 이것이 그람시가 오랜 기간 감옥이라는 공간에서 현실을 구체화하고 행동으로 옮길 수 있는 영역으로서 정치학을 확립하고자 했던 의도가 아니가 싶다.

실제로 그람시는 헤게모니 개념 이외에도 자신이 전개하려고 했던 많은 개념들을 이탈리아의 역사 속에서 구했다. 지식인 개념, 마키아벨리의 신군주를 원용한 현대 군주로서 정당의 역할과 기능, 진지전과 기동전에 대한 전술적 접근, 역사적 블록의 개념, 국민적이고 대중적인 문화, 파시즘을 통한 국가분석, 사회 지도 원리로서 오랜 역사적 전통을 가진 가톨릭에 대한 비판 등 많은 개념을 바로 이탈리아 역사 속에서, 또 그 역사를 이끌었던 지식인들을 통해 구하고자 했던 것이다. 이것이 어째서 그람시 이론이 여전히 살아 있고, 앞으로도 생생하게 적용할 수 있을 것인가에 대한 이유이다. 역사의 순환성을 굳이 이론적으로 이야기하지 않더라도 현재 이후 전개될 역사 안에서 반복될 가능성이 충분하기 때문이다. 한국의 이승만 시대부터 이어져오는 정부의 순환성이 이명박 정부에서 구현된 것, 박정희 시대의 진한 향기가 묻어나는 박근혜 정부가 탄생한 것 역시 그러한 측면에서 일맥상통한다고 보아야 할 것이다.

사회주의나 공산주의란 용어가 이미 역사의 박물관에나 전시될 개념으로 치부되어버린 한국 사회에서, 그람시를 현재의 시점으로 읽어내는 것은 진부한 일일지 모른다. 그람시가 제시했던 많은 개념과 이론이 21세기 신자유주의를 완벽하게 구현하고 있는 자본주의의 전형인 한국에서는 그 어떤 학문적 의미도 갖지 못할 것이기 때문이다. 그러나 찬찬히 살펴보면 그람시가 제기했던 많은 논의와 개념이 우리 사회의 많은 지점에서 충분히 적용 가능하다는 사실을 분명하게 알 수 있다.

그람시가 가장 먼저 관심을 두었던 '남부 문제'는 영호남의 지역 문제 외에도 통일 후 드러날 남과 북의 지역 격차와 차이성을 극복하는 데 중요한 사례가 될 수 있으며, 토리노에서의 노동자 운동을 통해 그가 구현하고자 했던 새로운 문화로서 '신질서Ordine Nuovo'는 급변하는 산업사회에서 노동자 계급에 적합한 '신사회 운동'의 성격을 가진다고 볼 수 있다. 더불어 '공장평의회'라는 노동자 조직은 신자유주의라는 거대한 파고에 맞서서 노동자 계급의 연대와 동맹을 국제적인 차원으로 발전시켜야 할 우리 노동운동의 현실에도 적합한 것으로 평가할 수 있다.

　그람시가 공장평의회의 실패 이후 새로운 대항 헤게모니의 구축이라는 측면에서 문화의 조직화와 국민이라는 개념에 바탕을 둔 대중문화의 형성에 힘을 쏟았던 사실도 우리나라의 허약하고 정체성이 불분명한 대중문화를 위해 꼭 필요한 과제라는 점에서 충분히 고려할 필요가 있을 것이다. 그람시는 이를 위해 혼란과 위기에 빠진 1920년대 이탈리아의 현실을 직시하고 정치 체제로서 파시즘의 실체를 가장 먼저 파악하고 이해한 인물이었다. 자신이 살고 있는 국가 구조를 파악하여 그에 적합한 운동 방식을 창출하고, 다가오는 위기에 대항하려는 그의 노력은 현재 대한민국의 정체성과 관련하여 의미 있는 암시를 하고 있다. 이를 위해 우리는 그의 주요 개념들, 다시 말해 역사적 블록Blocco storico, 지식인 문제, 실천prassi 철학의 개념, 시민사회론 등의 주요 개념들을 원용할 필요가 있는 것이다.[1]

　현재 우리 사회에서 벌어지고 있는 다양한 정치적 사건과 현상을 보면서 그람시가 제기했던 문제들이 여전히 유용하다고 느끼는 것이 비단 필자만의 아집이나 편협한 생각일까? 해방 이후 50년이 넘게 한국 사회를 지배해왔던 지배계급 문제 그리고 노동자와 농민 그리고 영세민으로 대표되는 대중들의 연대 문제 등은 바로 한국 사회를 관통하고 있는 이론적 논의의 핵심 주제인 것이다.

지배계급의 '헤게모니'를 유지하는 과정에서 '지식인'의 개입과 변절, 지배계급에 맞서는 하층 대중들의 저항과 새로운 헤게모니 창출의 노력과 시도, 국가 권력의 교체에도 불구하고 여전히 견고하기만 한 전통적인 의미에서의 시민사회 구성원들, 새로운 대항 헤게모니의 창출에 맞서는 지배계급 블록과 이를 무너뜨리려는 노·농·소시민 동맹의 문제 등은 우리 정치와 학계에서 지속적으로 제기되었고 현재까지도 논의되고 있는 주제들인 것이다.

바로 이 지점에서 한국의 일정한 시대와 체제 사례의 적용 가능성이 제기된다. 그런 의미에서 조선 왕조 이후 대한민국이라는 국가의 발전 과정에서 가장 오래되고 구체적으로 한국 사회를 고착화했던 시기를 선택할 필요성이 있다. 특히 일제강점기와 박정희 시대는 이러한 사회 구조적인 측면에서의 분석과 충분한 논의가 가능할 정도의 체제유지 기간의 조건을 충족하고 있다. 그러나 일제강점기는 외부에 의해 특징져진 시대라는 측면에서 내부적 동인이나 상호영향 관계 분석에서 한계를 드러낼 수밖에 없다. 그런 이유 때문에 박정희 시대가 이러한 체제 분석의 보다 적합한 사례 분석의 대상으로 거론되는 것은 현실적인 측면에서나 이론적인 측면에서 충분한 적절성과 타당성을 지닌다고 할 것이다.

박정희 시대에 대한 분석은 이미 여러 영역과 분야에서 시도되어왔고, 지금도 다양한 학자들이 연구하고 있다. 정치 부문을 비롯하여 경제와 사회 그리고 문화 부문까지 박정희 체제를 종합적이고 전체적으로 분석하고 연구한 학문적인 결과들은 현재에도 다양한 영역과 분야에서 활용되고 재생산되고 있다. 본서 역시 이들 기존의 연구 결과들을 활용하면서, 유의미한 해석과 연구 결과들은 본문 내용과 연계시켜 활용하게 될 것이다. 그러나 이 책에서는 기존 연구 결과들과는 다른 분석 방법과 개념을 활용할 것이다. 이를 위해 본서가 채택하고 적용하여 분석의 새로운 틀과 기준으로 사용하고자 하는 것이 그람시의 이론과 개념이며, 전술한 바와 같이 그람시가 분석하고 주시해왔던 파시즘 체제와 박정희 체제를 비교하고자 하는 것이다.

물론 그람시가 한국 사회 구조 분석이나 재해석에 절대적인 기준을 제공할 수 있다거나, 그람시를 통해 당면한 한국 사회의 모든 문제를 해결할 수 있다고 단정할 수는 없다. 다른 역사적·정치적 배경에서 나온 이론을 무조건적으로 한국 사회에 적용하는 데는 무리가 따르기 때문이다. 그럼에도 오늘날 여전히 강고한 친일의 망령이나 박정희 체제에 대한 향수를 보면서, 그리고 좀처럼 바뀌지 않는 사회 계층 구조를 바라보면서 새로운 한국 사회를 공부하는 이들이 강구할 수 있는 작지만 실질적인 사고와 연구의 단서가 바로 그람시이기를 바라는 것이다. 민주주의와 경제화를 달성한 몇 안 되는 성공한 개발도상국가라는 화려한 수식어 이면에는 제대로 된 역사 청산의 경험이 없는, 허울뿐인 근대 국가의 겉모습과 민주주의에 대한 왜곡과 오해가 깔려 있기 때문이다.

실제로 그람시를 통해 본 대한민국의 지식인들은 사회 구조 고착화의 또 다른 원인을 제공하는 주인공이었다. 그러나 이들은 변화된 환경 아래 끊임없이 이어지는 새로운 사회 건설의 지도자가 될 수 있다는 이중적 특성도 갖고 있다. 또한 그람시 당대의 파시즘은 하나의 왜곡된 체제가 등장한 뒤에는 비록 그 얼굴을 바꾸는 한이 있더라도 언제 어느 순간에 다시 역사에 등장할지 모른다는 예측을 현실에서 증명하는 현상의 하나이다. 특히 대한민국 건국 이래 독재와 국가를 전면에 내세웠던 과

거의 경험은 이러한 전체주의 체제의 무한 반복이라는 특징을 고스란히 보여준다. 더군다나 과거의 전체주의적인 망령과 독재체제의 전형이라 할 수 있는 박정희 체제의 부활과도 같은 이명박 정부의 집권과 통치과정, 그리고 그 정점에 서 있는 박근혜 대통령의 등장과 새로운 통치는 우리 사회 깊숙이 자리 잡은 전체주의적인 사회 구조가 언제 어느 때라도 항상 등장할 수 있는 구조적인 특징을 그대로 반영하고 있다.[2] 이는 단순히 박근혜 정부가 비민주적일 것이라는 섣부른 판단과 오류의 가능성에서 이야기할 수 있는 것은 절대 아니다.

한국 사회가 그람시를 주목하면서 새로운 읽기를 시도해야 하는 것은 바로 그러한 왜곡되고 비틀어진 사회 구조가 지속적으로 반복되는 근본적인 이유와 그 해결책을 그람시의 이론과 개념에서 찾기 위함이다. 지배계급을 구성하는 지식인의 사회적 역할과 책임이라는 주제나 파시즘과 유사한 체제의 출현이 반복되는 사회 구조, 그리고 여전히 자본주의의 전형적인 폐해를 고스란히 간직하고 있는 한국 사회의 구조를 보다 발전적이고 개혁적인 방향으로 이끌어가고자 하는 목적인 것이다.

여기서는 한국 사회의 발전과 질적인 개선을 위해 그람시의 이론과 개념을 통해 적용해보고, 새로운 한국 사회의 기반이 될 철학적인 토대로서 그람시적인 '실천철학'을 제시함과 동시에, 다양한 계층을 아우르면서 바람직한 정치·사회와 시민사회의 구축에 기여할 수 있는 새로운 사례를 제시하고자 한다. 바로 이것이 그람시가 우리 사회에 공헌할 수 있는 현대적 의미이자 새로운 해석의 기준이 아닐까 생각한다. 그람시가 제시했던 수많은 개념 중에서 파시즘 체제를 선택한 것은 체제의 등장과 발전 그리고 그 이후 보여주었던 사회 체제의 연속성과 청산되지 않은 사회의 특성을 우리나라 사회에서 가장 잘 찾아볼 수 있기 때문이다. 따라서 파시즘 체제를 통한 박정희 체제의 비교 연구는 그람시 이론의 한국적 적용뿐 아니라, 한국의 정치·사회적 현상에 대한 새롭고 다양한 시각과 분석의 가능성을 제시할 수 있는 새로운 해석의 출발점이 될 것이다.[3]

연구 방법과 새로운 해석의 기준

　그람시 이론이나 개념에 접근하기가 수월하지 않은 이유의 하나는 무엇보다 그 개념이나 이론이 갖는 모호하고 비체계적인 논리성 탓이다. 실제로 그람시가 제시하고 있는 수많은 이론과 개념은 후대의 그람시 연구자들이 그람시 저작들을 통해 재구성하거나, 자신의 시각에 맞추어 재해석한 것이 대부분이다. 이러한 새로운 시도들이 모든 이들의 지적이고 본질적인 적용 가능성을 높이는 데 그다지 큰 효과를 볼 수 없었다는 점은 어쩌면 필연적일 것이다.

　더군다나 그람시를 통해 두 체제를 분석하는 만만치 않은 본서의 서술 방식과 연구 방법 덕에 몇 가지 기준과 구성 순서를 사전에 지정하거나 방법을 특정해서 논의의 구조와 틀을 이끌어갈 수밖에 없다. 따라서 몇 가지 변수와 개념들에 대한 전제와 이해는 본서를 이해하는 데 가장 중요한 조건과 내용이 될 것이다. 이를 위해 여기에서는 그람시 이론을 한국 사회에 적용하기 위한 조금은 다른 틀과 방법론적인 과정과 형식을 제시하고자 한다.

 첫째는 본서에서 채택하고자 하는 방법론적인 주요 매개 변수와 요소들에 대한 것이다. 둘째, 본서의 서술 방식은 역사적 서술방식historic narrative method을 기본으로 주요 사건이나 전환기적인 상황을 설명하는 방식을 채택하게 될 것이다. 셋째, 그람시의 이론에 대한 소개와 제시를 통해 어떤 한국적인 상황과 이론으로 설명할 수 있는가를 제시할 것이다. 넷째, 사례 연구로서 박정희 체제에 대한 비판과 분석을 이탈리아의 파시즘 체제에 대한 비교를 통해 전개할 것이다. 다섯째, 그람시의 역사적 블록 개념을 통해 한국 지배계급의 형성과 지속성 등을 분석하고, 한국 지배계급의 성격을 이론적으로 개념화하는 작업이 수반될 것이다. 여섯째, 박정희 체제 이후 현재의 정치적인 상황이 이어지기까지 전개되었던 수많은 정치적인 전환기와 계기momentum가 한국 지배계급의 '역사적 블록'을 공고화한 것에 불과할 수 있다는 정치적 의미와 분석의 함의를 제시하면서 마무리할 것이다.

 책의 구성과 관련하여 가장 먼저 이야기할 수 있는 것은 본서에서 채택하게 될 이론적 출발점으로서 그람시의 이론과 개념이다. 특히 '역사적 블록' 개념을 중심으로 한국의 박정희 체제와 지배계급의 성격을 분석하고자 하는 책의 의도와 목적에 따라 그람시의 역사적 블록을 이해하고 분석하고자 한다. 이를 위해 기본 개념과 이론으로 제시된 헤게모니 개념을 비롯한 그람시의 주요 이론과 개념들에 대한 해석과 방향을 검토하는 일이다.

 그람시가 자신의 사상과 주장을 집약하기 위해 전개하고자 했던 이론들이야말로 그람시 이론의 한국화를 위한 전제조건이기 때문이다. 그람시 저서에 등장하는 개념이나 이론들은 그 하나하나 학문적 의의를 갖고 있다. 지금까지 연구되었던 개념과 주제 들은 이미 잘 알려진 '헤게모니' 외에도 '정치·사회', '시민사회', '진지전과 기동전', '수동적 혁명', '지식인', '대중문화', '민속', '상식' 등 많다.

그람시는 이 개념들을 이론적으로 규명하고 거론하는 방식에서 기존 마르크스주의 연구자들과는 다른 방식을 선택했다. 당대의 주요 마르크스주의자들이 '프롤레타리아 혁명'을 위한 방법론이나 혁명의 완수를 위한 경제적 토대 분석에 초점을 맞추어 이론을 전개하는 데 치중했다. 이에 반해 그람시는 경제적 토대만큼이나 중요한 상부구조의 연결고리들, 즉 의식과 이데올로기의 문제로까지 연구의 초점을 확장시킴으로써 새로운 학문적 지평을 열었다. 결국 이러한 지평의 확장은 새로운 환경과 조건에도 적용할 수 있는 해석의 근거를 제공했으며, 이는 한국 사회구성체 논쟁에서 계급과 계층의 블록화에 대한 이론적 근거와 내용으로 적용할 수 있다.

또한 덧붙여 꼭 밝혀야 할 전제 요인은 본서 집필시 필요한 주요 매개변수와 기본적인 요소에 대한 것이다. 이러한 변수와 요소의 결정 기준은 한국 사회를 관통하고 있는 역사와 여전히 논쟁을 불러일으키고 있는 개념이나 해석이 될 것이다. 특히 이와 같은 기준 제시의 가장 중요한 내용의 하나는 한국에서 사용되었고, 현재까지 사용되고 있는 민주주의 역사와 성격에 대한 다양한 해석이다. 한국 민주주의에 대한 역사적 배경과 성격은 한국 사회구성체 논쟁에 꼭 필요한 분석 요소이자 주요 변인이 된다.

특히 근대라는 시기가 존재했던가라는 의문이 들 정도로 독립적이고 독자적인 주체가 없는 상황이나 강력한 국권의 존재는 글의 성격을 결정하는 데 보다 다양한 고민을 해야 할 필요성을 느끼게 한다. 한국의 민주주의는 급속한 경제 성장과 정상 국가로의 조속한 환원이라는 목표로 인해 정당하고 적절한 형성과 토착화 과정이 미흡하다는 결함이 존재하는 것도 사실이다. 이러한 결핍과 미흡함은 한국 민주주의의 전통과 한국화를 왜곡하고 우리 사회 구성과 지배 체계를 왜곡하고, 민주주의에 대한 성격마저도 바꾸어놓았다. 더군다나 노동을 근간으로 하는 계급의 부재와 자연스럽게 구성되어야 했던 좌우의 대립이나 이데올로기적인 다양성은 분단 상황 등으로 인해 결코 구현되지 않았던 상상 속의 대결 구도를 만들었다. 결국 오늘날의 한국 사회구성체에 대한 논쟁에서도 이런 현상과 요소 들에 대한 분석 없이는 한국의 왜곡된 민주주의의 형성 과정과 내용을 설명할 수 없기 때문에, 이에 대한 구체적이고 분명한 전제는 본서의 내용 구성에도 필요한 작업인 것이다.

두 번째로 제시할 수 있는 것은 지배계급과 지식인에 대한 것이다. 근대 한국의 출발 과정에서 등장한 다양하면서 서로 다른 성격의 정부와 정치권력은 외형적인 차이에도 한결같은 일관성과 동질성이 있었다. 이러한 요인에 대하여 다양한 원인과 동인을 제시하고 있지만, 일반적으로 이야기하고 있는 공통된 내용은 준비되지 않았던 해방과 그 해방 주체의 자기 선택이 뒷받침되지 않았다는 점이다.

이는 불완전한 해방으로 인한 올바르고 적절한 국가 형성이 어려웠을 수밖에 없는 전제 조건이었는데, 이 때문에 근대를 향한 출발점에서 상당히 불행하고 왜곡된 정체성을 형성할 수밖에 없었다. 결국 이 과정에서 가장 중요한 역할을 해야 할 지배계급과 지식인은 곡학아세를 위한 자기 변명과 합리화로 일관하게 되었고, 자기 정당성이 부족한 이들이 지도자와 지배계급이 되었다. 더군다나 대한민국을 지도할 만한 자격이나 정당성이 없는 이들이 지도자 그룹으로 편입되고 지식인으로서 사회적 역할을 수행하는 불행한 역사가 반복되고 있다. 따라서 대한민국 근대에 왜곡된 지배계급의 형성 과정과 지식인의 역할 등을 그람시의 리소르지멘토 개념과 지식인에 대한 논의로 풀어보고자 한다.

세 번째 구성 요소는 그람시의 역사적 블록 개념을 적용하여 분석할 수 있을 구체적인 한국의 사례다. 한국의 근대적 출발은 조선의 멸망과 일제강점기를 포함하여 논의할 수도 있겠지만, 구체적인 현대적 정치권력의 등장은 1948년 이승만 정부의 등장이라 할 수 있다. 따라서 이승만 정권의 탄생과 이를 뒷받침했던 지배 계층의 성격 규명, 박정희 체제의 형성과 의미, 전두환 정부와 이를 이어 집권하게 되는 노태우 정부로 이어지는 군부 통치의 전통, 87년 민주화운동의 성격, IMF 사태와 재벌 중심의 산업 구조, 노무현 정부의 등장이 지니는 사회적 의미에 대한 재해석 문제, 또한 최근에 발생한 주요 사고와 사건 중에서 역사적·사회적 의미가 적지 않았던 주요 사건(예를 들면 5·18 광주민주화운동, 촛불시위, 노무현 전 대통령의 서거 등) 등의 사례는 충분한 분석의 예시가 될 것이다.

그러나 모든 시대적 구성을 구조화하거나 개념화하기에는 저자의 능력이나 지면의 한계가 있기 때문에 그중에서 더 구체적이고 그 중요성이 분명하다고 볼 수 있는 박정희 체제를 통한 지배계급 구성을 사례 분석의 대상으로 삼을 것이다. 특히 박정희 체제에 대한 분석틀은 그람시 이론의 주요한 준거점인 '역사적 블록'이나 헤게모니 개념 그리고 지배계급 형성의 중요한 계기와 사례를 제공하게 될 것이다. 이를 위해 다양한 영역으로 구분하여 이탈리아 파시즘 체제를 비교 분석함으로써 서로 다른 이질적 구조의 사회가 하나의 이론과 개념으로 통합되고 구체화될 수 있는 실제적인 이론화 작업을 진행하게 될 것이다.

박정희 시대를 통해 제시할 수 있는 주요 변인과 요소 들에 대한 이와 같은 분석은 한국 사회와 한국의 사회구성체를 관통하고 있는 하나 혹은 복수의 개념으로 발전시키기 위한 기반 작업이자 출발점이 된다. 근대 이후 본격적으로 발전하기 시작한 한국 사회를 관통하는 하나의 집약된 개념을 통해 접근한다면 보다 체계적이고 분석 가능한 이정표와 기준을 제시할 수 있다는 점에서 이 작업은 역사적 블록의 한국적 개념화에서 핵심적인 일이다. 그러나 결코 쉽지 않은 작업이기도 하며, 어쩌면 그러한 시도 자체가 또 다른 오해와 왜곡의 가능성을 초래할 수도 있다는 점에서 조심스럽고 보다 정교하고 엄격한 분석틀과 접근 방법이 필요하다.

이를 위해 본서에서도 몇 가지 이론적 논의와 개념 적용의 정교화가 필요하다. 그람시의 역사적 블록 개념이나 파시즘을 통한 비교 분석은 향후 한국 사회의 다른 정치권력이나 체제 혹은 지배계급 구성원의 성격과 특징 등 또 다른 연구와 분석에도 충분히 학문적이고 실용적인 함의를 제시할 수 있을 것이다. 일제강점기의 역사적 과오 문제, 해방의 성격, 이후 남한에 존치하게 된 미군정의 존재와 역할, 한국전쟁과 분단의 정치적 의미, 한반도를 둘러싼 사대 강국의 존재와 이해관계, 계급의 의미와 노동자, 후진적인 정당 구조와 권력 형태, 남남 갈등으로 이야기되는 영호남의 지역 문제, 유교적 사회 질서와 의미, 정치권력이 주도하고 있는 사회적 협약 시스템, 수도권 중심의 불균형한 국가 구조, 근대화와 산업화로 인한 왜곡된 경제 질서, 변형된 민족주의의 강화와 요소, 근대 이후 축적되어 잔존하고 있는 파시즘적 요소 등은 이와 같은 발전된 미래의 학문 연구와 분석의 주요 주제가 될 것이다.

일제강점기 이후 오랜 근대화 과정을 겪은 한국 사회는 서구 민주주의 국가나 선진 경제 국가와는 조금 다른 역사적 경로를 거쳤다. 이 과정에서 도출되었거나 두드러지게 여러 시대를 관통해온 연속성 있는 개념과 이데올로기는 분명 존재한다. 그러한 개념과 이데올로기를 하나로 묶어주는 것이 필요하며, 결국 본서에서 추구하고자 하는 역사적 블록 개념의 한국적 적용과 이론화 문제 역시 이러한 작업의 기초 위에서 시작할 수밖에 없는 것이다. 여기서는 한국 사회를 관통하고 있는 종합적인 개념과 이데올로기로서 몇 가지를 상정하고자 한다.

하나는 친일 청산의 부재에 따른 친일 세력의 존속과 그에 파생하여 기생하고 부활한 다양한 지배 계층이 이후 지속적으로 지배계급 형성에 어떤 영향을 미쳤는지를 검토하고 이를 이데올로기적으로 종합화하여 발전시키고자 한다. 둘째는 개발과 성장이라는 정치적 목적과 경제적 가치에 대한 사회 전체의 이데올로기화라는 현상이 존재했고, 이러한 방향성이 국가의 발전 과정에서 지배계급 형성과 충분한 상관성이 있는가를 검토하는 일이다. 또한 이러한 작업 이외에도 남과 북의 대치 상황을 이용하고 활용하는 데 여전히 유용한 '빨갱이' 이데올로기나, 민족을 담보로 하는 애국주의와 민족주의의 결합 혹은 자발적 동원에 익숙한 권위주의적 전통과 이를 담보로 하는 지배계급의 전략과 가치의 절대화, 그리고 친미와 반미의 공존을 통해 볼 수 있는 '미국주의' 등도 종합적이고 체계화된 이데올로기화와 개념 설정을 위해 필요한 일이 될 것이다.

따라서 본서의 서술과 전개는 한국 사회에 대한 역사적 분석을 통해, 전환기와 격변기에 나타났던 다양한 세력들에 대한 분석을 중심으로 하나의 정치·문화적 현상으로 분석 가능한 개념과 현상을 역사적 사례와 사건을 통해 정리하는 방법으로 진행될 것이다. 우리 사회에 대한 역사적 분석 그리고 그에 따라 주어진 사회 발전 경로에 기대어 구조적으로 고착화된 사회 지배계급에 대한 분석을 통해 한국 사회 역시 지배계급 형성 과정과 역할 등이 국가의 정체성과 근대성에 끼치는 상관성을 다양한 그람시의 이론과 개념에 따라 분석하게 될 것이다. 이러한 의미에서 본서에서 제기하거나 제시한 용어와 개념 들은 기존에 많은 이들이 발표했거나 제기한 한국 사회 분석 이론이나 개념과는 다소 다른 방향에서 정리될 것이며, 그 기준은 앞서 이야기한 그람시의 개념과 이론이 될 것이다. 구체적이고 적용 가능한 사회 발전 과정과 분석을 통해 한국 사회 전체를 관통하는 지배계급의 역사를 규명하고, 대한민국의 근대성에 대한 또 다른 연구 사례를 제시함으로써 한국 사회의 성격을 규명하는 초석이 될 것이다.

2
그람시의 삶과 이론의
출발과 주요 개념

그람시의 생애와 사상[1]

　근대라는 말이 그다지 어울리지 않던 사르데냐의 벽촌 알레스에서 그
람시가 태어난 1891년은 이탈리아의 문제와 어려움을 고스란히 담고
있던 시기였다. 1861년 근대 국가로 통일이 되었지만 사회는 여전히 혼
란스럽고 정리되지 않아 이탈리아의 국가적 정체성이나 국민성은 여전
히 요원해 보였다. 더군다나 '남부 문제'로 명명되는 지역 문제는 발전
된 북부와 그렇지 못한 남부의 지역 격차를 더 벌리고 있었다. 그람시가
태어난 사르데냐의 알레스 역시 그런 후진적인 저발전 지역의 전형적인
모습을 하고 있었으며, 그렇기에 후일 그람시가 자신의 생각과 사상을
발전시키는 출발점이 될 수 있었다.

　그러나 그람시가 가난한 집안에서 태어난 것은 아니었다. 어느 정도
안정적인 집안이었음에도 지역의 정파 싸움에 휘말려 등기소 직원이었
던 아버지의 투옥과 함께 시작된 가난과 불행은 척추 이상과 약간의 정
신질환에 시달리던 그람시를 더욱 힘들게 했다. 그람시는 초등학교를

어렵게 다니기는 했지만 자신의 노력과 부모형제의 도움으로 칼리아리 Cagliari의 고등학교까지 다닐 수 있었다. 1908년부터 시작된 고등학교 시절 동안 군복무를 마친 형 젠나로Gennaro와 하숙을 하였는데, 젠나로 는 이미 군복무 시절부터 사회주의자가 되어 그람시에게 종종 사회주의 관련 글과 팸플릿을 보여주곤 하였다.

샤르데냐에서 보낸 그람시의 청소년기에 두 가지 요소가 그의 지적 형성과 발전에 영향을 미치게 된다. 하나는 형 젠나로로부터 받은 사회 주의의 향기이며, 또 다른 하나는 1906년 사르데냐를 휩쓸었던 이탈리 아 본토와 이탈리아 지배계급을 향한 사회적 저항운동이었다. 섬이었던 사르데냐와 이탈리아 반도 간의 갈등과 반목은 본토에서 파견된 군대 에 의해 유혈진압으로 끝이 났지만, 적어도 사르데냐라는 지역의 문제 와 지역에 근간한 사르데냐주의, 그리고 그 와중에 노출되었던 남북 지 역 격차 등의 문제는 청소년 그람시에게 많은 영향을 미쳤다. 이는 후일 그람시가 남부 문제나 노동 문제 등에 접근하는 데 유용한 경험으로 작 동하게 된다.

어려운 환경에도 그람시는 고등학교를 졸업하고 이탈리아 국왕이 주 는 장학금 시험에 합격하여 1911년 토리노 대학에 진학할 수 있는 기회 를 얻었다. 겨우 두 명밖에 혜택을 받지 못했던 이 장학금 수혜자의 다 른 학생은 그람시의 평생 동료이자 그람시 사후 이탈리아 공산당을 이 끌었던 팔미로 톨리아티Palmiro Togliatti였다. 사르데냐에 머물렀던 그람 시의 시각이 대학 진학과 함께 북부 산업지대의 중심지 토리노를 중심 으로 지평이 확장된 것은 우리가 알고 있는 그람시의 지적 형성 과정의 본격적인 출발점이었다.

토리노 대학 시절의 그람시는 특이하게도 언어학과에서 자신의 지적인 호기심과 지평을 넓히게 된다. 그러나 그람시는 언어학보다는 사회 문제에 더 많은 관심과 지적 호기심을 갖게 되었으며, 이 시기에 자신의 사상에 영감과 자극을 불러일으킨 많은 선구자들을 접하게 된다. 움베르토 코스모, 안비발레 파스토레, 안토니오 라브리올라, 로돌포 몬돌포, 베네데토 크로체 등에게서 그람시는 자신의 사상을 구축하는 데 많은 영향—그것이 긍정적이든 부정적이든, 혹은 자신의 사상을 발전시키는 데 도움이 되었든 혼란을 받았든—을 받았다.

그러나 그람시의 대학 생활은 그리 오래 지속되지 않았다. 병약한 신체 조건이나 열악한 주거 환경 등도 영향을 미치기는 했겠지만, 학업을 지속할 수 없었던 가장 큰 이유는 사회주의에 경도되면서부터 본격적으로 시작된 사회주의 활동이었다. 그람시는 가에타노 살베미니Gaetano Salbemini와 베니토 무솔리니Benito Mussolini의 영향을 받으면서 1913년 무렵 사회당에 입당하여 본격적인 사회주의 운동을 시작했다. 특히 그는 토리노의 노동자들과 함께 사회주의 운동을 하게 되면서 노동자들의 일상과 문화에 관심을 갖고 문화평론가이자 기자로 활동하고 논설문을 기고하는 등 활발한 활동을 지속했다.

그람시는 제1차 세계대전의 발발이 갖는 의미를 몸소 체험하면서, 노동자 중심의 사회주의 국가에 대한 열망을 실천에 옮기고 있었다. 1917년 러시아혁명은 그람시에게 그러한 확신을 주었던 일대 사건이었으며, 영원한 동지가 된 톨리아티와 테라치니 등과 함께 1919년《신질서》를 창간한 것도 바로 그러한 이유였다. 그람시는 이미 1913년부터 사회당의 견해와 자신만이 추구하는 사회주의에 대한 분명한 태도를 갖추고 있었다고 볼 수 있다. 비록 1914년《아반티Avanti》(전진)라는 사회당 기관지에 전쟁 중립에 대한 자신의 생각을 담은 글로 인해 먼 훗날까지

'전쟁 개입주의자'라는 오명을 뒤집어쓰기는 했어도, 그람시의 사회주의적인 혁명에 대한 열망은 다양한 방식으로 나타났다.

'공장평의회' 운동이나 신질서 운동은 그러한 맥락에서 보면 그람시가 오래전부터 사회주의 혁명을 주도하기 위한 때를 기다렸다는 반증이었으며, 실제로 그 시기가 도래했을 때 지체 없이 행동에 나설 수 있었던 원동력이었다. 러시아혁명을 성공적으로 이끌었던 소비에트의 이탈리아식 조직으로 설정된 공장평의회는 노동자 중심성을 강화하고 새로운 계급에 기반한 프롤레타리아 국가 건설 기초 작업의 일환이었다. 특히 그람시가 주로 활동하였던 토리노 지역을 중심으로 하는 피에몬테주에 건설된 각 공장에 하부조직으로서 공장평의회를 건설하여 새로운 국가 건설의 전위 조직으로 삼고자 했으며, 신질서 운동은 그러한 과정의 출발이었다.

1917년 러시아혁명의 성공과 곧 이은 제1차 세계대전의 종결로 그러한 그람시의 희망과 계획이 실현되는 듯하였다. 1919년과 1920년 2년간의 사회주의 혁명에 대한 붉은 열풍은 자본주의 체제를 유지하고자 했던 자본가 계급이나 정치가 들에게는 매우 커다란 위협이자 공포였다. 특히 독일과 이탈리아에서는 사회주의 혁명이 곧 임박한 듯하였다. 더군다나 피에몬테를 중심으로 공장평의회가 자본가 계급이 운영하는 공장들을 하나둘씩 접수하면서 삼색의 이탈리아 깃발이 내려지고, 망치와 낫으로 장식된 사회주의 깃발이 올라가는 것이 아닌가라는 두려움에 휩싸이기 시작했다. 그런데 그람시, 타스카, 톨리아티, 테라치니 등이 주도하는 신질서 운동이 사회주의 권력의 쟁취로까지 승화되는 순간에 이들을 방해하고 저지한 것은 다름 아닌 이탈리아공산당(PCI)이었다.

많은 국민들은 피에몬테의 상황을 예의 주시했고, 자본가 계급과 소지주 계급 및 퇴역 군인들은 너무나 큰 공포에 떨고 있었다. 그러나 사회주의 혁명이 성공하려는 순간에 그람시를 주축으로 하는 신질서 운동 지도자들을 좌절시킨 것은 자본가 계급도 소부르주아도 아니었다. 사회당의 지원을 통해 신질서 운동의 파고를 온 이탈리아 반도에 퍼뜨리려 했던 이들의 의도는 사회주의 분파주의, 다시 말해 사회당이 주도하지 못하는 혁명의 파고가 미칠 영향 때문에 주저했던 사회당의 온건함과 분파주의에 의해 결국 실패로 돌아가고 말았다.

신질서 운동의 실패는 그람시에게는 새로운 사회주의에 대한 모색을, 이탈리아의 자본가와 지배계급에게는 사회주의의 공포로부터 자신들의 이익을 지켜줄 수 있는 새로운 강력한 정치 세력의 등장을 원하게 되는 계기가 되었다. 그람시는 이 지점에서 자신의 사상과 이론적 깊이를 더해갔다고 추정할 수 있다. 이탈리아 내부에서 새로운 지배계급으로 떠오르게 된 파시즘 역시 이러한 상황 변화가 만들어낸 새로운 정치체이자 정치 운동이었다. 결국 그람시에게도 그리고 이탈리아에게도 파시즘이라는 새로운 정치 세력의 등장은 혼돈과 암흑—그것이 누군가에겐 광명과 영광의 시대일지는 모르겠지만—의 시기를 의미하게 된다.

신질서 운동의 실패로 인해 그람시가 이 지점에서 고민했던 것은 두 가지였던 것으로 추측할 수 있다. 고민의 출발점은 동일했지만, 하나는 신질서 운동을 뛰어 넘는 새로운 대중 조직과 개혁적인 진보 정당의 필요성에 대한 것이었으며, 다른 하나는 이탈리아보다 후진적인 러시아에서 프롤레타리아 혁명이 성공한 이유 그리고 조직이나 의식면에서 보다 선진적이라 할 수 있는 이탈리아가 혁명의 파고를 넘지 못하고 처절하게 실패한 원인과 이유를 헤아리는 고민이었다.

결국 그람시는 두 가지 선택을 하게 된다. 하나는 새로운 전위 전당이자 진보 정당인 이탈리아공산당의 창당이라는 길과 이탈리아 사회에 대한 분석과 새로운 구조화의 문제에 대한 천착이었다. 1921년 리보르노에서 창당된 이탈리아공산당의 역사는 그렇게 시작되었으며, 이탈리아 사회에 대한 분석과 재구조화 역시 그람시의 근본적인 활동과 방향에 대한 변화를 가져오게 되었다. 그러나 이탈리아의 내부적인 상황은 그리 녹록하지만은 않았다. 특히 가장 시급한 문제이자 현상은 극우 민족주의와 다양한 이념들에 바탕을 둔 파시즘의 확산과 강화였다.

유럽의 역사가들은 1920년대의 유럽을 '광기의 시대' 혹은 '파시즘의 시대'라고 이야기한다. 그 이유는 두말할 것 없이 1920년대에 확산되고 강화되기 시작한 이탈리아 파시즘이었다. 유럽 국가들마다 제각기 역사적인 배경이나 결합된 이념 등이 다르기는 했지만, 이 시기 남부 유럽과 동유럽 그리고 북부 유럽에 이르기까지 유럽 전역을 검정색으로 물들였던 것은 파시즘과 유사 파시즘 체제였다. 그중에서 이탈리아는 가장 먼저 또 가장 빨리 합법적으로 파시즘 정권이 들어선 국가였다.

여기서 장황하게 이탈리아 파시즘에 대해 서술할 수는 없지만, 적어도 파시즘의 확산과 강화가 무엇을 의미하는지에 대하여 그람시는 자신만의 독특한 방식을 통해 분석하고 파악하고 있었다. 특히 이 시기 파시즘의 출현에 대해 많은 좌파 지식인조차 그 실체를 제대로 파악하지 못해 우왕좌왕하고 있었고, 심지어 사회주의로 가는 과도기로 평가하기도 하면서 파시즘은 그 틈을 노려 더욱 전국적인 현상이자 실체가 될 수 있었다. 1919년 밀라노에서 참전 용사들과 퇴역 군인들을 중심으로 시작한 파시즘이 1922년에 합법적인 정치권력을 잡을 수 있었던 것은 바로 이러한 사회당과 당시 지식인들의 혼란, 그리고 사회주의 세력을 억압할 수 있는 좀 더 강력한 정치 세력을 원했던 부르주아 계급들의 이해관계 등이 맞물린 결과였다.

이탈리아 공산당 창당의 주역이었던 그람시였지만 초기에는 보르디가가 주도하는 극좌파들로 인해 자신만의 정치적인 이념과 사상을 실천하는 데 한계에 부딪히게 되었다. 그람시가 정치적으로나 대중들에게 실질적인 중요성을 나타내기 시작한 시기는 바로 이 시기라고 할 수 있다. 공산당 창당의 주역이라는 점뿐 아니라, 노동자 정당의 확산을 위해 그람시가 자신이 평소 가졌던 생각과 사상들을 실천에 옮기게 된 시기가 바로 이 무렵이었다. 그람시는 이 시기 당내에서 주류였던 보르디가나 타스카와의 권력 투쟁뿐 아니라 국제적으로 퇴조하고 있던 혁명의 파고에 맞서 자신의 이론과 사상을 다시 한 번 재정립할 필요가 있었다.

그것이 그람시 개인적으로 불행인지 행운이었는지는 정확하게 평가하기 어렵지만, 이 시기에 그람시는 두 번에 걸친 해외 체류를 하게 된다. 첫 번째는 소련 모스크바에서의 체류(1922년 5월부터 11월까지)였고, 두 번째는 오스트리아 빈에서의 체류(2013년 12월부터 2014년 5월까지)였다. 아마도 이 시기가 국내에 머물러 있던 그람시의 시각이 국제 정치 경제의 흐름을 이해하고 소련 사회주의 체제의 실상을 이해하는 등 국제적으로 확산되는 데 중요한 역할을 했던 시기라고 생각할 수 있다. 더군다나 그람시가 후일 진지전과 기동전이라는 용어를 통해 분석하고자 했던 소련과 서구 국가들과의 비교를 가능하게 했던 소련에서의 일상 경험이 국가론 분석의 틀과 내용을 심화시키는 데 상당한 영향을 미쳤을 것으로 어렵지 않게 짐작할 수 있다. 특히 모스크바에서 체류하는 동안 그람시는 신체적인 장애에도 불구하고 러시아 여인을 만나 법적인 부부는 아니지만 가정을 갖게 되었고, 자식들을 낳게 되었다. 또한 이 시기에 사랑하는 아내 줄리아Julia의 언니이자 훗날 파시즘의 옥중에서 자신을 뒷바라지했던 타티아나Tatiana라는 여성을 알게 되기도 했다.

그러나 이 시기 이탈리아 국내의 상황은 그람시가 상상하는 것 이상으로 악화되었다. 1922년 10월 로마 진군을 통해 합법적으로 정권을 잡은 무솔리니의 파시즘 체제가 공고해지면서 보르디가가 주도하는 이탈리아 공산당뿐 아니라 사회당 세력도 점점 약화되고 있었다. 이러한 이탈리아의 상황을 우려한 인터내셔널에서는 보르디가에게 사회당과 연합하여 혁명의 지평과 기반을 확장하라고 권고하였지만, 보르디가가 비타협주의를 고수하면서 파시즘 체제로부터의 탄압과 압박이 갈수록 심해졌다. 그람시 역시 초기에는 사회당과 타협에 반대했지만, 갈수록 열악해지는 파시즘 지배 아래의 이탈리아를 위해 보르디가에 반대하고 사회주의 혁명의 기반을 확장하기 위한 노력을 하게 되었다.

비타협 노선을 고수하던 보르디가가 고립되면서 이탈리아공산당의 새로운 지도자로 그람시가 전면에 나서게 된 것은 어쩌면 당연한 귀결이었다. 결국 1924년 5월 빈에서 귀국한 그람시는 코모에서 개최된 이탈리아공산당 협의회에서 중앙 다수파가 되어 이탈리아공산당의 현실적인 대안으로서 전면에 등장하였다. 이탈리아 내부적으로는 사회당의 마테오티 의원이 파시스트에게 살해된 사건(1924년 6월 12일)을 계기로 전면적인 강경 투쟁 노선이 형성되었고, 다시 한 번 비타협 노선이 고개를 들었다. 그러나 1925년 3월부터 다시 시작된 파시즘 정권의 야만적인 탄압과 행보는 더 이상 파시즘에 대한 성격 논의가 무의미해졌음을 알리는 것이었고, 지배계급과 그들의 이익을 위한 과도기적 이행체뿐 아니라 결정체라는 것을 깨닫게 해주었다.

1925년에는 급기야 톨리아티가 체포되고 테라치니가 연이어 체포되는 등 당 지도부의 와해에 가까운 탄압이 자행되었다. 더군다나 그 해

11월에는 사회당과 공산당의 기관지들을 비롯하여 야당의 기관지들이 폐지되거나 발행이 금지되면서 그야말로 이탈리아는 무솔리니 체제의 파시스트 독재가 본격적으로 시작되었다. 이 시기 그람시는 자신의 프롤레타리아 통합 전략을 새로운 관점에서 짜기 시작했다. 특히 통일 이탈리아가 갖는 사회적인 모순, 다시 말해 북부 노동자 계급과 남부 농민 계급의 불화와 갈등을 치유하고 진정으로 통합된 이탈리아의 건설을 위해 이들을 결합시키는 노농연맹을 달성시키기 위한 방법과 이론을 함께 고민하고 이야기하기 시작하였다.

모든 야당을 비합적인 정치 세력으로 규정하고 탄압하던 파시스트는 1926년 10월 31일 열다섯 살 소년의 무솔리니 암살 기도를 빌미로 전면적이고 대대적인 정치적 탄압에 나섰다. 많은 이들이 그람시의 스위스 망명을 추진했지만, 그람시 자신은 하원의원이라는 면책특권을 믿었고, 국회의원을 체포하리라고는 생각하지 않았다. 그러나 결국 그람시는 파시스트 정권에 의해 체포되어 재판을 받게 되었다. 불법적인 재판이었음에도 판사가 그람시의 두뇌를 20년간 영원히 못쓰게 해야 한다고 주장할 만큼 그람시는 파시스트 정권의 문제아였다. 그런 이유로 그람시는 파시스트 정권에 의해 특별법정에서 20년 형을 언도받고, 테라치니와 공산당의 동지들과 함께 영어의 몸으로 비합법 정당을 이끌어야 하는 처지에 놓이게 되었다.

이때부터 그람시의 길고 긴 감옥에서의 투쟁이 시작되었다. 선천적인 허약함이나 신체적인 결함 등의 문제뿐 아니라, 외부와의 차단과 국내외적 상황에 대한 단절이라는 악조건 속에서 그람시는《옥중수고》를 집필하기 시작하였다. 1929년 2월부터 시작된《옥중수고》는 그람시 사상의 결정판이자 어쩌면 외부 세계와의 단절로 인해 탄생할 수 있던 그람시의 순수하고 온전한 정치사상서이자 비평서이다. 《옥중수고》의 집필은 주제와 다양한 내용으로 분류하여 그람시가 감옥에서 죽기 전까지 계속되었으며, 오늘날 다양한 주제들과 정치적인 함의를 지닌 저작으로 평가받고 있다.

그람시 《옥중수고》에서 집약하여 전달하고자 했던 사상 체계와 주제는 일관된 것이라고 평가할 수 있다. 비록 후대의 비평가들과 그람시 연구가들이 조금씩 다른 평가와 해석을 하고 있기는 하지만, 그람시가 가졌던 일관된 문제의식은 필자가 보기에 다음과 같은 것이었다. 첫째, 그람시는 이탈리아의 역사 안에서 이탈리아 지배계급의 권력 유지가 가능했던 이유와 원인을 찾고자 했다. 흔히 이야기하듯 국제적인 시각에서 자본주의 체제 전반에 대한 검토와 분석이라는 틀과 추정은 다소 과장된 측면이 존재한다. 둘째, 이러한 과정에서 지식인의 역할과 그러한 지식인들이 추구하고 지배계급이 유지하고자 하는 헤게모니라는 개념과 이론의 발전에 주목하였다. 이는 러시아혁명의 성공과 1919년에서 1920년 사이의 유럽 국가들에서 실패한 사회주의 혁명 간의 차이를 이해하고 사회 구성의 성격에 대한 근본적인 차이점을 제공하는 중요한 출발점이었다. 셋째, 이러한 일련의 연구를 통해 현재 지배계급의 질서를 해체하고 새로운 국가와 사회의 건설을 위해 필요한 전략과 전술에 대해 구체적이고 기존의 마르크스주의자들과는 다른 방식으로 문제를 제기하고 있다. 다시 말해, 기존의 헤게모니를 대체하기 위한 대항 헤게모니를 구축하는 데 필요한 노동자와 농민의 동맹, 이를 위해 경제적인 측면의 계급투쟁에 국한하기보다는 의식과 문화의 형성이라는 측면을 더욱 강조하는 전술의 채택을 주장하였다.

그람시의 생애에 대한 지나치게 세부적인 설명이나 언급을 하지 않은 이유의 하나도 바로 그러한 세세하고 인간적인 면모에 대한 설명이 기본적인 이해를 뛰어넘어 그의 사상에 대한 잘못된 편견이나 오해의 소지를 사전에 차단하기 위함이다. 물론 그람시는 자신이 살았던 치열한 생존 방식과 삶의 내용 자체만으로 현대인들에게 무한한 감동을 줄 수 있는 인물일 것이다. 그러나 그람시를 이해하는 더욱 바람직한 방식은 감동적인 삶을 살았던 한 인간이라는 측면보다는 그러한 험난한 시대를 헤쳐나가면서 가졌던 그의 문제의식과 실천의 방식이며, 그가 후대와 후세를 위해 남긴 유산이라고 할 수 있는 위대한 저작에 대한 현재적인 재구성일 것이다. 그렇다면 그람시가 가졌던, 또 그람시가 남겼던 사상과 이론 및 다양한 개념들은 어떤 의미를 가지고 있는지 간략하게 살펴보겠다.

그람시가 재판에서 언도받은 20년 4개월 5일의 형은 건강의 악화와 국제적인 사면 여론의 급증 등으로 끝까지 지속되지는 않았지만, 생명의 소생 가능성이 거의 사라진 뒤에야 파시스트 정권이 그람시를 석방하게 된 것은 그가 가진 지적이고 이데올로기적인 능력에 대한 두려움과 공포에 기인한 것이었다. 결국 죽음이라는 상황에 이르게 된 것은 그가 많은 삶을 살지 않았던 1937년이었고, 1891년에 태어난 그가 마흔일곱이라는 젊은 나이에 생을 마감하면서 남긴 위대함은 오늘이라는 시간 안에서도 여전히 커다란 여운과 생각할 거리를 주고 있다.

그람시 이론의 출발과 주요 개념[2]

　　그람시가 영미권에 소개된 1960년대 말부터 그람시는 자본주의 사회에서 꾸준한 관심을 받아왔다. 그람시 소개와 연구는 당연히 이탈리아와 프랑스 등 유럽 국가들에서 먼저 시작되었지만, 본격적이고 체계적인 연구는 영미권에서 먼저 시작되어 어느 정도 완성되었다고 볼 수 있다. 그람시 이론이나 개념 중에서 가장 먼저 소개된 것은 헤게모니 개념이다. 한국 사회 역시 1994년 이후 헤게모니 개념을 그람시 이론과 개념에서 절대적인 것으로 간주해왔고, 헤게모니 이론에 대한 논쟁과 연구가 활발하게 이루어졌다. 그러나 그람시 헤게모니 개념의 중요성에도 불구하고 한국 사회에서 이를 영미권의 연구와 시각에서 그대로 수용하면서 몇 가지 문제점들이 노출되었다.

　　첫째는 당대의 시대적 상황이 이탈리아에 대해서 거의 무지했음에도 불구하고 그람시라는 이탈리아 사상가를 영미에서 각색한 상태로 그대로 받아들였다는 점이다. 그것이 어떤 커다란 학문적인 결함이나 문제가 있다는 것은 아니지만, 이탈리아적이고 유럽적인 그람시에 대한 검토와 평가가 배제된 채 또 이탈리아에 대한 상황과 내용이 생략된 채로 소개되었을 가능성이 높다는 것이다. 미국이나 영국은 이미 이탈리아에 대한 연구가 충분히 집적되어 있고, 그람시를 자신들의 시각으로 수용한다고 해도 그다지 문제가 되지 않았을 것이다. 그러나 이탈리아에 대해서도 잘 모르는 데다 그람시라는 사상가에 대해서는 더더욱 낯설기만 했던 한국적인 상황에서 그람시 이해의 전제조건인 이탈리아학의 학문적 토양이 너무나 척박했던 것도 그람시에 대한 올바른 접근이나 연구를 제대로 진행하기에는 어려운 여건이었을 것이다.

둘째는 헤게모니 개념이나 이론을 위한 한국적인 토양이나 기반이 가능했는가에 대한 문제이다. 헤게모니 개념을 소개하고 이론화하는 것은 영미권이나 유럽을 통해 전달되는 데는 큰 문제가 없을지도 모른다. 그러나 민주주의의 발전 방식과 방법이 달랐던 미국이나 유럽의 상황을 통해 헤게모니 개념을 이해하는 것이 과연 적절한 방법이었을까 하는 문제는 남는다. 더군다나 그람시에 대한 평가를 두고 지금까지 진행되어온 여러 논쟁과 쟁점은 그람시의 헤게모니 이론이 과연 한국 사회에도 적용될 수 있는 것인가라는 근본적인 문제를 남긴다.

그람시가 제기하는 헤게모니 이론이 한국 사회에 적용되기 위해서는 몇 가지 전제 조건이 필요할 것이다. 이에 대해서는 뒷장에서 다시 설명하겠지만 간단히 요약하면 다음과 같다. 역사적인 연속성을 갖는 지배계급의 존재 여부, 강제와 동의의 기제에 대한 적절한 배분과 활용의 구조 여부, 그러한 구조가 충분히 활용될 수 있었던 자본주의 체제의 존재 여부, 전통적인 지식인과 유기적 지식인의 자연스러운 전환과 역할의 증대 여부, 문화에 의한 헤게모니의 확산과 유지가 가능한 체제와 제도의 존재 여부 등이다. 그러나 현실적으로 앞서 이야기한 전제 조건 중 어느 것도 명확하게 존재했다고 이야기하기에는 무언가 부족한 면이 있다. 그런 상황에서 그람시 헤게모니 이론의 한국화를 말한다는 것 자체가 어쩌면 우리에게 어울리지 않는 표현일지도 모른다.

셋째는 그람시에 대한 소개가 전체적인 모습에서 유기적이고 순서대로 이루어졌는가에 대한 문제제기다. 이 문제는 앞선 첫 번째 문제와 연계된 것이기도 하다. 한국 사회에 소개된 그람시는 소개하고자 하는 이의 의도와 목적에 따라 선별된 모습으로 한국 사회에 먼저 소개되었다. 사회주의 혁명가로서 대항 헤게모니를 구축하기 위한 새로운 동맹 틀의 제시와 시민사회의 구축이 선결 요건이라고 이야기되었다. 여기에는 당대 한국의 민주주의 수주과 자본주의 체제의 구조적인 분석이 선행되지 못했던 한계가 고스란히 담겨 있다. 과연 1980년대 중반 이후의 한국 사회가 그람시가 이야기하는 헤게모니 이론이나 시민사회론을 받아들일 수 있는 준비나 조건이 충족되었는가에 대해서는 1987년 이후의 정치적 상황을 보면 아니었다는 결론이 나온다. 더군다나 3김의 분열로 대표되는 1987년 대통령 선거에서의 정권 교체 실패와 3당 합당과 같은 정치적 테러에 가까운 일련의 보수반동적인 상황의 연속 속에서 민주주의의 발달이나 성숙을 이야기하기에는 너무나 어려운 상황이었다. 그럼에도 김대중 정부의 탄생이나 노무현 정부의 탄생은 이제까지의 한국 지배계급의 속성과 구조를 뒤흔들 수도 있는 상황으로까지 발전할 수 있었다. 그러나 지배계급의 대응이나 반격은 이전과는 비교도 안 될 정도로 거대한 것이었고, 결국 한국의 거의 모든 지배계급이 한국의 정치·사회적 상황과 조건들을 되돌리기 위해 노력했고, 그러한 노력의 결실은 결국 이명박 정부와 박근혜 정부의 탄생으로 이어지게 되었다.

이 책의 문제제기는 비로 그러한 지배계급의 반격 과정에서 한국 지배계급이 신화처럼 붙들고 있는 박정희 체제에 대한 평가와 한국 지배계급 구조와 논의를 그람시의 이론과 개념으로 설명할 수 있을 것이라는 막연한 기대와 희망 속에서 시작한 것이었다. 한국의 지배계급을 분석하고 논의한다는 것 자체가 그리 쉬운 작업이 아니라는 이론적인 생각을 떠나서, 현실적으로 지배계급 분석이 가져올 파장이나 막연한 공포가 존재하는 것도 사실이다. 왜 하필이면 그런 위험한(?) 일을 하려고 하는지 걱정하는 것이 주변의 지인들에게 가장 많이 듣는 말 중 하나다. 아니 어쩌면 현실의 위험과 공포보다 훨씬 더 어렵고 위험하고 힘든 작업일지도 모른다. 특히 현 정부가 본서에서 주로 논의하게 될 박정희 체제와 직간접적으로 연장선상에 있다는 면에서 본다면, 연구 결과가 가져올 파장이나 비난은 그러한 우려와 고민이 충분히 현실화될 수 있다는 점을 일깨워준다.

그람시 이론이나 논쟁이 한국 사회에서 일찍 논의되었음에도 한국화에 실패하고 서둘러 우리 사회에서 사라져버린 데는 그만한 이유가 있을 것이다. 헤게모니 이론이나 시민사회론이 여전히 한국 정치·사회의 지형에 맞지 않거나 이질적일 수 있다는 것은 그러한 가설의 조심스러운 반증이 될 수도 있을 것이다. 그러나 서구의 개념이나 이론이 한국화에 이질적일 수 있다는 이유가 그러한 개념이나 이론을 버려야 한다는 사실을 정당화할 수는 없다. 더군다나 미천한 민주주의의 역사와 내용을 갖고 있는 한국의 상황에서는 더더욱 그러한 중요한 이론과 개념들을 보다 한국적인 상황에 맞추어 변형하고 적용시킬 필요성에 공감하는 것이 더 바람직할 수도 있기 때문이다.

그람시가 자신의 전 저작과 글을 통해서 발전시키고자 하는 목표와 논의가 우리 사회의 민주주의나 정치·사회적인 조건에 맞지 않을 수도 있을 것이다. 그러나 적어도 그람시가 자신의 주저작인《옥중수고》와 《옥중수고》이전 저서들에서 제기하고 있는 주요 개념과 이론들은 그람시가 이탈리아 사례를 통해 이론화했음에도 보편성universality을 가진다. 물론 그렇다고 그람시가 자신의 사상과 이론을 미국화하거나 세계화하는 데 성공했다는 것은 더더욱 아니다. 그럼에도 그람시가 제시한 개념과 이론 중에서 본서와 깊은 연관성을 가진 것들을 체계적인 구조 안에서 제시하면 다음과 같다.

가장 먼저 제기되는 기초적인 이론은 헤게모니론이다. 보다 자세한 내용은 바로 이어지는 장에서 논의하겠지만 헤게모니 개념과 이론의 이해는 한국 사회의 지배계급이 유지되는 원리와 조건 등을 보다 분명하게 제시할 수 있을 것이다. 특히 한국 사회에서 지배계급이나 사회 상층부의 지도자나 주류가 제시하고 있는 가장 중요한 사회적 가치가 어떤 것인가에 대해 헤게모니 개념과 유지 방법에 따른 서술은 한국 주류 사회를 이해하는 가장 중요한 내용일 것이다. 따라서 본서에서는 헤게모니론을 통해 한국 사회에서 지배계급이 유지될 수 있는 이유와 원인에 대한 이해와 분석틀을 제시해줄 수 있을 것이다.

두 번째는 헤게모니 개념을 이해하기 위하여 역사적으로 형성된 지배계급 블록이다. 이는 흔히 '역사적 블록Historic Block'이라고 이야기되는 개념이다. 역사적인 발전 과정에서 이들 지배계급이 교체되거나 확대되면서 구성원의 보충이나 충원 문제는 어떤 계기와 내용을 통해 이루어지는지에 대해 충분한 설명을 해주고 있다. 특히 지배계급 블록은 헤게모니의 유지를 위한 문화의 조직과 대중문화의 지배 이데올로기 확산 등에 대해서도 언급하고 있다는 점에서 헤게모니 개념과 함께 가장 주요한 기반을 이루고 있다. 이런 이유 때문에 역사적 블록 개념은 헤게모니 개념에 이어서 독립된 장에서 다시 한 번 추가적으로 설명할 것이다.

세 번째는 역사적 블록의 충원 대상이자 지배계급의 헤게모니 논의를 확산하고 전달하는 지식인에 대한 개념이다. 실제로 그람시는 이탈리아의 역사 전개 과정에서 지식인의 역할과 내용에 대한 분석을 위해《옥중수고》를 집필하고자 한다며 집필 의도를 밝혔다. 이러한 논의 구조와 주장의 배경을 한국이라는 정치적 무대로 옮긴다면, 이는 결국 한국 사회의 지식인 문제일 것이다. 더군다나 지식인 개념을 이해하는 것은 지배계급이 내세우고 있는 지배 이데올로기와 그들의 지배 구조를 이해할 수 있기 때문에 중요한 전제가 된다.

네 번째는 대중문화 이론의 세부적인 내용이다. 일반적으로 대중문화를 바라보는 시각은 상당히 다양하며, 어떤 경우에는 완전히 반대되는 개념으로 대중문화를 설명하기도 한다. 그람시가 제시하고 있는 대중문화는 대항 헤게모니를 형성하기 위한 문화적 기반이며, 새로운 질서를 만들어내기 위한 콘텐츠와 같은 개념이자 내용이다. 그것은 소수를 위한 특별한 무언가를 만들어내고 독점적으로 향유하는 것이 아니라 더 많은 이들에게 일반적이고 보편적인 상식으로 확산시켜, 사람의 생각과 행동을 이끌어내는 기준이자 출발점인 것이다. 그람시는 그러한 대중문화의 확산과 구조화를 위한 교육과 방법에 대해 고민했다. 한국 사회 역시 대중문화의 성격과 방향에 따라 대중들이 갖는 허위의식과 잘못된 문화인식과 이데올로기가 형성된 것이다. 대한민국의 출발 과정에 나타났던 이승만에 대한 우상화나 친일 세력의 반공 이데올로기는 그러한 측면에서 보자면 매우 중요한 계기이자 동기일 것이다.

다섯 번째는 그람시가 제기하고 있는 반민주주의적이고 전체주의 성격의 파시즘에 대한 것이다. 사회주의 혁명의 파고가 높던 1920년에 가장 먼저 합법적인 정치권력을 장악했던 파시즘 체제의 과도기적이고 반체제적인 성격을 논의하였던 그람시의 생각은 대한민국 정부 수립 이후 지배 권력의 연장이 가져온 결과와 체제의 성격에 많은 유사점을 제시하고 있다. 특히 그람시가 제기하고 있는 지배계급의 연속성을 위해 체제의 적을 상정하고 자본주의 체제의 과도기로 파시즘 체제를 설명하고 있다는 점은 한국 사회에서 부패와 친일 세력의 연장이었던 이승만 정부 몰락 이후를 설명할 수 있는 주요한 논제이자 주장인 것이다.

여섯 번째는 지역 문제로서 남부 문제에 대한 그람시의 개념이다. 통일이라는 국가적 과업의 성공이 오히려 북부와 남부의 정치, 경제, 사회, 문화 등 거의 모든 분야에서 그 격차와 차이를 가져온다는 역설적인 상황을 이야기하고 있는 그람시의 남부 문제는, 궁극적으로 한반도의 통일 과정에 대해 생각할 수 있는 여지를 주고 있다. 더욱이 남한만의 단독 정부 수립 이후에도 남한의 공고한 통합은 일어지지 않았고, 정치 권력 유지를 위한 영호남 문제가 등장한 한국의 상황에서 그람시가 제기했던 남부 문제에 대한 관점과 내용은 의미심장하다고 볼 수 있다.

이외에도 그람시가 제기하고 있는 다양한 개념과 논쟁점은 오늘의 한국 사회에서도 여전히 논란과 문제를 제기할 수 있는 것들이 많다. 결국 그람시 이론의 한국화라는 것은 한국 사회를 서구 사회와 같은 수준에서 그람시가 제시했던 개념과 동일한 틀로 설명하자는 것이 아니라, 그람시적 시각에서 한국 사회의 다양한 사회 현상과 정치적인 사건 들을 해석할 수 있는 논의와 방법을 모색하자는 것이다. 그람시의 헤게모니론이나 지배계급 이데올로기를 이탈리아의 상황이나 세계의 진행 상황에 맞게 이론화하거나 설명하는 것이 아니다. 대한민국이 발전해왔던 역사 속에서 지배 권력과 국가를 구성하였던 이들의 성격과 문제를 철저하게 한국적인 상황과 조건을 바탕으로 설명할 수 있다는 것이 그람시 이론의 한국화를 의미한다고 할 것이다.

이러한 관점에서 보자면 그람시 저작과 이론에 대한 일차번역이나 기존의 해석과 분석은 상당히 중요한 학문적 좌표 역할을 하고 있다. 가장 먼저 중요한 그람시의 일차적 저작에 대한 전체 번역은 아직까지도 요원하다. 전 세계적으로도 현재까지 그람시 저작에 대한 일차 번역을 가장 많이 이룩한 국가는 이탈리아에 인접한 프랑스와 독일이며, 영어와 일본어 역시 일정 수준까지는 번역 작업을 완료했다. 그러나 그람시가 남긴 전 저작에 대한 것은 아니었고, 주로 《옥중수고》가 대부분이었다. 여기에 그람시가 남긴 서간집이나 《옥중수고》 이전의 글들을 선별하여 번역한 정도다. 무엇보다 그람시의 소개와 번역이 영미권 국가를 중심으로 이루어졌다는 사실은 그렇지 않아도 정치적인 토양이나 사회적 기반이 다른 한국의 입장에서는 오해나 오독의 소지가 있었다. 그런 이유로 헤게모니와 시민사회 이론이 한국 사회에 소개되었을 때, 그람시 이론이 마치 모든 한국의 정치·사회 문제의 절대적인 구세주처럼 여겨졌다는 사실은 오히려 그람시 이론이 갖는 학문적인 보편성을 약화시키고, 변질시킨 이유의 하나였을 것이다.

결국 그람시 이론이 영속적인 보편성을 학문적으로 갖추려면 해당 지역에서 해석되는 그람시 이론이 해당 지역의 상황과 조건을 반영한 설명이자 해석이 되어야만 한다. 그런 점에서 영미권에서 논의되던 그람시의 개념과 이론을 한국 사회에 그대로 적용한다는 것은 여러 면에서 적절하지 않거나 오해의 소지를 남긴다. 따라서 가장 좋은 출발점은 그람시 저작에 대한 번역이며, 이를 통해 한국의 상황과 조건에 맞는 해석과 설명이 뒷받침되어야 할 것이다. 이에 본서의 본격적인 출발을 위해 그람시의 이론적 출발점과 주요 논쟁점들을 정리하고자 한다.[3]

그람시가 가장 먼저 자신의 학문적인 노력을 기울였던 분야는 문화 평론과 새로운 대중문화였다. 물론 그람시가 토리노 대학의 언어학부에 입학하였다거나, 이미 고등학교 재학 시절에 지역 통신원으로서 글을 썼다는 점들은 역사적인 사실로 고려해야 할 사항이지만, 보다 본격적이고 전문적인 글을 썼던 시기를 그람시의 이론적인 출발점으로 삼는 것이 바람직할 것이다. 본서도 그람시 자신이 대학에서 축적한 지적인 성숙도를 바탕으로 다양한 분야의 글과 평론의 형태로 발표했던 시기에서 출발하며, 저널리스트로서 사회당 당보와 여러 신문들에 썼던 글들을 통해 그람시 저작의 개념과 이론을 시작하고자 한다.

또한 그는 사회운동가이자 사회주의 혁명가로서《신질서》시절의 실천적 행동과 글, 그리고 국제적인 차원으로 시각을 확장하던 인터내셔널과 레닌과의 접촉기 시절의 글들을 정리한 뒤, 다시 이탈리아 공산당의 창당과 현실 정치가로서 당의 지도자와 국회의원으로 활동하던 시기의 글, 그리고 마지막으로 옥중에서 자신의 구상과 사상을 정리한《옥중수고》를 통해 스스로 그리고자 했던 독창적인 사상 체계를 다양한 개념과 이론으로 정리하였다.

그람시가 궁극적으로 정리하고 완성하고자 했던 이론과 개념은 무엇일까? 그람시를 어떤 분야에서 연구하느냐에 따라 이 질문에 대한 답이 달라질 수 있겠지만, 일반적으로 많은 전문가가 동의하는 개념과 이론은 헤게모니 이론이다. 그람시 이론을 헤게모니 개념과 이론으로 종합화하고 단순화하는 것이 적절한지에 관한 문제가 남기는 하지만, 헤게모니 이론을 통해 그람시가 제시하고 주장했던 그의 이론과 개념들을 살펴보는 것은 충분히 가능한 일이다.

따라서 이와 관련된 중심적 개념들이 — 예를 들면 국민적-대중적 개념, 상식과 이데올로기, 교육과 언론 문제, 지식인과 리소르지멘토의 역사, 당과 국가 및 시민사회 등 — 범주화될 수 있다는 가정 아래 그람시의 글에서 언제, 어떻게 시작되고 나타났는지를 거슬러 올라가 보고, 구체적으로 그람시의 활동과 관련하여 헤게모니 개념이 어떤 방식으로 전개되어 발전했는지를 아주 단순한 방법으로 접근해보고자 한다.

이 과정에서 이미 기존의 연구자들이나 학파의 관점을 무조건적으로 수용하여 전개하지 않고 각각의 상황과 방향에 맞게 그에 따른 관련 연구자들의 연구 결과들을 대비해 다양한 해석의 가능성을 보여주면서 상호보완적인 관점을 취하도록 하겠다. 이를 위해 헤게모니와 관련지을 수 있는 그람시 자신의 글들이 구체적인 행동과 실천을 통해서 어떻게 변화되었고, 이러한 모습들이 어떤 식으로 《옥중수고》에 나타나 있는지 그 변이 과정과 발전 과정을 추적할 것이다. 또한 이에 대한 기존의 연구 내용들을 각각의 범주로 개념화시켜, 문화적인 관점에서 하나의 통일된 헤게모니 이론의 기반을 구축함과 동시에 확장 가능성을 모색하고자 한다.

본서는 궁극적으로 역사적 블록을 시작으로 전개되는 지배계급과 지식인 문제, 대중문화와 헤게모니의 전개, 지역 문제로서 남부 문제와 이탈리아 통일의 문제, 체제에 대한 기본적인 설명을 한국의 다양한 현상들 및 체제의 성격 등과 비교하면서 시작하고자 한다. 특히 지배계급의 성격과 지배계급이 형성되어 유지될 수 있었던 동인과 계기 그리고 구조에 대한 정치학적 분석이 주를 이룰 것이다. 역사주의의 관점에서 오랫동안 형성되어온 지배계급의 구조와 성격의 문제는 한 국가나 지역의 체제를 연구하는 데 가장 기본적인 기초를 구성한다는 점에서 본서에서도 중요한 이론적 사례이자 비교의 준거틀을 제공하게 될 것이다.

이를 위해 본서에서는 그람시 이론과의 비교를 통한 이론의 한국화에 용이하고 비교의 준거를 제시한다는 면에서, 일정 기간의 체제를 중심으로 두 개의 서로 다른 체제와 정치권력의 속성이 얼마나 유사할 수 있을지, 혹은 전혀 반대적인 의미에서 상이할 수 있을지에 대한 사례 분석을 제시하고자 한다.

여기에서 제시될 체제는 한국의 경우 이승만 정부의 등장과 전개 그리고 연이어 등장한 박정희 정부 체제이다. 이탈리아의 경우 1861년 이후 이룩된 통일 이탈리아의 파시즘 체제와 현대 이탈리아 공화국 정부까지를 그 비교의 대상으로 설정하고자 한다. 그람시 이론의 한국적 적용 사례의 주요한 예시라고 할 수 있는 이탈리아 파시즘 체제를 통하여 박정희 체제를 비교분석하기 위해서도 그람시의 핵심적인 개념과 이론에 대한 분명한 이해는 필수적인 것이다. 이를 위해 그람시의 초기 글들과 다양한 이론적 논의와 개념에 대한 접근을, 사회적인 활동을 통해 발표하고 표명하였던 글과 저작 들을 통해 돌아보고자 한다. 그람시가 이탈리아의 역사를 통해 지배계급과 지식인의 역사를 분석하고, 그 과정에서 제기할 수 있는 핵심적인 개념으로 헤게모니 이론을 형성할 수 있었던 것은, 다른 이탈리아의 지식인들과는 달리 이탈리아적인 특징을 역사와 과정이라는 기본적인 연구에 따라 충실히 수행했기 때문이다.

따라서 본서 역시 가장 주요한 기반으로 한국 근대 형성사와 그 과정에서 주요한 역할을 했던 지배계급과 지식인의 역사에 주목하면서, 몇 가지 중요한 사례 중에서 먼저 박정희 시대에 대해 천착하고자 하는 것이다. 따라서 헤게모니, 역사적 블록, 지식인, 문화의 조직화와 체제 유지에 대한 논의를 통해 한국의 지배계급 형성 과정에서 지식인의 역할과 그들에게 동질성을 느끼게 해주었던 이데올로기적인 기반을 추적하고자 한다. 이를 통해 한국 사회가 형성되어오는 과정에서 등장한 수많은 사례와 사건, 그리고 다양한 현상을 그람시의 이론과 개념으로 재해석하는 작업을 시도하고자 한다.

그람시의 헤게모니론

헤게모니 이론의 새로운 출발점으로서 그람시

1968년 프랑스와 이탈리아에서 촉발되어 전 세계를 뒤덮었던 68운동이 정치적으로 실패하면서 사회주의와 공산주의를 신봉하던 이들은 새로운 대안 이론과 개념의 필요성을 절감하고 있었다. 세상은 자유주의와 자본주의 체제의 승리로 종결되는 듯했고, 공산주의나 사회주의와 같은 이데올로기는 더 이상 회복하기 어려운 개념으로 전락해버렸다. 더군다나 많은 좌파 지식인들 역시 사회주의와 자유주의를 대체할 이론과 개념들을 모색하는 데 실패하거나 좌절하면서, 자유주의가 주도하는 주류 정치의 터널 속에서 진보적 가치를 고물 묻히듯 변형하여 '진보적 자유주의'라는 명칭으로 우파 체제에 흡수되는 새로운 '변절주의'의 양상을 띠기까지 하고 있다. 이렇듯 어둡고 긴 터널 같은 국제 상황에서도 여전히 우리에게 하나의 희망으로 다가서는 인물들 중의 하나가 바로 그람시일 것이다.

　1891년 사르데냐의 조그만 벽촌 알레스에서 태어나 1937년 파시즘의 감옥에서 생을 다할 때까지 그는 참다운 혁명가로서의 삶을 살면서 젊은 날에는 실천과 행동을 통해, 파시즘에 의해 투옥된 뒤 차디찬 감방에서는 동시대인들에게 참다운 이론의 교시를 보이며 한 평생을 살았다. 안타깝게도 그 이론적 교시는 완성되지도 못한 상태로 세상에 알려졌지만, 그 교시의 방향만큼은 오늘날까지도 연구의 대상으로 살아 있을 만큼 뛰어나고 현대적이다. 특히 그가 사용했던 거의 모든 개념은 오늘의 학자들에게 재해석과 새로운 연구의 방향을 지시하는 등불과 같은 역할을 하고 있으면서, 한편으로는 미완성적인 그의 사상과 글 때문에 이를 둘러싼 수많은 논쟁거리를 제공하고 있다. 이런 이유로 그람시의 해석을 둘러싸고 벌어지는 논쟁은 아직까지 끝나지 않고 있으며, 아니 어쩌면 영원히 끝나지 않을지도 모른다.

　크로체로부터 투영된 관념적 신헤겔주의자에서부터 레닌주의의 투영을 받은 전투적이고 혁명적인 공산주의 이론가까지, 그람시의 모습과 색깔은 너무나 다양하고 변화가 심하다. 그럼에도 그의 사상 중에서 비교적 전체적인 모습으로 소개가 가능한 헤게모니 개념은 그람시의 일생을 관통하는 개념이자 이론이다. 그의 단편적이고 미완성적인 글들을 젊은 날의 그람시와 영어의 몸으로 정리되지 않은 채로 썼던 《옥중수고》까지 연계시켜 하나의 종합적인 이론과 개념으로 정리할 수 있는 것이 바로 헤게모니 이론이다. 이는 그의 삶을 관통하는 실천적 활동과 사고를 하나의 이론으로 발전시킨 것이라는 대부분 학자들의 공통된 의견을 반영한 것이기도 하다.

　그렇다고 그람시의 헤게모니 개념이 그람시만의 독창적인 개념인 것은 아니다. 이미 앞에서 언급했듯이 마르크스와 레닌의 계보를 잇는 이론적인 발전을 그람시에게서 볼 수 있다. 중요한 것은 그 발전의 양상과 모습이 후기 산업사회를 설명하고, 자본주의 체제의 영속성을 설명하는 데 가장 유용하고 명료하다는 점이다. 아마 그것은 그람시가 자신의 지적이고 사회적인 활동을 시작했던 곳이 토리노라는 이탈리아 근대 산업화의 시초가 된 도시이기에 가능했을지도 모른다. 실제로 그람시는 토리노라고 하는 이탈리아 최대의 산업 도시에서 프롤레타리아와 도시를 구성하는 수많은 사람들을 통해 자신이 평생 추구해야 할 학문의 영역과 사회 활동에 대해 고민했을 것이다.

그람시의 그러한 노력의 출발은 저널리스트로서 수많은 문화 평론을 써내며 시작되었다. 물론 그람시가 저널리스트로서 처음 글을 썼던 것은 칼리아리 고등학교 시절 《사르데냐 연합》의 통신원 자격으로 쓴 1910년 7월 26일자 기사였다[4]. 그람시가 공식적으로 썼던 그 기사의 내용은 다음과 같다.

아이도 마조레에서 선거가 끝나면 무언가 무서운 큰 사건이 계속해서 일어날 것 같다는 풍문이 근처 마을에 퍼져 있다. 마을 사람들은 보통 선거제를 단번에 시행하길 바라고 있었다. 즉 지역 수장과 지방 의원을 직접투표로 선출하려 했고, 격렬한 수단에 호소할 마음도 있었던 것 같다. 길라르차의 헌병 중위 게이Gay는 이러한 징후를 몹시 걱정해 중대원 전원을 소집시켰다. … 투표 당일에는 사람 그림자 하나 얼씬거리지 않았다. 선거권이 있는 자도 없는 자도 체포될 것이 두려워 숨어버린 것이다. 그래서 당국은 집집마다 찾아다니며 싫다는 사람을 억지로 끌고 가지 않으면 안 되었다. 가엾구나! 아이도 마조레 마을의 만도라 나무들이여! 과일에 끼는 해충이나 다름없는 보병대가 끼어드니 말이다.

쥐세페 피오리Giseppe Fiori의 표현대로 과장이나 군더더기 하나 없는 시원스럽고 산뜻한 글이었다. 처음부터 그람시는 관념적이고 추상적인 과장이나 허세를 보이지 않았고, 이러한 그의 문체는 평생 지속되었다고 볼 수 있다. 이렇게 시작된 그람시의 지적인 활동은 이후 대학 생활에서도 신문의 기고가로, 또 평론가로 계속되었고, 사회당원으로서 정치적 활동을 시작한 이후에도 여전히 현실적 실천과 이론을 병행하면서 행동하는 지식 활동을 펼쳐 나가게 된다.

젊은 그람시에게 나타나는 헤게모니 개념의 단초들

이미 잘 알려진 대로, 그람시의 젊은 날의 활동들은 주로 언어학부의 학생으로서 자신의 지적 지평을 넓혀나감과 동시에 문화평론가로서 또 정치 활동가로서의 면모를 갖추는 데 영향을 미쳤다. 처음부터 그람시가 헤게모니라는 개념과 용어에 대단한 관심을 가지고 이를 학문적·이론적 대상으로 발전시켜나갔다는 주장은 어디에도 없다. 다만 자연스럽게 헤게모니라는 용어를 일반적인 의미에서 접하면서 다른 이들의 생각과 마찬가지로 관념적이고 사변적인 성격을 띤 일반적인 관점에서 헤게모니를 접하였다는 것이 통설이다.

특히 그람시의 글 중에서 가장 먼저 등장하는 헤게모니라는 용어는 전적으로 '우위'나 '지배'와 동일한 의미로 사용되었으며, 그것도 부정적인 의미에서 '세계에서의 영국 헤게모니'라든가 '영국과 독일에 의한 지구의 재분할과 세계 헤게모니의 정복'이라는 식으로 표현됐다. 이는 그람시가 토리노 대학의 언어학부에서 학문적이고 사상적인 출발을 했다는 사실을 감안하면 충분히 이해할 수 있는 부분이다. 초기의 그람시 글들에서 나타나는 기본적인 개념에 대한 의미는 이와 같은 보편적이고 일반적인 국제정치학적 의미의 세력 간 우위나 지배 개념을 그대로 받아들였다는 것을 충분히 알 수 있다.

주지하다시피 언어학이라는 학문은 사용되는 언어의 기본적이고 보편적인 의미와 적용, 그리고 그 해석에 초점을 두는 학문이기 때문에 그람시 역시 아직 완성되지 않은 그의 학문적인 성과나 지적인 성숙도를 고려한다면, 이와 같은 의미로 헤게모니라는 단어를 사용했다는 사실을 어렵지 않게 유추할 수 있다. 그러나 그람시는 제1차 세계대전 이후 유럽 전역의 혁명운동이 실패하는 것을 보면서 점차 헤게모니라는 개념을 권력의 가장 중요한 한 측면을 나타내는 것으로 파악하기 시작했다. 이전까지는 헤게모니를 막연하게 '지도력'이나 '동맹' 등과 유사한 의미로, 또 이를 성취하기 위한 방법론에 국한된 소극적이고 협소한 의미로, 그리고 구체적이지 않은 관념론적인 의미를 지닌 보다 구체적이고 실천적인 방식으로 정립 가능한 권력 획득의 가장 중요한 요소 중 하나로 파악하기 시작하였던 것이다.

그렇다면 과연 그람시는 어떤 방식으로 또 무엇을 구체적으로 글로 표현하면서 이러한 의미상의 개념을 획득하고 발전시켰는가가 중요한 문제가 될 것이다. 그것은 실천적 투쟁을 통하여 그람시 자신이 느낀 점들을 헤게모니라는 개념으로 표출한 것일 수도 있을 것이며, 다양한 사건들을 통하여 보다 체계적인 이론으로 정립할 필요성을 느껴 이를 하나의 이론으로 만들어보고자 한 것일 수도 있다. 이러한 관점에서 가장 먼저 거론할 수 있는 방법론 중 하나가 바로 위에서 언급한 언어학적 관점에서의 해석이 될 것이다. 이 점에 대해서 가장 좋은 연구의 귀감은 바로 프란코 로 피파로Franco Lo Piparo의 연구이다.[5]

그에 따르면, 그람시가 언어학도로서 이미 헤게모니 개념을 알고 있었으며, 이를 통해 그가 사용했던 용어들에 대한 공통적인 의미(공시의)를 알고 있었다는 것이다.[6] 로 피파로는 초기 그람시의 글들을 분석한 결과, 1917년 2월과 1918년 2월 사이의 1년간 그람시가 썼던 글들에서는 '헤게모니'라는 단어는 물론 그와 유사한 의미를 가진 '위신prestigio'이라는 용어조차 찾아볼 수 없다[7]고 이야기한다. 그러나 초기의 헤게모니 개념을 내포하는 글들은 여러 곳에서 찾아볼 수 있다는 것이 그의 주장이다.

이러한 그의 주장은 젊은 날에 썼던 그람시의 글들을 분석하고 해석하는 과정에서 더욱 확고해진다. 특히 로 피파로는 언어학적인 측면에서 헤게모니와 연관시켜 사용했던 유사한 개념들, 즉 '위선', '지배', '동의', '강제' 등과 같은 단어와 개념에 주목하면서 그람시가 헤게모니 개념을 점차 자신이 추구하는 연구와 분석의 중심 개념과 이론으로 발전시키고 있다고 주장한다.[8]

결국 그람시가 헤게모니 개념을 사용하고자 했던 핵심적인 이유는 토리노라는 도시에서 겪게 되는 노동자 문화와 산업화 과정에서의 자본주의 문제들이 사회주의 운동가들이나 마르크스주의를 통해 접하게 되는 이론적인 내용의 구체적인 현실 경험으로 구현되었다는 사실에 기인한다. 이 과정에서 여전히 해결되지 않는 사회적 불평등 구조의 정치적이고 문화적인 원인에 대해 고민했고, 이를 해결하기 위해 기득권 세력이라 할 수 있는 자본가 계급의 지속적인 정치경제 권력의 유지 요인과 이유를 규명하고자 했던 것이다.

헤게모니 개념의 확장과 이론화

이후 그람시는 지속적인 실천을 통해 자본주의 체제 안에서 헤게모니가 형성되고 유지되는 과정과 내용을 이탈리아 역사 속에서 구했으며, 이를 《옥중수고》에서 본격적으로 구현했다. 그람시가 헤게모니 개념을 마르크스나 레닌에게서 전수받은 사회주의적인 개념의 하나에서 더욱 발전적인 분석의 개념으로 전환하게 된 계기는 1917년 러시아혁명과 1919년과 1920년 사이 유럽에 불었던 혁명의 파고가 썰물처럼 퇴조하던 시기에 대한 직간접적인 목도였다. 특히 러시아에서의 프롤레타리아 혁명의 성공과 자신이 직접 조직하여 일시적으로나마 성공적인 결과를 낳았던 신질서 운동이 실패로 돌아가면서, 보다 깊이 있는 성찰과 고민에 전념하였다.

또한 여기에 그치지 않고 그람시는 수많은 개념들을 어느 정도 일관성 있게 종합하려는 시도를 했다고 보인다. '정치사회'를 비롯한 여러 개념들을 하나의 일관된 개념으로 묶으려고 했는데, 그것이 의식과 이데올로기의 종합으로서 헤게모니 개념이라고 볼 수 있으며, 이를 하나의 구조로서 역사적 사례, 특히 이탈리아의 역사적 경험을 통해 구체화시킨 것이 역사적 블록이라고 볼 수 있는 것이다.

다시 말해 상부구조에 대한 분석에서 거론된 마키아벨리의 새로운 군주를 원용한 현대 군주로서 공산주의 정당의 역할과 기능, 진지전과 기동전에 대한 전술적 접근방법, 이를 하위 계급에게 적용하여 대항 헤게모니라는 관점에서 국민적이고 대중적인 문화에 대한 분석, 사회 지도 원리로서 오랜 역사적 전통을 가진 가톨릭이 어떻게 형성되었는가에 대한 분석들은 그람시가 이탈리아뿐 아니라 자본주의 사회를 역사적 블록이라는 개념으로 종합화하려는 의도를 가졌다고 상정할 수 있다.

그러나 그람시는 실제로 헤게모니라는 용어를 하나의 이론이나 개념으로 종합하여 정리하지 못했다. 이런 이유 때문에 그람시 헤게모니 개념을 언급할 때면 이론적인 논쟁이 야기되거나, 연구자의 시각에 따라 조금은 다른 해석을 하고 있다.[9] 하나의 이데올로기적 종합으로서 헤게모니를 이야기하기도 하고, 국가를 구성하고 있는 지배계급의 지도 원리로서 헤게모니를 상정하기도 하며, 동의와 동일한 의미로 해석하기도 한다. 이와 같이 다양하게 해석되고 있는 '헤게모니'는 그람시 이론을 종합하는 핵심적 개념이기는 하지만, 어딘가 부족한 면이 있는 것도 사실이다. 그러나 그람시가 헤게모니라는 개념 자체를 국가 분석, 특히 지배계급 분석을 위한 핵심적 용어로 사용했음에도, 실제로 그 단어는 지배계급이나 체제 분석보다는 국가 권력의 창출이라는 측면에서 더욱 그 중요성을 인정받고 있다.

그런 측면에서 그람시가 제기하고 있는 헤게모니에 대한 이론적 논의는 국가 권력의 위기와 전복 그리고 그 국가 권력을 유지하고 있는 지배계층의 이데올로기적 측면을 통하여 강조되고 있다고 볼 수 있다. 실제로 그람시는 국가를 정치·사회와 시민사회로 구분하여, '강제'와 '동의'가 작동하는 기제에 주목하고, 러시아혁명의 경험을 통해 헤게모니 작동의 유용성과 시민사회의 견고성에 대해 논의하고 있다.

다시 말해 그람시는 러시아 프롤레타리아 혁명이 성공하여 체제를 바꿀 수 있었던 것은 정치권력의 견고함에 비해 시민사회의 안정성이 뒷 받침되지 않아 정치권력 교체만으로 쉽게 체제 자체가 전환될 수 있었 기 때문이라고 분석하고 있다. 서구 사회는 러시아와 달리 오랫동안 축 적되어온 시민사회의 다양성과 견고함이 있었기 때문에, 단순히 정치권 력의 교체만으로는 체제가 바뀔 수 없었다.[10]

따라서 시민사회가 강력한 국가를 전복시키려면 기동전보다는 진지 전이 중요한 전략이 되며, 기존의 헤게모니를 유지하고 있는 문화를 분 쇄하고 해체시키기 위해 '대항 헤게모니'를 만들어내는 것이야말로 새 로운 체제를 수립하고 혁명을 가능하게 하는 전제조건이라고 주장하였 다.[11] 이렇듯 그람시는 헤게모니 개념을 통해 국가를 유지하는 통치 원 리와 주류 문화의 지속성에 주목하면서, 새로운 문화를 조직하기 위한 정치·사회·경제 분야에서의 다양한 유기적 방안과 대응책에 주목하였 다. 특히 현대 사회에서 군주의 역할을 하는 전위정당 조직과 이를 뒷받 침하는 노농 계급 간의 동맹 전술 그리고 정치·사회보다는 시민사회의 기반을 공략하는 진지전 전술을 통해 국가 권력과 정치·사회를 변화시 키거나 교체하는 것이 중요하다고 보았다.

그람시의 의도만큼 《옥중수고》에서 다루어졌던 글들은 이론화의 수 준이 만족할 만하거나 어느 정도의 완성도를 보여주었던 것은 아니다. 지나친 단편성과 혼란스러울 만큼 정리되지 않은 개념 정의 등은 헤게 모니 개념의 이론화를 더더욱 어렵게 하였다. 그러나 그러한 혼돈스러 움이 오히려 많은 후세 연구가의 상상력을 자극하고, 더욱 발전적인 개 념과 이론의 정립을 위한 초석과 단서를 제공하는 계기를 마련하기도 하였다. 그러나 헤게모니 개념의 이론화를 다루는 것이 본서의 집필 목 적은 아니기에 그람시 이론의 핵심적인 개념이자 이론으로 헤게모니 개념을 설정하는 것에 국한하겠다.

해게모니 개념과 이론에 대한 고찰은 본서에서 전개하고자 하는 역사적 블록 개념을 설명하는 데 그것이 필수적이고 전제적인 개념이자 이론이기 때문이다. 그러나 헤게모니 개념과 이론에 대한 다양한 해석과 그 내용이 본서의 내용 전개에 의미 있는 분석틀과 기준을 제시할 것이라는 점은 분명하다. 특히 헤게모니 개념을 통하여 지배계급이나 사회계층 분석의 중요한 기준과 틀을 제공한다는 측면에서 보면, 그람시의 헤게모니 개념의 출발점과 이탈리아 역사에 대한 사전 설명은 역사적 블록에 대한 연구의 준거점을 제시할 수 있을 것이다.

그렇다면 이제는 그람시 이론의 출발점과 역사적 배경에 대한 본격적인 논의가 필요할 때이다. 이와 관련하여 수많은 질문과 의문이 있겠지만, 몇 가지 본질적이고 기본적인 논의의 요점은 다음과 같은 질문의 답을 구하는 일일 것이다. 첫째, 그람시가 제시하고자 했던 헤게모니 개념에 대한 해석과 연구는 현재까지 어떤 방향에서 전개되어왔을까? 둘째, 그람시가 헤게모니 개념을 통하여 궁극적으로 이야기하고자 했던 것은 무엇이었을까? 셋째, 어디서부터가 헤게모니 개념의 이론적 출발점이며, 그 이유는 무엇이었을까? 넷째, 그러한 그람시는 어떻게 해석되어왔고, 어떤 현대적 함의를 갖고 있을까? 다섯째, 과연 그람시가 한국 사회에 어떤 정치적·사회적 함의를 지닐 것인가? 그 외에도 수많은 질문과 의문이 존재할 것이다. 본서에서 이를 모두 다루기에는 내용적으로나 양적으로 너무나 방대한 탓에 여기에서는 역사적 블록 개념을 중심으로, 한국의 지배계급과 체제의 상관성을 몇 가지 사례를 들어 분석하는 것으로 갈음하겠다.

그람시 자신이 밝히고 있듯이,[12] 그람시 《옥중수고》의 궁극적인 목적은 이탈리아의 지배계급의 형성과 지배 메커니즘의 유지 그리고 이를 뒷받침했던 지식인의 역할과 영향 등을 이탈리아의 역사를 통해 구체적으로 규명하고자 하는 것이다. 그런 측면에서 보자면 이탈리아 통일 운동 시기라 할 수 있는 리소르지멘토부터 이후의 남부 문제 그리고 새로운 이탈리아 통합의 실패와 분열, 그리고 통일 신생 국가로서 유럽 무대에서의 경쟁 실패 및 그로 인한 파시즘의 출현은 어쩌면 필연적인 것이었을지도 모른다.

이탈리아 사회의 역사적인 발전 경로가 여타 서구 국가들과 조금 달랐다는 점은 파시즘 시대와 그 이후의 근대 국가 성립에서도 충분히 드러난다. 이렇듯 중세에서 근대로 갑자기 들어선 이탈리아 근대의 시작은 여러모로 한국 사회에 시사하는 바가 많다. 따라서 여기서는 이러한 독특한 역사 발전 경로를 가진 이탈리아와 조선에서 근대로 갑자기 떠밀려온 한국의 현대적인 국가 형성 과정을 지배계급의 발전과 형성이라는 측면에서 비교하고자 한다. 이는 그람시 이론을 한국 체제와 사회 분석으로 확장하고자 하는 의도를 함께 반영한 것이다.

구체적인 사례는 다양하게 제시할 수 있겠지만, 본서에서는 이러한 비교의 준거를 하나의 체제를 통해 설명하는 것이 이해의 폭을 정하고 적절한 사례를 제시하기에 용이할 것이기에, 비교적 유사한 체제로 판단되는 파시즘 시대와 박정희 시대를 선택하였다. 물론 비교 분석의 과정과 내용에서 수많은 문제점이 노출되겠지만, 굳이 두 개의 서로 다른 시대적 상황이나 조건을 절대적인 유사성 아래 분석하려면 몇 가지 선결 조건이 붙어야 한다. 일단 적어도 두 시대가 형성되고 유지된 역사적 조건이나 정치·사회적 요인들에 대해 일치하는 측면이 존재한다는 공통점이 있어야 한다. 실제로 한국 근대의 정치·사회나 이탈리아의 근대 정치·사회를 구성하는 여러 요소와 요인은 상당히 많은 유사점을 보이고 있다(이에 대해서는 다음 장에서 다시 설명할 것이다).

이를 위해 다음 항에서는 그람시 헤게모니 이론에 대한 다양한 연구와 해석의 관점을 살펴 어떻게 역사적 블록 개념과 지배계급 공고성의 상관성을 이해할 것인가하는 문제를 다룰 것이다. 이는 미완성적인 성격의 헤게모니 개념에 대한 다양한 해석의 가능성이 어떻게 학문적으로 정립되고 체계화될 수 있는가를 보여주는 물음이다. 따라서 그람시 이론의 한국적 적용 가능성의 주요한 지표가 될 수도 있을 것이다.

그람시 헤게모니 개념에 대한 연구 경향과 재해석의 방향

오늘이라는 시점에서 그람시를 본다는 것, 또 그를 재해석한다는 것 자체가 너무나 어렵고 지난한 작업이 될 것이다. 더욱이 오늘날 전 세계가 '혁명'이라는 단어를 기술적이고 과학적인 상황에서만 사용하도록 강요하고 있다는 점에서, 1920년대의 철저한 '혁명가'였던 그람시를 이런 시대적 상황에 적용한다는 것은 어쩌면 무리일 수도 있을 것이다. 그러나 시대의 흐름이 그람시를 비롯한 많은 마르크스주의자들이 예견한 것과는 너무나 다르게 흘러온 만큼, 시대에 맞는 능동적이고 적극적인 대처를 위해 그람시 역시 '오늘'이라는 시점에서 재해석할 수 있어야 할 것이다.

따라서 그람시가 발을 딛고 살았던 1920년대 이탈리아의 상황뿐 아니라 국제적인 상황에 대한 정확한 이해를 바탕으로 각 시기의 그람시 자신의 시각을 통해 1920년대의 상황을 유기적으로 조망함과 동시에,

이를 오늘이라는 시점에서 새롭게 적용하고 해석하여 한국 사회에 적용 가능한 이론과 개념을 제시하였던 선구자의 모습으로 바라보고자 한다. 이런 모습은 한국에서도 적용 가능한 그람시로 재해석하고 활용할 필요성이 그 어느 때보다 높다고 할 것이다.

한국 사회에 그람시가 소개된 지도 벌써 30여 년이 되어간다. 그는 낯선 개념과 이론으로 우리를 당혹하게 하기도 했지만, 새로운 학문적 이정표와 동기를 부여하기도 했던 이탈리아의 정치사상가였다. 헤게모니 개념과 시민사회 이론으로 한국 사회에 커다란 반향을 불러일으켰던 그람시는 1980년대 이후 현재에 이르기까지 한국의 수많은 지식인에게 크고 작은 영향력을 행사했다.

1984년 최장집 교수에 의해 한국 사회에 처음 소개된 그람시의 헤게모니론 역시 이론적으로나 학문적으로 더 이상 유용하지 않게 된 것은 우리 사회의 학문적 풍조를 그대로 돌아보게 한다. 그렇다고 헤게모니 개념에 아직도 유용하고 참신한 '상품성'이 있다는 주장은 더더욱 아니지만, 적어도 헤게모니 개념과 이론은 한국 사회 분석을 위해서는 분명 더욱 체계적이고 다양한 영역에서 고찰과 연구가 이루어졌어야 했다는 아쉬움은 남는다. 그람시의 헤게모니 개념이 한국 사회 분석과 어떻게 연결될 수 있을지에 대해 의아해할 수도 있겠지만, 그람시 연구와 분석이 이탈리아의 사회적인 상황과 역사적인 분석에서 도출된 것이라는 사실과 그가 궁극적으로 자신의 저술과 연구를 통해 밝히고자 했던 것이 이탈리아 자본주의 체제의 성격이라는 점을 이해한다면, 그람시를 원용하여 한국 사회를 분석할 수 있을 것이라는 주장은 타당할 것이다.

따라서 본서는 그러한 연구의 출발점으로 그리고 그람시를 어떻게 한국 사회에 적용할 수 있는가에 대한 사례의 예시라는 측면에서 지금까지 논의되었던 그람시 헤게모니 이론에 대한 연구 결과들과 그에 대한 한국적 유용성을 찾아보려는 의도를 갖고 전개될 것이다. 이러한 전개의 목적은 현재까지 축적된 헤게모니 관련 외국 연구 결과물들을 통해 그람시 해석의 방향과 내용을 고찰해보고, 그람시주의의 가능성을 모색하기 위함이다. 또한 영미 계열의 연구와 이탈리아와 프랑스 등 라틴계 연구 및 기타 제3세계권 연구 결과들 사이에 존재하는 차이를 비교하면서 국가와 지역에 따른 연구 결과물이 한국 사회에 적용될 수 있는가의 문제도 돌아볼 것이다. 따라서 이와 같은 목적과 의도에 부합하기 위해 다음과 같은 두 부분으로 대별하겠다.

첫째 항은 그람시 헤게모니 연구에 대한 외국의 결과물들과 그 방향을 다루게 될 것이고, 두 번째 항은 한국에서의 연구 결과들과 경향에 대한 내용을 취급할 것이다. 이는 외국과 한국이라는 두 개의 공간을 기준으로 그람시 연구에 대한 비교를 진행함과 동시에 이를 통해 그람시 헤게모니 이론의 한국적 적용 가능성을 모색하고자 함이다. 또한 두 공간에서의 그람시 헤게모니론의 연구 결과를 비교하면서 본서가 궁극적으로 지향하고자 하는 사회구성체 논쟁의 핵심 개념으로서 역사적 블록의 한국화를 모색하고자 한다.

1960년대 이후 영어권 국가에서 본격적으로 시작된 그람시 연구는 헤게모니론 이외에도 다양한 개념과 영역에서 진행되어왔다. 특히 1960년대 이후 영미권 국가들이 후기 산업사회에 대한 사회 분석에서 지체되고 좌절되어온 연구의 실마리를 그람시 헤게모니론을 통해 분석하려고 했던 사례와 결과물들을 중심으로 주요 쟁점 사항에 대해서도 함께 다루면서, 아울러 현재의 연구 방향과 결과물들에 대한 내용을 소개할 것이다. 동시에 그람시 연구의 본고장인 이탈리아에서 1950년대부터 행해졌던 연구와 결과물들이 영미권을 통해 어떻게 전달되었는가를 함께 돌아보고, 기타 프랑스를 비롯한 유럽의 여러 국가들에서 진행되었던 그람시 연구 결과들과의 차이는 무엇이었는가에 대해서도 간략하게 소개할 것이다.

또한 이처럼 서양에서 재해석되고 그려진 그람시의 이론과 논의가 1980년대 중후반 한국 사회에 소개되면서 나타난 연구 경향 및 결과물과 어떤 상호연관성을 갖고 있는지, 또 한국적 상황에 적절하게 대응 또는 적용되었는가를 검토할 것이다. 소결 부분에서는 그람시 헤게모니 개념을 중심으로 그람시 이론화, 나아가 그람시주의의 한국화가 가능할 것인가에 대한 전반적인 검토와 미래의 연구 방향에 대하여 서술할 것이다. 지금까지 한국에서 진행된 그람시에 대한 전반적인 연구 결과를 바탕으로 한국 사회 분석에 어느 정도 유용한 분석틀과 패러다임을 제공했는가를 살펴보고, 앞으로의 발전 가능성에 주목하여 그람시 이론의 한국화를 이야기하고자 한다.

외국의 연구를 통해 본 그람시 헤게모니론

그람시 연구를 가장 먼저 시작한 국가는 이탈리아였지만, 학문적인 영향력을 갖기 시작한 것은 신좌파 그리고 프랑스 및 독일 등 여러 나라의 정치사상가들이 그람시를 원용하면서 여러 이론에 직간접적으로 반영된 뒤부터였다.[13] 가장 먼저 그람시 연구의 초석을 다진 이들은 신좌파 그룹이었다. 스튜어트 휴즈, 페리 앤더슨, 에드워드 톰슨, 레이몬드 윌리엄스, G. A. 윌리엄스 등은 그람시에 대한 발견과 재해석을 통해 그람시 이론의 소개를 시작했다. 알튀세르, 발리바르, 부르디외 그리고 데리다 등을 중심으로 프랑스에서도 1960년대 초반부터 그람시에 대한 본격적인 연구가 시작되었으며, 독일에서는 프랑크푸르트학파가 중심이 되어 그람시에 관심을 기울였다.

그람시의 다양한 개념과 이론 중에서도 가장 주목을 받았던 것은 헤게모니 개념이었다. 영어권 국가에서 그람시 헤게모니 개념을 가장 먼저 종합하고 해석한 이는 G. A. 윌리엄스라고 볼 수 있다.[14] 그는 1960년 한 역사 저널에 그람시 헤게모니 개념에 대한 문화적인 해석을 담은 연구 결과를 발표하였다.[15] 문화적이고 지적인 측면에서의 헤게모니에 대한 역할과 기능을 설명한 윌리엄스의 연구 결과는 1960년대 내내 많은 관련 연구가들에게 주요한 기준을 제시했지만, 그람시를 마르크스나 레닌과 결별시키면서 학문적 영향력은 축소되었다.

보다 학문적인 수준에서 반향을 불러일으켰던 것은 네언과 앤더슨의 연구였다. 데이비드 포가치는 네언과 앤더슨의 연구 결과를 평가하면서 그들의 글이 갖는 그람시적인 특징을 다섯 가지로 정리하고 있다.[16] 첫째, 이 글들에는 국민의 역사가 갖는 독특함에 대한 세심한 관심이 존재한다. 둘째, 네언과 앤더슨은 역사적인 장기 분석과 현재 상황에 대한 진단을 상호 교직시키고, 이를 통해 좌파의 전략적인 정책을 이끌어 내려는 형식을 취한다. 셋째, 두 단계에서 분명히 했듯 그들은 경제주의와 확실히 결별한다. 즉, 그들은 경제적인 토대와 정치적인 상부구조 사이의 직접적이고 기계적인 연결과 단절하며, 정치적인 지배에서 문화적이고 이데올로기적인 측면이 강조되는 분석을 시도한다. 넷째, 그들은 역사적으로 임의적인 사회적 지배 관계가 '상식'으로 영속화되고 자연스럽게 받아들여지는 과정에 대한 독특한 인식을 보여준다. 다섯째, 그들은 노동운동이 경제주의적·조합주의적에서 헤게모니 중심의 문화로 길을 열어 나가지 못한 것, 말하자면 사회 세력들이 블록의 수위首位에 스스로 서지 못한 것에 대하여 비판을 가한다. 네언과 앤더슨의 이러한 해석은 이후 영국에서의 그람시 연구에 하나의 방향성을 제시했지만, 보다 다양하고 다층적인 그람시 해석과 연구에 걸림돌이 되기도 했다.

이후 1967년에 카메트J. Camette는 그람시의 전반적인 사상 체계와 그러한 사상 체계의 역사성을 설명하는 그람시 해설서를 출간하였다.[17] 여기에서 카메트는 그람시 사상이 형성되어온 과정을 그리면서 이탈리아의 사상적인 전통 속에서 그람시의 위상과 중요성을 역설하고 있다. 그러나 그다지 깊이 있는 이론적인 정교함을 가지고 그람시를 분석하지는 않은 간단한 해설서 수준이었다. 그람시 연구의 보다 독창적이고 의미 있는 결과는 1968년에 마르티넬리Martinelli와 메링턴Merrington에 의해 이루어졌다.[18] 마르티넬리의 연구에서는 서구 사회에서 발생한 혁명에 대한 분석과 함께 그에 대한 그람시 평가의 유용성을 지적하고 있다. 메링턴 역시 그람시의 마르크스적인 측면을 강조하면서 헤게모니 개념을 비롯한 독창적인 그람시의 개념들을 역사적이고 정치적인 사건들과 연결시켜 분석하고 있다.

그러나 당시의 일반적인 그람시 연구는 그람시 저작에 대한 직접적인 접근이 여의치 않은 상황에서, 그람시를 정치이론가로서 정치학의 영역에서 다루기보다는 문화비평가의 모습을 강조하는 등 영미권 초기 연구의 한계를 노정시켰다. 이러한 한계를 조금이나 뛰어넘을 수 있게 해준 것은 1971년 호어Q. Hoare와 스미스G. N. Smith가 편집한《그람시의 옥중수고 편집본Selections from the Prison Notebooks of Antonio Gramsci》이었다. 이 책을 통하여 비로소—그람시 저작의 일부이긴 하지만—그람시에 대한 비교적 전체적인 윤곽과 사상 체계에 다가설 수 있었다. 헤게모니 개념에 대한 이론화 역시 이 편집본을 통해 이루어졌다.

그람시의 영어판 선집은 영미 계열의 많은 그람시 연구가에게 상당한 반향을 불러일으켰고, 많은 연구 결과가 나올 수 있었다. 특히 68 운동 이후 자본주의 체제의 공고성이라는 측면에서 후기 산업사회를 분석했던 좌파 계열의 학자들에게 그람시가 던져준 많은 미완성의 개념과 이론은 새로운 지평 확장을 위한 디딤돌이자 계기였다. 헤게모니론 역시 단지 개념적인 측면이나 단편적인 해석의 수준을 넘어 그람시 사상의 핵심 개념이자 이론으로 발전할 수 있었던 것은 편집본의 공헌이 컸다.

  이 시기 헤게모니론에 대한 연구는 일반적으로 자본주의 사회의 지배 계급의 정치적인 권력 유지와 연속성에 초점이 맞추어졌고, 그람시에게 영향을 미쳤던 많은 기존 사상가들과의 접목을 통해 다양한 경향에 대한 연구가 주를 이루었다. 그람시의 마르크스주의적 경향, 레닌주의적 경향, 유로코뮤니즘 경향, 크로체주의적 경향, 다원주의적 민주주의 경향 등 수많은 해석의 문제가 불거진 것도 이 시기이다.[19]

  그람시 해석의 다양성을 여기서 모두 다룰 수는 없겠지만, 헤게모니론의 발전 과정에서 학문적으로나 이론적으로 주요한 전기를 마련해준 몇몇 연구 결과들은 그람시 헤게모니론 이해의 필수적인 기초 자료들이다. 1978년 발표한 앤더슨의 연구는 그런 의미에서 그람시 해석의 주요한 전환기적 의미를 다른 논문이었다. 앤더슨은 영국의 전통적인 그람시 연구의 한계를 뛰어넘음과 동시에 지나친 확장이나 무리한 해석에 대한 경고를 그람시의 이항대립적 용어의 분석을 통해 전개하고 있다. 특히 헤게모니와 관련하여 동구와 서구, 국가와 시민사회, 진지전과 기동전, 동의와 강제, 지배와 헤게모니 등의 이분법적 대립구조를 통해 그 개념이 갖는 서구적 의미에 대하여 비판적이면서 동시에 절제된 분석의 틀을 보여주었다.

영미권의 그람시 연구는 최근 다소 경직되고 도식적이던 방향에서 탈피하여 보다 다양한 측면에서 논의되고 있다.[20] 언어학적인 측면에서 헤게모니라는 용어의 사용 빈도와 내용 등을 분석하고 있는 피터 이브스의 저서는 그람시 저작이 갖는 언어적인 모호성과 의미론적인 측면에서의 새로운 분석이라는 점에서 그람시가 사용했던 용어나 개념에 대한 새로운 접근에 해당한다. 르네 홀럽의 연구는 사회주의 국가들이 몰락하면서 자유민주주의 질서의 구축이라는 새로운 전환기인 1990년대에 그람시주의 혹은 그람시 연구에 대한 포스트모던적인 접근의 필요성을 역설하고 있다. 크리언의 연구 결과는 문화인류학의 토대 속에서 그람시에 대한 새로운 접근이라는 시각으로, 21세기적 지평 확장의 단서를 열고 있다. 그녀의 연구에서 그람시에 대한 인류학적인 접근의 필요성에 따라 서구 사회와는 다른 새로운 사회, 예를 들면 개발도상국이나 신흥 공업국 및 아프리카나 남미 국가들에 대한 접근방식과 분석에 대한 새로운 기준을 그람시를 통해 제시하고 있다. 모튼의 저작은 신자유주의 시대의 새로운 세계 경제 구도 속에서 그람시가 주창했던 경제주의적인 해석을 통해 국제 관계의 영역에서 새로운 헤게모니를 지속시키고 있는 신자유주의 경제 체제에 대한 새로운 분석틀과 질서를 모색하는 계기를 제공해주고 있다.

특히 새로운 국제 질서 속에서 세계 정치 질서라는 보다 확장된 영역으로 그람시의 이론을 적용하는 분석은 콕스 이후 그람시에 대한 주요한 연구 흐름으로 자리 잡았다. 보편적이고 세계적인 질서의 결합으로서 국제 기구들의 총합과 세계 질서의 집합적인 이미지를 통해 국제 질서상의 헤게모니를 해석하였던 콕스의 해석은 이후 많은 학자들에게 영향을 미쳤다.[21] 자본과 노동의 요소를 새로운 전환기적인 요소로서 중요하게 상정했던 빌러Bieler나 유럽에서의 계급 형성 과정을 통해 계급 전환이라는 시각에서 유럽연합(EU)의 통합 과정을 새로운 국제 질서로 파악하고 있는 반 아펠돈van Apeldoorn, 모튼 등은 이러한 전통의 계승자들이다.[22]

영미권 국가에서의 그람시 연구는 오랜 전통 속에 문화주의적인 출발을 통한 정통성과 환원론적인 해석 등이 주를 이루었지만, 그람시 연구를 가장 먼저 시작한 이탈리아와 프랑스는 좀 더 직접적으로 이데올로기 중심으로 다루면서 몇몇 주요 학자들을 위시한 학파들이 주도했다. 이탈리아의 그람시 연구는 이미 알려진 대로 그람시의 처형이 그람시 사망 전에 소련으로 몰래 빼돌린《옥중수고》가 여러 경로를 거쳐 톨리아티 수중에 들어가면서 시작되었다.[23]

다시 말해 1940년대 후반부터 직간접적으로 그람시의 저작들이 출간되면서 그람시는 주목을 받았다. 당시 반파시즘 투쟁의 중심 역할을 했던 이탈리아공산당에게 그람시는 당세를 확장하고 정치적인 헤게모니를 장악하는 데 유용한 수단임과 동시에 주요한 사상적인 기반이자 유산이었다.[24] 특히 당시 이탈리아공산당을 이끌고 있던 톨리아티는 이를 적극적으로 활용하면서 동시에 그람시의 레닌주의적인 경향을 강조하면서 그람시를 레닌주의자로 묘사하였다. 레닌주의자 그람시 혹은 스탈린주의자 그람시에 대한 다소 경직된 연구 방향은 당시 이탈리아공산당이 소비에트 연방과 직접적인 교류를 하고 있었던 유럽 최대의 공산당이었다는 사실에 일부분 기인한 것이긴 해도, 그람시에 대한 편향적이고 파편적인 해석이라는 비판이 제기되었다.

톨리아티로부터 시작된 이러한 경향은 그루피와 데 조반니 등으로 이어지면서 1960년대와 1970년대 초에 지배적이었던 유로코뮤니즘으로 연결되었다. 이탈리아 내부에서 이러한 연구 경향이 좀 더 다양한 방향성을 갖게 된 것은 1960년대에 들어서였다. 톨리아티의 그람시에 대한 접근은 이탈리아 노동운동사와 이탈리아공산당이라는 역사적인 맥락에서 이해될 수 있었지만, 그람시 연구의 새로운 지평은 헤게모니 개념에 대한 보다 다차원적인 접근에 의해 이루어졌다. 헤게모니의 형성과 유지 및 보존이라는 역사적인 과업을 계급 차원에서 논의하면서 헤게모니 형성을 위한 수단의 다양성과 다수성에 초점을 맞추었다. 이를 위해 지식인의 역할과 현대 군주로서의 당(이탈리아공산당을 의미)을 강조했다는 점은 헤게모니 개념을 노동운동의 지평에서 정치 권력과 정치 자체의 문제로 확장시키는 분수령이었다. 이러한 분석에 가장 먼저 기여한 사람은 라지오니에리Ragionieri이다.

라지오니에리는 1967년 칼리아리에서 개최된 제2회 그람시 학술회의에서 발표한 자신의 논문에서, 톨리아티의 입장에 대한 연장선에서 그람시의 국제적인 지평 확장을 주장하였다. 라지오니에리가 주목한 그람시 사상의 핵심은 서구에서의 정치적인 상황 변화를 통해 그람시가 이탈리아적인 상황, 즉 혁명 파고의 퇴조와 파시즘의 등장, 1929년 세계 경제위기와 그에 따른 적절한 전략의 부재 등 국제적인 경험을 통하여 다양하고 가변적인 전략의 창출을 국제 노동운동의 지형 위에 그리고 있다는 점을 강조했다. 라지오니에리 이외의 또 다른 사상가로 꼽을 수 있는 이가 봅비오이다.

봅비오 역시 라지오니에리와 함께 1967년 제2회 그람시 학술회의에서 그람시의 시민사회 개념을 설명하면서, 그람시 시민사회 개념이 갖는 의미를 헤겔이나 마르크스와의 차이점을 통해 분석하고 있다.(Bobbio N. 1967) 봅비오는 그람시 시민사회의 개념이 갖는 이데올로기적·문화적 복합체에 주목하면서 특정 사회 계급의 헤게모니 조직의 수단으로서 그람시의 시민사회를 정의한다. 마르크스 역시 시민사회가 지닌 역사적인 발전 과정에서의 능동적이고 적극적인 계기에 주목하지만, 그람시의 시민사회와의 차이가 분명하게 드러난다고 주장한다. 마르크스의 경우 시민사회가 토대 안의 구조로서 존재하지만 그람시에게는 상부구조로서 정치의 영역에 속한다는 차이를 발견할 수 있다는 것이 주장의 요지이다. 이는 마르크스가 경제로 설명하는 역사의 추동력이 그람시에게서는 이데올로기로 나타나는 이유가 되는 것이다. 이를 토대로 봅비오는 그람시를 단숨에 상부구조의 민주주의자로, 그리고 정치·사회보다 시민사회의 우월성을 주장하는 정치사상가로 규정하였다. 이러한 봅비오의 주장은 서구 민주주의 사회를 분석하는 데도 유용한 그람시 해석의 중요한 기준을 마련해주었다.

이외에도 마시모 살바도리나 데 펠리체, 파올로 스피리아노, 아우치엘로Auciello 등의 연구도 그람시 해석에 주요한 의미와 해석의 기준을 제시했다고 평가받는다. 살바도리의 경우 이탈리아 공산당과 공장평의회의 이중적인 성격을 헤게모니 개념을 통해 설명하고 있으며, 역사적인 과정 속에서 구현되고 발전되어온 헤게모니 개념을 이론적으로 치밀한 고증을 통해 증명하려고 하였다.(M. Salvadori 1976, 33-54) 이탈리아 파시즘 연구가로 알려진 데 펠리체는 당대의 주요 인물들을 통해 그람시의 이론과 개념의 영향 관계를 추적함으로써 헤게모니 개념과 이론의 발전 경로를 돌아볼 수 있게 한다. 이에 반해 스피리아노는 전통적인 이탈리아공산당의 입장에서, 후기 마르크스주의 계열의 좌파 사상가로서 그람시에 대한 적극적인 해석을 추구하고 있다. 특히 그는 이탈리아 공산당의 역사를 다룬 방대한 분량의 책을 통해 그람시의 사상과 주요 이

론들에 대한 역사적 배경과 경과 등을 설명하고 있다.[25]

지금까지 논의되고 진행되어온 이탈리아에서의 연구들은 양적으로나 질적으로나 측정이 어려울 정도로 많다. 전술한 그람시의 연구 결과들은 전통적으로 그람시에 대한 마르크스주의의 해석 논쟁이었다. 그러나 1980년대에 들어오면 그람시 연구에 대한 전환과 새로운 영역에서의 논쟁들이 야기되었다. 영국이나 앵글로 색슨계 국가들과는 달리 이탈리아에서 문화적이고 역사적인 전통의 시각에서 문화주의자로서 그람시가 새로이 조명된 것이 바로 이 시기였다. 문학, 언어학, 희곡이나 드라마 그리고 영화 등을 아우르는 예술 전반에 대한 그람시의 논의들, 변화하는 세계 질서 속의 이탈리아에 대한 국가 성격과 자본주의 시스템에 대한 재해석 등이 이 시기에 제기되었던 그람시 관련 연구들이다.

이외에도 500여 편의 그람시 관련 연구 논문이 이탈리아의 주요 학술지에 발표되었다.[26] 21세기 이탈리아에서 그람시가 여전히 유용한 학문적인 지표이자 기준이 될 수 있을지에 대해서는 이론이 있지만, 자본주의 사회의 생산 관계와 국가의 성격 그리고 세계 정치 질서의 재편이라는 측면에서 그람시 헤게모니 개념의 유용성은 아직까지 유효할 것이다. 또한 그람시에 대한 최근의 연구 경향 중 두드러진 방향의 하나는 유럽 통합과 관련한 것이다. 유럽연합을 하나의 국민 국가Nation State의 부활로 볼 것인지, 새로운 국제 정치 질서에 따른 지역 통합체로서 하나의 행위자actor로 볼 것인지에 대한 논란 속에서, 그 성격과 내용을 그람시가 제시하고 있는 민족과 민족주의에 대한 시각에서 보는 것은 상당히 유의미한 함의를 지니고 있다. 자본주의 세계 질서의 재편이라는 과정 속에서 새로운 헤게모니적인 구성체이자 기구로서 등장하고 있는 다양한 종류의 네트워크와 국제 기구들에 대한 성격 분석은 이러한 분석

틀에 따르면 여러모로 유용할 것이다.

이탈리아의 그람시 연구 결과들은 인접한 프랑스에서도 즉각적인 반향을 불러일으켰다. 전통적으로 사회주의와 진보적인 성향의 철학이 특징인 프랑스 사상계에 그람시가 끼친 영향은 작지 않았다. 알튀세르와 함께 비교적 먼저 그람시에 대한 연구에 주목한 이는 텍시에르였다. 텍시에르는 봅비오나 데 펠리체 등이 주장한 것과 같은 그람시와 마르크스 사이의 불일치를 인정하지 않고, 마르크스에 의해 시작된 구조 문제를 그람시가 상부구조 연구를 통해 완성했다는 점을 강조하였다.[27]

두 번째로 주목할 수 있는 이는 알튀세르이다. 그는 자신의 저서에서 그람시 헤게모니 개념에 대해 비교적 상세하게 논의하면서, 자신이 펼치고자 하는 마르크스주의 철학의 기반으로 삼았다.[28] 그는 역사주의적인 관점에 대한 비판의 연장선에서 그람시의 환원론적인 마르크스주의 경향의 경제주의를 비판하였다. 또한 구체성과 실천의 문제를 구현하는 경험론적이고 자율성을 구현할 수 있는 구조(토대)의 구축자로 그람시를 정의하고자 했다. 결국 알튀세르가 보기에 그람시의 '절대적 역사주의'를 극복해야 그람시 헤게모니 개념이 갖는 창조적이고 독특한 이론적 기여에 대해 논의할 수 있다는 것이다.

상부구조와 토대의 관계 설정에서 주목할 만한 또 다른 프랑스의 그람시 연구자는 포르텔리Portelli이다. 그는 그람시의 역사적 블록 개념에 주목하면서 이를 세 가지 차원에서 분석하고 있다.[29] 첫째, 상부구조와 토대 간의 관계를 분석하면서 이를 매개하는 일정한 계층, 즉 전체로서 지식인의 역할을 강조하고 있다는 점이다. 이는 지배계급의 헤게모니 유지와 재창출의 이론적인 토양이 된다는 점에서 주요한 기준이 된다. 둘째, 역사적 블록 개념의 유지 원리로서 헤게모니 개념을 제시하고 분석하고 있다는 점이다. 이는 그람시가 하나의 사회체계 내에서 문화적이고 사회적인 가치들을 공고히 하기 위한 틀로써 헤게모니를 제시하고 있으며, 이를 담당하는 지식인 계층에 의해 제시된 헤게모니가 지배 계층의 통치 이데올로기로서 작용한다고 설명할 수 있게 하는 근거가 된다. 셋째, 이와 같은 지배계급의 헤게모니가 공고하게 구축되면 새로운 경제 시스템이 구축되고, 그럼으로써 새로운 역사적 블록이 탄생한다는 것이다.

포르텔리의 역사적 블록 개념 연구는 지식인이 갖는 역할에 대한 새로운 지평을 확장시켰지만, 국가의 역할에 대한 지나친 경시라는 또 다른 비판에 봉착하게 되었다. 이를 분명히 지적한 사람이 부치 글룩스만 Buci-Glucksman이다. 그녀는 그람시 저작, 특히《옥중수고》속에 나타난 국가 중심 헤게모니의 이론적인 규명에 집중하면서 진지전 개념을 그람시 사상의 핵심 개념으로 상정하였다.[30] 이를 위해 그녀는 동의를 수동적 동의와 능동적 동의로 구분하고, 의회민주주의 아래서의 수동적 혁명 개념을 서구 자본주의 국가 분석의 주요 틀로 사용하였다. 결국 서구 자본주의 국가에서의 권력 구조 변형 관계 분석에 진지전 전략을 채택함으로써 사회주의 국가로의 이행의 가능성을 제시했다는 이론적인 공헌을 하였다.

이러한 연구 경향은 동 시대의 다른 학자들에게도 유사하게 나타난다. 앤 소우스탁 서순Anne Showstack Sassoon이나 샹탈 무페Chantal Mouffe, 에르네스토 라클라우Ernasto Laclau 등이 대표적인 학자들이라 할 수 있다. 서순은 역사주의적인 관점에서 국가의 발전 단계를 분석하고 있는 그람시의 분석틀을 활용하여 헤게모니가 작동하는 기제와 권력 구조에 대해 설명하고 있다. 특히 그는 이탈리아의 역사를 통해 그람시가 지적하고 있는 사례들을 20세기 초의 자본주의 국가 위기에서 등장하는 수동적 혁명과 타협적 헤게모니로 설명함으로써 서구 자본주의 국가들이 수많은 변혁에도 정치권력과 체제를 유지할 수 있는 이유를 규명하고자 하였다.[31]

상탈 무페는 그람시에게서 나타나는 마르크스적인 경제주의 환원론을 비판하고, 국가 확장에 따른 사회적인 토대의 확충 및 여러 사회적 관계들 간의 복합적인 확장을 통해 헤게모니 개념을 설명하고 있다. 그는 변형주의transformism와 수동적 혁명passive revolution이라는 개념을 통해 헤게모니의 이데올로기적인 특성에 주목하고, 그 형성 과정을 국민적이고 민중적인 수준에서 파악하고 있다. 그는 다음과 같은 세 가지 점에서 그람시의 헤게모니 개념 발전에 대한 이데올로기적인 공헌을 이야기하고 있다.[32] 첫째, 그람시는 이데올로기의 물질성을 강조한 최초의 사람이었다. 둘째, 그람시는 이데올로기의 허구성을 부정하고 주체를 생산하는 실천 요소로서 이데올로기 개념을 제시했다. 셋째, 그람시는 이데올로기적인 계급 귀속성을 부여하는 환원주의의 일반 원리에 문제를 제기하였다.

서순과 함께 그람시의 비환원주의적인 이데올로기 개념에 대해 연구하였던 라클라우 역시 서순과 그람시의 가능성을 좀 더 발전시켜 그람시에게서 나타나는 국민적이고 민중적인 개념의 이데올로기적 특성에 대한 과학적이고 사실적인 규명에 노력하였다.[33] 그람시가 제시하지 않았던 비계급적인 특징의 이데올로기 요소가 갖는 본질에 대한 규명을 시도했다는 측면에서 라클라우의 작업은 의미 있는 것이었다. 이처럼 프랑스에서의 그람시에 대한 연구 경향은 이후에도 철학적인 전통을 중요시하는 학문 경향에 따라 다양한 영역과의 접목을 통해 발전하였다.

한국 사회에 그려진 그람시 헤게모니 개념과 이론들

한국 사회에 그람시가 알려진 것은 이미 언급했듯이 1984년 최장집 교수에 의해서였다. 1980년대 새로운 지적 열망의 분출구로서 그람시가 한국 사회의 주요한 학문적 지표이자 해결책으로 떠오른 것도 이때였다. 영미권과 라틴계 국가들에서 그람시가 받았던 대접을 우리나라 학계에서도 거의 동일하게 해준 것도 어쩌면 유사한 이유였을 것이다. 헤게모니 개념에 대한 논의와 시민사회 논쟁 등은 바로 그러한 결과물이었다.

1980년대 소개된 그람시와 그의 주요 개념들은 양적인 측면에서 상당하다. 헤게모니 개념을 비롯하여 혁명에 대한 문제 및 사회구성체에 대한 내용 등은 당시 한국 사회를 분석하고 해석하는 중요한 학문적 기준을 제공하였다. 많은 논문과 서적이 한국 사회에서 출간되었고, 그람시에 대한 본격적인 연구자들이 생겨났다. 따라서 이 시기에는 많은 그람시 연구서들이 번역되거나 출판되었다.

논문이나 저서 이외에도 다양한 지면을 통해 그람시 이론에 대한 이데올로기적 스펙트럼을 다룬 이론 논쟁이 있었고, 실제로 그람시의 개념과 이론에 대한 찬반양론과 관점에 대한 여러 학술 논문들이 발표되어 한국 사회를 흔들어 놓았다. 최장집 교수와 김세균 교수 등을 비롯한 수많은 그람시 연구가들의 논쟁과 다양하고 독창적인 분석이 뒤따른 것도 이러한 학문적인 분위기의 결과였다. 그러나 1980년대 중반부터 1990년대 초반까지의 그람시 열풍은 거의 모든 학문들이 그러했듯이 그저 스쳐 지나가는 유행과 바람이었다. 보다 발전적이고 활용 가능한 그람시 이론의 정착과 한국화는 더 이상 진척되지 않았다.

물론 이는 몇 가지 국내·외적인 요인에 기인한 바가 크다. 국내적으로는 1987년 민주화운동이 정점을 이룬 시기에 좌파 이데올로기적인 논쟁으로서의 학문적인 유용성이 사라졌기 때문이었다. 국외적으로는 1989년 베를린 장벽의 붕괴 이후 몰락하는 사회주의권 국가들을 목도하면서 마르크스주의나 사회주의에 대한 이데올로기 논쟁에 대한 무관심과 무용성이 대두되었기 때문이었다. 결국 그람시에 대한 본격적인 재해석과 평가 문제가 시작되기도 전에 한국의 학문의 장에서 그람시는 사라져버렸다. 한국적인 상황에서 그람시가 어떤 의미가 있었던가에 대한 논쟁은 이런 상황에서는 그다지 큰 의미를 부여하기 어렵다. 그러나 적어도 그람시를 통해 한국 사회를 분석하는 유용한 기준점과 학문적인 방향성은 분명히 제시받았다고 볼 수 있다.

그럼에도 현재까지 한국에서의 그람시 연구가 갖는 몇 가지 난점과 한계를 지적하지 않을 수 없다. 첫째는 그람시 연구의 출발이 영미권 국가의 그람시 연구자들에 의해 시작된 이차 연구의 재해석이라는 점이다. 물론 영미권 국가 그람시 연구자들의 생각이나 연구 결과물이 무용하다고 주장하는 것은 아니다. 다만 우리에게 필요한 그람시는 다른 이들의 머릿속에 그려진 그람시가 아닌, 있는 모습 그대로의 이탈리아적인 그람시였을지도 모르기 때문이다. 둘째는 그람시 연구의 연장선에서 한국의 자본주의 체제 분석으로 이어지지 못했다는 한계를 지적할 수 있다. 그람시가 궁극적으로 원했던 이탈리아 자본주의 사회의 성격에 대한 분석이 우리에게도 유용하려면 반드시 우리나라의 자본주의 체제 성격에 대한 분석이 뒷받침되었어야 한다는 점에서 후속 작업이 절실히 필요했다고 볼 수 있다. 셋째는 그람시 원전에 대한 접근 작업이 미비했다는 점이다. 이는 첫 번째 문제와 연결되는 부분이고, 어쩌면 현 시점에서 우리에게 가장 필요한 내용일 수도 있다.

그람시 이론의 한국화가 필요한 것은 이러한 그람시 연구의 난점과 한계를 뛰어넘기 위한 가장 기본적인 작업의 단서일지도 모른다. 또한 그람시에 대한 연구 영역을 헤게모니라는 개념에 국한해서 보기보다는 보다 총체적이고 다양한 개념들의 연관성을 통해 바라볼 필요성이 있는 것이다. 따라서 보다 확장된 그람시 연구와 헤게모니 이론의 한국화라는 측면만이 아니라, 그람시 이론의 한국적 적용의 유용성과 한국화를 위해서 본격적인 그람시 이론에 대한 한국적인 함의와 사례의 비교 분석이 필요한 것이다. 따라서 본서에서 본격적으로 시도하고자 하는 체제 분석으로서의 박정희 시대 연구나, 지배계급의 특징과 내용을 담기 위한 역사적 블록 개념의 한국화는 보다 다양한 시도와 사례 분석을 위한 초석이 될 것이다.

그람시의 한국적 적용과 거대담론의 출발점

사회주의나 공산주의라는 단어가 박물관에나 전시될 개념이 되어버린 오늘날 한국 사회에서 그람시를 어떻게 읽어야 하는가라는 문제는 사실 너무나 진부해 보일 것이다. 어쩌면 철없는 젊은 학도의 의미 없는 글쓰기 취급을 받을 것이다. 이는 그람시가 제시했던 많은 개념과 이론이 천민자본주의 사회의 전형이라 할 수 있는 한국 사회에서는 그 어떤 학문적 의미도 없어 보이기 때문이다. 그러나 찬찬히 살펴보면 그람시가 제기했던 많은 논의와 개념이 많은 점에서 우리 사회에 충분히 적용 가능하다는 사실을 분명하게 알 수 있다.

그람시가 가장 먼저 관심을 두었던 '남부 문제'는 영호남의 지역 문제

외에도 통일 후 등장할 남과 북의 지역 격차와 차이성을 극복하는 데 중요한 사례가 될 수 있으며, 토리노에서의 노동운동을 통해 그가 구현하고자 했던 새로운 문화 운동으로서 신질서는 급변하는 산업사회에서 노동자 계급에 적합한 '신사회 운동'의 성격을 가진다고 볼 수 있다. 더불어 '공장평의회'라는 노동자 조직은 신자유주의라는 거대한 파고에 맞서서 노동자 계급의 연대와 동맹을 국제적 차원으로 발전시켜야 할 우리 노동운동의 현실에도 적합한 것으로 평가받을 수 있을 것이다. 그람시가 공장평의회의 실패 이후 새로운 대항 헤게모니의 구축이라는 측면에서 기층 계급의 동맹을 통한 하위 계급의 대중문화 창출에 노력했던 점 역시 대항과 하위 계급 문화가 거의 존재하지 않는 한국의 상황에서 보자면 충분한 함의를 지니고 있다.

해방 이후 50년이 넘게 한국 사회를 지배해왔던 지배계급의 문제나 노동자와 농민 그리고 영세민으로 대표되는 기층 대중들의 연대 문제 등은 한국 사회를 관통하고 있는 이론적인 논의의 핵심 주제이다. 지배계급이 '헤게모니'를 유지하는 과정에서 '지식인'의 개입과 변절, 지배계급에 맞서는 하층 대중들의 저항과 새로운 헤게모니 창출의 노력과 시도, 국가 권력의 교체에도 불구하고 여전히 견고하기만 한 전통적인 의미에서의 시민사회 상층부를 이루는 구성원들, 새로운 대항 헤게모니의 창출에 맞서는 지배계급 블록과 이를 무너뜨리려는 노·농·소시민의 동맹 문제 등은 우리나라의 정치와 학계에서 지속적으로 제기되어야 하며 현재까지도 그 유용성이 분명한 주제들인 것이다.

더욱이 최근에 새롭게 논의되고 있을 뿐 아니라, 정치적이고 사회적인 유산으로 평가받기도 하는 다소 기이한 논쟁의 대상인 박정희 시대에 대해서는 더더욱 중요한 분석틀을 제공할 수 있다. 여러 공과에도 불구하고 여전히 끈질긴 정치적인 생명력을 가진 박정희 체제와 시대를 어떻게 해석해야 할 것인가의 문제는 그람시에 기대 접근할 수 있는 현실적 의미와 유용성에 대해 다시 한 번 깊게 고민하게 한다. 2007년 대선과 2008년 총선 결과, 나아가 2012년의 총선과 그 결과는 그람시 이론의 유용성과 미래를 예측하는 시금석으로서의 탁월성을 여실히 보여준다. 더욱이 박정희 체제의 직접적인 유산이라고 할 수 있는 박근혜 대통령의 당선과 이후 전개되고 있는 한국 사회의 상황 역시 이러한 연장선에서 볼 수 있을 것이다. 이와 같은 청산될 역사의 과정과 내용이 현대나 미래에까지 반복되고 재현될 수 있다는 측면에서 역사의 순환성과 경로 의존성을 떠올리지 않을 수 없다. 더욱이 그러한 체제 반복을 용인하고 있는 한국 사회 내면의 구조와 그 구조를 떠받들고 있는 지배계급의 끈질기면서 구조적인 생명력을 해부할 필요가 있는 것이다.

이와 같은 한국 사회의 구조적인 접근은 그동안 여러 이론과 방법을 통해 전개되어왔다. 가장 많은 논란을 불러일으켰던 '한국적 민주주의'나 '개발독재' 문제 등은 한국 사회의 성격을 가장 잘 표현해주는 용어이자 논의의 하나일 것이다. 그러나 그 어느 것 하나 현재의 대한민국을 적절하고 정확하게 해석하거나 설명할 수 없다는 점에서 새로운 담론과 분석틀의 적용이 필요한 것이다. 이 지점에서 제기하고자 하는 것이 바로 그람시이며, 그의 수많은 이론 중에서도 특히 '역사적 블록' 개념을 통해 한국 사회를 분석하고 새로운 시각을 제시하고자 하는 것이다. 따라서 미래의 한국 사회에서 보다 나은 그리고 발전된 정치적 지형을 만들기 위해서 우리는 세 가지 점에서 그람시를 조명할 필요가 있다.

첫째는 그람시가 1920년대 파시즘을 분석하면서 가졌던 통찰력이다. 당시 그람시는 유럽의 사회주의 정당이나 이탈리아 공산주의 정당마저도 제대로 파악하고 있지 못하던 파시즘의 실체에 대해 그 누구보다 분명하고 정확하게 짚어냈다. 대부분의 사회주의와 공산주의 사상가들과 지도자들이 파시즘을 자본주의에서 사회주의로 가는 중간 단계라고 단정할 때도 그람시는 자유주의 체제가 허약할 때 나타날 수 있는 전체주의 체제 성격의 체제로 파시즘을 해석했다. 자유주의 체제가 위기에 처하면서 자본주의 역시 심각한 위기와 어려움을 타개하기 위해 선택한 대안 체제라는 것이다. 또한 그람시가 주장하고 전개하였던 헤게모니 이론이 갖는 현실적 적실성을 그대로 보여준 해석이기도 하다.

이러한 관점에 의거 그람시의 분석을 따르자면, 자유주의 체제의 지속성을 보장받고 위기를 체감하고 있는 일반 대중에게 강력하고 카리스마 넘치는 새로운 지도자와 집권당의 등장은 더할 수 없는 매력이고, 짧은 시간에도 열광할 수 있는 요인이라는 것이다. 그람시의 그러한 분석은 우리 사회의 분수령이 되었던 다양한 정치·사회적 사건들과 상황을 대비시키거나 한국 사회의 구조적 해석의 기준을 제공할 수 있었다. 해방 이후 자유주의 정부의 위기 때마다 전체주의 성향의 독재정부나 군부정부가 들어섰던 선례도 선례지만, 지난 이승만 정부나 박정희 체제와 같은 전체주의적이며 독재의 성격을 지닌 정부가 그 이후에도 지속적으로 등장하고 체제의 연속성이 보장되는 것은 결국 체제의 문제라기보다는 체제를 운영하고 이끌었던 사람의 문제이자 집단의 문제인 것이다. 이를 여기서는 지배계급의 범주로 묶고, 이를 기준으로 한국 사회의 이와 같은 연속성을 분석하고자 한다.

그람시를 통해 볼 수 있는 두 번째 함의는 지배계급의 분석과 관련된 역사적 블록 개념이다. 그람시는 리소르지멘토 시기의 이탈리아의 지배계급 형성과 유지를 분석하는 과정에서, 그들이 추구했던 지배계급 블록의 형성 과정을 추적했다. 그람시는 이 과정에서 지식인들의 역할과 그들의 이데올로기적 지도력과 민중에 대한 영향력 확산 문제를 교육과 이데올로기 전파라는 측면에서 설명하고 있다. 이러한 문제 제기는 지식인이 갖는 체제 유지 기능을 강조한 것이며, 하나의 블록 형성이 가능하도록 하는 사회적이고 정치적인 기능을 하는 것으로 해석할 수 있는 것이다.

다시 말해 그람시가 보기에 "국가는 생산 영역의 구체적인 형태이고 지식인은 통치 요원을 배출하는 사회적 요소이므로, 강력해진 경제 집단에 긴밀하게 연결되어 있지 않은 지식인은 국가를 절대적인 것으로 내세우려고 한다. 그리하여 지식인들의 기능 자체도 절대적인 것으로 파악되며, 그들의 역사적 존재와 존엄성이 추상적으로 합리화된다."[34] 이는 전통적으로 지배 세력 혹은 기존의 경제적 기반과 연계되어 있지 않은 새로운 지식인들은 국가 자체를 절대시하고, 그러한 절대적 국가의 지식인으로서 자신들의 위치를 합리화하는 특성을 갖게 된다는 의미이다. 결국 하나의 블록 혹은 새로운 블록의 형성 과정에서 지식인들의 역할을 지나치게 과장하는 특성을 지적한 것으로 볼 수 있다.

그람시의 분석이 갖는 함의는 결국 지배계급 블록의 형성은 자본주의 사회에서 흔히 발생하는 지배계급의 확장이나 편입 그리고 교체 시에 지속적으로 발생할 수 있으며, 따라서 유사한 자본주의 국가에서 적용 가능한 분석과 주제가 된다는 것이다. 따라서 한국의 경우 역시 국가적 위기 시기나 새로운 시대로의 전환 과정에서 기존 지배계급과 새로운 지식인 계급의 협력과 동맹 등의 방식을 통해 지속적으로 형성·유지되었다는 유추가 가능한 것이다. 바로 이 점에서 그람시의 두 번째 함의를 찾을 수 있다. 그람시의 역사적 블록 개념을 빌면 우리 사회에서 형성되었던 지배계급의 성격과 그 지배계급의 유지 방식을 비교하여 분석할 수 있으며, 국가적 위기마다 교체되지 않고 변형된 형태로 여전히 그 지배적 지위를 유지할 수 있는가에 대한 해답을 찾을 수도 있는 것이다.

네 번째는 그람시가 썼던 글들과 자신의 대표적 저술인《옥중수고》에 등장하고 있는 일련의 개념들과 현상에 대한 분석틀을 한국 사회의 유사한 사회 현상이나 개념과 비교하여 제시할 수 있는 이론화 준비 작업이다. 1945년 해방된 뒤 한국에서 발생하고 있는 다양한 사회 현상과 사건의 이면에는 한국 사회 특유의 구조적인 문제들이 존재한다. 친일 청산의 미해결, 사회주의 세력의 증대와 남북 분단, 미군정기, 남과 북의 대치 상황 속에서 발생한 한국전쟁 등이 그것이다.

그럼에도 그람시가 한국 사회에서 본격적으로 다루어지면서 분석의 대상이 되었던 시기는 1987년 전후였고, 보다 중요한 사회 변혁이나 의식과 문화의 진정한 혁신을 위해 필요한 그람시 논의는 정작 생략되었거나 빠져 있는 듯하다. 실제로 그람시는 자본의 논리에 유용한 상품의 하나였으며, 더군다나 지금은 그람시가 갖는 학문적이고 사상적인 평가가 아니라 그의 책이 팔리느냐 안 팔리냐의 단순한 자본주의적 경제 논리만이 남아 있다. 한국 사회에 처음 소개되었을 당시 그람시는 특히 진보적 지식인들에게는 새로운 보고였을지 모르지만, 신자유주의 경제 체제에 익숙한 우리들에겐 그저 옛 추억 속의 정치사상가이자 문화운동가일 뿐이었다.

그렇다면 학문적인 측면에서 그람시를 재해석하고 재구성하려면 이전과는 다른 접근법이 필요하다. 즉 역사적 기반과 구조적 유사성을 통해 그람시가 주장했던 다양한 개념과 이론들의 한국적 적용의 주요 사례에 대한 분석이 필요한 것이다. 그람시가 파시즘 체제에 주목하면서 발전시킨 것은 우리가 경험한 수많은 정치권력의 성격을 규명하는 데 유용할 것이다. 헤게모니 개념과 연결된 역사적 블록 개념의 한국적 적용은 그런 측면에서 그람시를 이해하기 위한 필수 조건이며, 한국의 역대 정치권력과 체제 중에서 그람시가 제기한 역사적 블록을 형성하는데 시사점이 많은 박정희 체제가 가장 유용하다.

이제 헤게모니 개념의 보다 구체적인 하부 단위로 사용된 역사적 블록 개념의 그람시적 의미가 어떤 것이었는가를 본격적으로 규명해보자. 그람시의 역사적 블록 개념을 통해 한국 사회를 분석하는 것이 가능한 것인지, 특히 지배계급의 구성과 구조 분석에 얼마나 유용한 것인지를 가늠하기 위해서 그람시의 이론적 논의를 짚어보고자 한다. 이는 단순히 박정희 체제에 대한 비교 및 적용의 문제만이 아니라, 거의 모든 정치권력에 대한 분석의 가능성을 시사하며, 그럼으로써 그람시를 한국적 지형에 맞게 재해석할 수 있는 이론적 출발점이 될 것이기 때문이다. 그람시의 역사적 블록 개념이 한국의 역사적 블록 개념에도 적용될 수 있는지 이제 본격적으로 논의해보자.

3
그람시의 역사적 블록과
그 선결 이론과 문제들

그람시 이론의 출발점으로서 역사적 블록

그람시 이론과 개념에 대한 논의에서 가장 먼저 떠오르는 개념은 아무래도 헤게모니일 것이다. 한국 사회에 헤게모니 이론이 가장 먼저 소개되었기도 하거니와 이에 대하여 많은 이들이 이론적으로나 실질적으로 논의와 문제제기를 해왔기 때문이다.[1] 그러나 주지하다시피 그람시는 자신의 저서나 글 속에서 헤게모니라는 용어를 하나의 이론이나 개념으로 종합하여 정리하지 못하였다. 이는 《옥중수고》에서만이 아니라 그 이전의 글들에서 공통적으로 나타나는 현상이다. 다만 그가 이탈리아 역사에 대한 연구를 통해 지배계급을 설명하기 위한 이론적인 도구로 사용하고자 했던 것은 앞 장에서 설명한 것과 같다.

그람시가 의도했던 헤게모니 개념이 하나의 이데올로기로서 의식의 문제라면, 그 의식이 구현되는 정치적 실체로서 구체적 모습과 구조를 나타내는 용어가 바로 역사적 블록Blocco storico이다. 역사적 블록을 중심에 두는 시도는 하나의 체제나 국가를 분석하는 데 적용할 새로운 가능성을 모색해볼 수 있다는 점에서 또 다른 의미가 있다. 특히 그람시가 분석하고자 했던 이탈리아의 파시즘을 지배계급의 연장과 자본주의 체제의 연속성이라는 틀에서 그 정치적 메커니즘에 초점을 맞추고, 이를 한국의 박정희 체제에 적용하여 비교분석하는 방법을 사용하고자 한다. 그람시가 제기하고 있는 역사적 블록 개념을 하나의 체계로서 상정하고, 이를 뒷받침하는 구조의 성격과 상부구조의 내용, 특히 상부구조의 구성요소들을 그람시의 개념들과 문제들로 채워 넣으려는 것이다. 이를 통해 구조의 계급적 요소로서 지배계급을 함께 분석하게 될 것이다.

역사적 블록의 구성과 내용[2]

그람시가 제기했던 용어들이나 개념들이 항상 그렇듯이, 역사적 블록 개념 역시 일정한 체계나 틀을 갖추고 서술되거나 논의된 것은 아니다. 서구의 많은 그람시 연구자 중에서 역사적 블록 개념을 가장 먼저 체계화시키고 정리한 이는 휴고 포르텔리Hugues Portelli였다. 그는 《그람시와 역사적 블록Gramsci e il blocco storico》[3]이라는 저서에서 그람시가 제기하고 있는 역사적 블록 개념이 헤게모니와는 차원이 다른 것으로, 다른 용어나 주제들과 달리 하나의 구조로 분석할 수 있다고 주장했다.

이 책에서 포르텔리는 역사적 블록을 사회적-경제적 하부구조와 정치적-이데올로기적 상부구조로 구분하여, 각각을 구성하는 요소 및 개념들을 구분하여 정리하고 있다. 그러나 포르텔리의 분석은 그가 제기한 구조와 상부구조의 구분 그리고 각각의 영역에 대한 해석에서, 그람시가《옥중수고》에서 사용하고 있는 분석과는 다소 다른 방향으로 흐르고 있다. 다시 말해 그가 보기에 역사적 블록 개념이 구조와 상부구조

또는 시민사회와 정치·사회 사이에 작동하면서 상호 세력 관계와 영향 관계에 따라 헤게모니 시스템이나 프롤레타리아 독재 시스템으로 이끌어진다는 것이었다.[4]

그렇다면 여기서 중요한 것은 그람시가《옥중수고》에서 전개하고 있는 역사적 블록의 구조와 그 내용이 될 것이다. 그람시가《옥중수고》에서 직접적으로 역사적 블록이라는 용어를 사용하여 서술한 곳은 모두 열여덟 곳이다.[5] 중복되는 곳을 제외하고 역사적 블록이라는 용어를 직접 사용하여 이데올로기와의 문제, 구조와 상부구조의 문제, 지식인 문제, 역사적 블록 개념의 원형으로서 소렐에 대한 언급, 새로운 역사적 블록의 기능, 헤게모니와 동의의 관계 문제 등에 대하여 서술하였다.

그람시는《옥중수고》에서 역사적 블록에 대하여 많은 지면을 할애하지는 않았다. 그러나 헤게모니 개념이 그러했듯이 역사적 블록에 대한 글은 다소 단편적이고 미완성이지만, 그가 궁극적으로 이야기하고자 했던 옥중수고의 개념들과 내용을 종합해본다면 역사적 블록 개념이 갖는 중요성은 결코 작지 않다고 할 수 있다. 그람시는 헤게모니 개념을 발전시키고자 할 때도 그랬지만, 역사적 블록 개념을 처음부터 주요 주제나 완성된 개념으로 상정하지는 않았다. 실제로《옥중수고》전에 쓴 글에는 역사적 블록이라는 개념이 거의 언급되어 있지 않았으며,《옥중수고》에서도 자신의 저술들을 어느 정도 진전시킨 뒤에 등장시켰다.[6]

그람시는 자신의 이론과 개념을 전개하는 데 대부분 이탈리아의 상황과 역사를 원용하고 적용했다. 이는 결국 그람시가 이야기하는 수많은 개념과 이론적 틀이 이탈리아의 상황과 역사에서 유래한 것이며, 그 의미 역시 그 속에서 찾는 것이 일차적 해석의 기준이 된다는 의미이다. 그러므로 역사적 블록 개념 역시 그러한 기준에서 먼저 해석되는 것이 바람직하며, 역사적 블록 개념의 형성을 위해 사용된 연관 개념들 역시 이러한 해석의 기준에서 벗어나지 않는다.

그람시가 보기에 역사적 블록은 윤리적-정치적 형태라는 상부구조와 사회적-경제적 구조를 포함하는 것으로, 역사적 과정에서 발생한 것이다.[7] 이는 다양한 역사적 시기에서 구축된 하나의 사회 체계이자 구조로 그람시는 보았으며, 이탈리아의 역사와 프랑스의 역사에서 그 범례를 구했다. 특히 크로체의 '윤리적etico'[8] 국가라는 개념을 통해 이데올로기와 의식이 구현되는 시민사회로 대체할 수 있는 개념적 접근을 하고 있다. 특히 피렌체 공화국에서 마키아벨리에 대한 분석이나 리소르지멘토에 대한 해석, 프랑스 혁명에서의 정치적 지형 위에 각 정파, 특히 지롱드파에 대한 분석과 나폴레옹의 유럽 헤게모니의 지속 등의 역사적 교훈을 통해 그람시는 윤리적 국가라는 개념을 재해석하고 있다.

그람시의 크로체에 대한 연구와 영향 관계에 대해서는 비교적 많은 연구가 되어 있는데, 그람시의 이데올로기와 헤게모니 이론에 대한 연구에서도 크로체의 윤리적 국가는 주요한 실마리를 제공하고 있다.[9] 그람시가 크로체의 윤리적 개념을 이데올로기와 동일한 의미에서 사용한 것은, 역사 발전 과정에서 나타난 국가의 정체성과 국가 내의 지배계급의 이념을 '윤리적'이라는 용어를 사용하여 나타냈기 때문이 아닌가 한다. 이러한 해석이 가능한 것은 그람시가 사용한 '남부 블록'이라든지 '지배계급 블록' 등의 용어에서 볼 수 있다. 이렇듯 한 국가나 체제 안에서 지배계급이나 지식인들의 지배dominio 원리와 지도diretto 원리를 나타내는 기준으로 크로체의 '윤리적'이라는 용어를 사용한 것으로 볼 수 있는 것이다.[10]

여기서 의미하는 '윤리적'이라는 뜻은 '경제적-조합주의적' 성격과 대비되는 것으로, 이탈리아의 역사 분석을 통해 제기된 것이다. 그람시가 보기에 이탈리아의 중세나 르네상스 시대, 그리고 리소르지멘토를 통해 통일된 초기 이탈리아 왕국은 기계적이고 전체주의적 특징을 가진 단순한 사회적-경제적 통일체에 지나지 않았다.[11] 이에 반해 윤리적 단계에서의 국가는 발전 시기나 변혁기에 있어서 지배계급들이 단지 '지배'를 통해서가 아니라 '지적이고 도덕적인 지도력'을 통해서 피지배 계층 속으로 개입하기 때문에 보다 우월적일 수 있다.[12] 결국 그람시가 이야기하는 '윤리적'이라는 의미는 지적이고 이데올로기적 측면에서의 지배에 대한 의식적인 측면이 나타난 것이라고 볼 수 있다.

여기서 필요한 것이 바로 우리가 그동안 수없이 들었던 '헤게모니'의 작용이다. 그람시는 이에 대하여 "지도하고 지배하는 집단의 능동적인 헤게모니는 하위 집단의 '시대착오적인 자율성'을 대체하고 하위 계급을 부르주아의 지배구조 속에 통합시킨다"[13]라고 이야기한다. 결국 그람시가 이야기하는 헤게모니 개념은 의식의 문제에서 작용하는 대표적 이데올로기의 양상이자 태도로 해석할 수 있으며, 역사적 블록이란 그러한 헤게모니가 작동하는 하나의 체계로서 구조와 상부구조를 갖춘 정치체―보다 일반적으로 이야기하면 국가로 대표되는―를 의미한다고 볼 수 있는 것이다. 이와 같은 측면에서 다음 글에서 그람시가 의미하는 구조와 상부구조는 역사적 블록의 성격을 분명히 나타내고 있다.

구조와 상부구조는 역사적 블록을 형성한다. 즉 복합적이고 불일치하기도 하는 상부구조들의 총합은 생산에 대한 사회적 관계들의 총합의 반영이라는 것이다. 이러한 점으로부터 다음과 같은 사실을 이끌어낼 수 있다. 단지 전체주의적 이데올로기만이 합리적으로 구조의 모순들을 반영하고 실천을 혁명화하기 위한 객관적인 조건들의 존재를 대표한다. 만약 하나의 사회 계층이 100퍼센트의 동질적인 이데올로기를 공유하여 형성된다면, 이는 전적으로 100퍼센트에 해당하는 혁명의 전제조건이 존재한다는 의미이다. 다시 말해 '합리적인 것'이 실제로 적극적인 상황에서 현실적이 될 수 있다는 것이다. 이와 같은 근거는 구조와 상부구조 간의 상호적(상호적이란 바로 실제적인 변증법적 과정을 말한다) 필요성에 기초하고 있다.[14]

생산에 대한 사회적 관계들의 총합의 반영으로서 역사적 블록이라는 의미는, 단순히 물적 토대에 의해 상부구조가 결정된다는 결정론적 시각을 뛰어넘어 상부구조의 의식적이고 이데올로기적 측면을 강조하는 것이다. 이런 점에서 그람시의 탁월함을 엿볼 수 있다. 바로 이런 부분 덕에 그람시가 마르크스주의의 경제적 한계를 뛰어넘어 정치학을 비롯한 사회과학으로 지평을 확장시킬 수 있었다고 평가받는 것이다.

그렇다면 그람시가 제기하고 있는 역사적 블록 개념은 과연 그람시의 독창적 사고의 산물인가?《옥중수고》에서 나타난 역사적 블록의 기원을 에이나우디Einaudi 판 각주에서는 다음과 같이 다루고 있다.

소렐에게서 나타나는(소렐의 저서에는 역사적 블록이라는 단어가 표현되어 있지 않음에도) 역사적 블록 개념은 소렐의 '신화'라는 개념과 연관되어 있다. 비록 그람시가 옥중에서《폭력에 관한 성찰Rifflessioni Sulla Violenza》이라는 소렐의 작품을 읽지는 않았겠지만, 소렐의 사고와 그의 개념들에 대한 언급은《옥중수고》곳곳에서 등장한다. 따라서 이러한 정황과 그람시가 쓴 글을 통해서 추론해보면, 소렐이 이

야기했던 '상상의 체계들'이라는 개념보다는 역사적 힘으로서 '블록'
이라는 표현으로 소렐의 개념을 구체화한 것으로 볼 수 있다.[15]

그람시가 소렐로부터 영감을 받아 정립한 역사적 블록 개념은 그람시
자신이 실제로 소렐에 의해 정의된 개념으로 지칭하고 있다.[16] 여기서
그람시는 윤리적-정치적[17] 혹은 동의와 헤게모니 이론의 국면이 갖는
역사적 중요성을 경제와 힘의 국면을 넘어서는 단계로 상정하면서 소렐
을 비롯하여 이탈리아에서의 크로체-젠틸레 및 헤겔의 연결고리를 비
코Vico-스파벤타Spaventa-조베르티Gioberti로 이어지는 구조로 설명하
고 있다.[18] 그람시는 이러한 이탈리아적 상황에서 지배계급 지식인들의
역할과 가톨릭의 정치적 의미를 분석하고 있다.

그람시가 보기에 하나의 정치 체제나 국가의 성격은 지배계급의 성
격에서 나오며, 이 과정에서 지식인의 이념이나 사상이 상식의 수준으
로 발전할 수 있는 가능성의 여부, 지배계급이 어떤 방식으로 피지배계
급에게 동의를 구하는가의 문제 등이 중요하다. 지배를 합리화하고 정
당화하기 위한 방편으로 헤게모니의 개입을 사용하며, 이를 재생산하고
재형성하는 것이 오랫동안 지속되고 반복될수록 하나의 체계가 유지될
수 있다고 본 것이다. 그리고 만약 그러한 지배 구조나 지배계급의 변
화가 도래하는 순간, 변화에 대하여 작동하는 힘의 크기와 위치 및 주체
등에 따라 헤게모니적 개입이 더욱 강화되거나, 아니면 대항 헤게모니
가 발생할 수 있는 객관적 조건이 형성된다는 것이다.

이러한 시각에서 볼 때, 역사적 블록이라는 개념에서 중요한 요소이
자 주체는 헤게모니라는 이데올로기보다는 그것을 수행하고 지탱하는
지식인 집단—혹은 계층—이며, 지식인의 형성 과정이야말로 하나의

역사적 블록이 어떻게 형성될 수 있으며, 지배 이데올로기가 어떤 방식으로 작동하는지에 대한 필수적 이해 사항일 것이다. 그람시 역시 이러한 의도에서 이탈리아 역사에서 나타난 지식인의 유형과 형성 과정 등이 《옥중수고》의 주요 집필 동기라고 이야기하고 있다.[19] 여기서 한 가지 주목해야 할 점은 역사적 블록이나 헤게모니 이론에 대한 집필 시기와 구성의 문제이다.

《옥중수고》의 집필은 이미 알려진 대로 1929년 2월에 시작되었다. 이후 각 주제에 따라, 혹은 연도에 따라 총 스물아홉 권의 노트 부록이 추가되었다. 초기는 문화에 대한 것이 주를 이루면서 문제제기 수준에서 다양한 주제들이 논의되고 있다. 그런데 집필이 어느 정도 본격적으로 진행되면서 그람시 이론의 주요 개념과 문제 틀이 논리적이고 조금은 체계적으로 띠고 전개되고 있다.[20] 역사적 블록이나 헤게모니 개념 역시 집중적으로 이 시기에 나타나고 있다.

이는 결국 문화라는 주제를 거론하면서 이탈리아에 존재하지 않았던 국민문화와 대중문화라는 주제를 통해 이탈리아 지식인들의 반국민적이고 반대중적인 특징을 비판하고, 이러한 지식인의 역사가 이탈리아의 현재를 가져오게 된 원인이었고, 이를 분석하는 과정에서 역사적 블록 개념이나 헤게모니 또는 다른 주요한 개념과 이론적 틀들을 만들어냈다고 생각한다. 그리고 이를 설명하기 위한 실제적 예를 이탈리아라는 역사적 특수성에 접목시켰으며, 궁극적으로 이를 보다 확장되고 일반화된 이론으로 발전시키려는 의도를 갖고 있었지만, 감옥이라는 열악한 공간 조건과 병마에 시달리고 있던 육체적 조건 등이 그람시 사상의 완결을 방해하였던 것이다.

그람시는 이탈리아 역사를 통해 사회적-경제적(혹은 경제적-조합적) 토대 위에 윤리적-정치적 상부구조의 틀을 갖는 블록의 유형을 제시하고 분석하려고 하였다. 그람시는 역사에서 구할 수 있는 구체적 블록의 유형을 리소르지멘토를 완성한 피에몬테 왕국과 남부 농업 블록 그리고 파시즘 체제에서 찾았다. 특히 그람시는 근대 국가로 갓 태어난 피에몬테 왕국의 통일 과정과 세력 관계를 분석해 역사적 블록 안에서 나타날 수 있는 여러 개념들도 함께 분석하였다. 수동적 혁명, 헤게모니의 형성 및 유지 과정, 이 과정에서 보여준 이탈리아 지식인들의 변형주의, 남부 농업 블록의 존재 등이 함께 분석되었다.

그람시 역사적 블록 개념의
역사적 사례와 조건

역사적 블록과 이탈리아의 역사

그람시가 역사적 블록이나 헤게모니 이론을 종합하기 위한 이론적이
고 역사적인 배경을 이탈리아의 역사에서 찾았다는 점은 앞에서 수차
례 언급했다. 실제로 그람시가 이론적 논의의 출발점으로 삼았던 것은
지배계급의 역사였으며, 오랫동안 이탈리아에서 이들 지배계급이 그 지
배권을 유지할 수 있었던 동인을 찾고자《옥중수고》를 집필했다고 밝혔
다. 그렇다면 중요한 것은 그러한 역사적 사례와 실재로서 그람시가 주
목했던 것은 어떤 것이었을까 하는 문제일 것이다.

본서에서 제시하려는 역사적 블록 개념을 통한 파시즘 시대와 박정희
시대의 비교 연구를 위해서는 그러한 역사적 사례의 유사한 조건과 환
경을 함께 묶어내는 작업 역시 중요하다. 따라서 이번 항에서는 근대 이
탈리아 지배계급의 형성과 유지를 이해하기 위한 선결조건과 사전적인

역사적 사례로서 세 가지의 사건과 상황을 중심으로 서술하고자 한다. 첫째는 '리소르지멘토'라고 하는 이탈리아 근대 통일 운동에 대한 것이며, 두 번째는 그러한 통일이 가져다준 새로운 사회 문제로서 '남부 문제'이고, 세 번째는 15세기 만에 통일을 이룩한 근대 국가로서 이탈리아 왕국이 국가 발전 과정에서 휩싸이게 된 제1차 세계대전이라는 중요한 역사적 전환기를 이탈리아의 입장에서 다루고자 한다.

그런데 이 세 가지 요인들은 각각 서로 다른 특징과 의미를 갖고 있다. 먼저 리소르지멘토의 특징으로는 나폴레옹의 유럽 점령기 이후 이탈리아 반도에서 일어난 민족부흥 운동이 통일운동까지 이어지면서 통일의 주체가 누가될 것인가를 놓고 이탈리아 반도 내부에서만이 아니라 알프스 너머 여러 국가들까지 관심과 직간접적인 간섭을 하였다는 점이다. 이는 근대 이탈리아 통일 주체와 동력이 어디서부터 유래했는지에 대한 문제로 이어짐으로써, 통일의 성격과 이탈리아의 근대성을 규정하는 데도 영향을 미치는 요인이다.

두 번째 요인으로 제시하고 있는 이탈리아 남부 문제는 통일이라는 통합의 결과로 발생한 분열 그리고 다양성이라는 이탈리아적인 현상으로 남과 북에서 드러난 지역 문제를 의미한다. 통일이라는 긍정적인 측면이 작용했음에도 이탈리아는 오히려 지역 차별이라는 부정적인 사회 현상이 등장했다. 이는 통일이나 통합이라는 정치·사회적인 현상이나 사건이 무조건적으로 긍정적일 수는 없다는 사실을 의미하며, 이탈리아의 경우에는 불완전한 통일만이 아니라 통일 주체의 역설과 위로부터의 통일이라는 한계를 드러내는 현상인 것이다.

세 번째 요인인 제1차 세계대전과 러시아혁명은 20세기 초 유럽의 제국주의 전쟁과 민족주의의 발흥에 따른 사건이다. 이 때문에 신생 이탈리아 왕국은 정상적인 국가 발전에 곤란을 겪었고, 이를 타개하기 위해 지배계급의 야합이 이루어지면서 강력한 전체주의와 군국주의적 독재 체제가 자연스럽게 등장했다. 이는 파시즘 체제와 무솔리니 시대라고 하는 것이 이와 같은 다양한 요인들의 복합적이고 연속적인 현상의 총합이라는 의미를 갖고 있다는 점에서 파시즘 체제의 성격과 의미를 가늠하는 데 중요한 기준과 계기를 부여한다.

이처럼 서로 다르지만 동질적인 측면이 담겨 있는 세 개의 연속적인 사건과 전환기는 어째서 이탈리아에서 먼저 파시즘 체제가 등장할 수밖에 없었는가를 알려주는 주요한 실마리를 제공한다. 이는 또한 파시즘 체제의 지배계급적인 성격을 어느 정도 이해하는 데 중요한 설명과 해석을 제공하기도 한다. 그렇다면 보다 구체적으로 이들 각각의 요인에 대한 내용과 의미를 살펴보자.

지배계급 유지를 위한 방법으로 채택된 리소르지멘토와 통일

리소르지멘토의 과정과 성격

이탈리아 통일 운동을 총칭하는 리소르지멘토는 그 성격과 과정에서 유럽의 후발 국가들과는 다르다. 특히 1789년의 프랑스혁명과 그 이후에 시작된 나폴레옹의 유럽 지배 시대를 직접적으로 목도한 당시 이탈리아 반도의 지배자들은 어떤 방식이 자신들의 기득권을 유지하는 데 유리한지에 대해 끊임없는 고민과 논쟁을 하였다. 이탈리아의 19세기 역사와 리소르지멘토의 배경에 대한 이해 역시 이러한 상황에서 시작되어야 하는 이유이다.

리소르지멘토에 대한 다양한 평가와 내용에 대해서는 이탈리아 내부의 평가와 이탈리아 외부의 평가가 다소 상이하며, 피에몬테의 자유주의자 혹은 사회주의나 진보적 경향의 연방주의자가 평가하는 것이 또 다르다.[21] 일반적으로 리소르지멘토를 완성한 주체가 카부르나 다젤리오로 대표되는 피에몬테 온건자유주의자들이라는 측면에서, 이들이 이룩한 통일의 업적을 폄하하거나 저평가하지도 않았다.

그러나 당시 통일을 주도하던 세력에는 피에몬테의 온건자유주의자 외에도 두 개의 서로 다른 입장을 가진 세력이 존재했다. 마치니로 대표되는 가톨릭에 기반한 민족주의 계열의 세력, 그리고 진보적인 성격을 기반으로 다소 급진적인 성향의 연방주의 주창자가 그들이다. 18세기 이탈리아에서 '인민'이나 '대중'의 개념이 등장하게 된 것은 외부적인 상황, 다시 말해 프랑스혁명이나 나폴레옹 전쟁과 같은 외부 상황에 기인한 바가 크기는 하지만, 그렇다고 자생적인 혁명 세력들이 전혀 존재하지 않았다고는 볼 수 없다(이는 이미 졸저《현대 이탈리아 정치사회》에서 충분히 설명하고 있다).

1799년 초 탄생한 나폴리 공화국(파르테노피아Partenopia 공화국[22])이나 연이어 등장한 남부의 가톨릭 단체들은 반혁명 활동을 시작하였다. 파브리치오 루포Fabrizio Ruffo[23]가 이끄는 농민군에게 나폴리 공화국이 멸망한 뒤, 이후 50년간 이탈리아 반도는 필요에 따라 국가가 만들어지거나 국경이 변경되는 일이 반복되었다. 결국 이탈리아라는 국가의 정체성 형성이 어려웠고, 프랑스를 비롯한 주변 열강들은 이러한 이탈리아의 상황을 자국의 국익을 강화하는 기회로 활용하였다.

이탈리아에서는 혁명의 영향이나 그 영향을 받은 산업화나 민주화 과정이 전혀 이루어지지 않았으며, 오히려 혁명이 구 귀족의 영향력을 키우는 계기가 되었다. 특히 남부의 경우 새롭게 등장한 지주 계급이나 귀족들 역시도 이와 같은 추세를 따랐고, 토지제도 개혁이라는 명분으로 여러 곳에서 자신들의 기득권을 강화했다. 다시 말해 몰수된 땅이 소작농이나 빈농들에게 분배되지 못한 채 새로운 지방 귀족들이나 신흥 부르주아 가문에게 귀속됨으로써, 경제 개혁을 통한 통일 이탈리아나 새로운 국가 형성은 전혀 이루어지지 않았다. 이 시기 집중적으로 등장한 유력 가문이 피에몬테의 온건 자유주의자였던 카보우르Cavour나 다젤리오D'Agellio[24] 등의 가문이었다.

그럼에도 일련의 민족주의 계열의 작가들은 19세기 낭만주의 전통을 이어받아 '문화적 국민주의'라는 사조와 흐름을 형성하였다. 우고 포스콜로Ugo Foscolo[25]의 《무덤들Dei Sepolcr》(1807), 알레산드로 만초니 Alessandro Manzoni[26]의 《약혼자들I promessi sposi》(1827 초판), 마시모 다젤리오Massimo D'Agellio의 《에토레 피에라모스카Ettore Fieramosca》 (1833) 같은 작품으로 대표되는 당대의 문화적 국민주의 작가들은 로마 시대나 르네상스를 이끌었던 강대한 이탈리아의 영광을 부각시키고 찬양했다. 이러한 흐름과 운동은 이탈리아를 통일하여 새로운 국민국가로 재탄생시키고자 하는 대중적인 문화 흐름이라고 해석할 수 있다.

1814년 나폴레옹 시대의 몰락은 빈Wein 체제라는 구체제의 회귀로 이어졌다. 이탈리아 역시 비토리오 엠마누엘레Vittorio Emmanuele 1세가 다시 피에몬테 왕국으로, 페르디난도Ferdinando 3세는 피렌체 공국으로, 교황은 바티칸이 있는 로마로 귀환했다. 이와 같은 왕정복고는 이탈리아 반도의 경제적이고 상업적인 이익과는 거리가 멀었다. 대부분을 농업에 의지했던 이탈리아는 경제적 침체와 함께 많은 타격을 받았다. 농촌은 황폐화되었고, 빈곤은 일반적인 사회 현상이 되었다. 이러한 상황에서 농민과 일반 국민은 새로운 국가를 위한 막연한 바람만을 가지고 있었다.

지역이나 지도자 그리고 조직을 이끄는 지도자의 이념과 선호는 지역에 따라 다양하게 나타났다. 어떤 지역에서는 여전히 봉건적 질서를 기본으로 하는 절대왕정을 선호하기도 하고, 다른 지역에서는 공화주의를 신봉하기도 했으며, 또 어떤 지역에서는 프랑스와 같은 급진적이고 혁명적인 이념이 조직의 행동 강령으로 제시되기도 했다. 남부에서 이야기하는 혁명이나 독립이라는 단어는 북부에서의 개념과 의미상 커다란 차이가 있었다. 남부에서 혁명이란, 진정한 의미에서의 통일보다는 개혁적인 입헌군주제의 확립을 의미하는 편이었고, 북부의 경우 통일이란 북부 중심의 통일이자 당시 북부를 지배하고 있던 오스트리아 세력과의 전쟁을 의미했다.

그럼에도 리소르지멘토를 지배하던 주요 사상과 흐름들이 이론적으로나 현실적으로 다듬어지고 풍부해지던 시기가 도래하였다. 이 시기 리소르지멘토를 지배하던 주요 사상적인 흐름은 앞서 언급한 세 가지 방향이었다. 가장 먼저 대중적인 주목을 받았던 것은 마치니주의였다. 이는 마치니가 중심이 되어 이끌었던 방향으로, 공화주의 이념을 기반으로 가톨릭의 정신적·도덕적 측면을 강조하였다. 두 번째의 흐름은 당시 발전하고 있던 과학기술과 연관이 깊은 급진적 자유주의였다. 이는 정치와 사회의 영역에서 이탈리아의 해방을 주장했다. 세 번째는 리소르지멘토를 완성했던 흐름으로 왕정과 외국 지배의 종식 등을 내건 온건적 자유주의였다.

이들 세 개의 서로 다른 리소르지멘토의 방향과 사상은 1848년과 1849년의 혁명 기간에 분명한 노선과 방법을 제시하면서 이탈리아 통일의 주도권을 잡기 위한 노력을 하였다. 그러나 카보우르가 중심이 되었던 피에몬테의 온건자유주의자들은 피에몬테를 중심으로 가장 먼저 산업화와 부국강병을 위한 전략과 정책들을 성공시킴으로써, 외부적으로 주어진 통일의 기회를 놓치지 않고 잡게 되었다. 이는 군사적으로나 국민들의 지지 면에서나 마치니 이후 중심 세력이 되었던 가리발디를 설득하여 피에몬테 중심의 통일을 이루는 데도 상당히 중요한 역할을 하였다. 일단 통일의 기초를 다지자 이후의 이탈리아 국가는 피에몬테 왕국이 주도하게 되었다. 즉 모든 지방의 제도와 법령 및 행정과 세금은 피에몬테의 제도로 대체되었고, 이는 결국 지배계급의 교체에 지나지 않았다. 또한 지배 계층과 통일운동의 주류가 새로운 시대와 국가를 위한 방향이나 주의가 아니라, 온건자유주의자들이 중심이 된 중도온건주의와 중간 계급만이 존재하게 된 이유였다.

따라서 1861년 이후는 이탈리아 내부적으로는 기존 지배계급의 경제적·정치적 이해의 공고화를 위한 신흥 상공업 계급들의 결합으로 이어지게 되는 시기였다. 이 과정에서 마치니주의나 연방주의 세력은 약화되었고, 피에몬테 중심의 국가와 북부를 중심으로 하는 국가발전론이 등장하였다. 더군다나 이탈리아 반도에 새로운 통일 국가가 등장하는 것을 주변 국가들이 우호적으로 바라보지 않았다. 결국 이러한 상황은 국가 내부에 잠재하던 다양한 사회 문제를 표면적으로 드러낸 계기를 제공하였고, 이탈리아 자본주의 체제의 불완전성과 허약성을 노출하게 되었다. 이는 이후에 등장하게 될 파시즘 체제를 용인할 수밖에 없는 정치·경제적인 토양을 제공하는 원인으로 작용하였다.

리소르지멘토의 영향과 해결되지 않은 문제들

언뜻 보면 리소르지멘토야말로 20세기를 앞둔 이탈리아가 하나의 국가로 나아갈 수 있던 출발점으로 생각할 수 있다. 통일 과정이나 통일 이후의 외형적 모습만 보면, 리소르지멘토를 통해 이탈리아가 근대 국가와 국민국가로 전환함으로써 유럽의 열강으로, 또 세계의 열강으로 부활할 수 있었기 때문이다. 그러나 국가 외적인 문제가 아닌 국가 내부의 문제는 오히려 리소르지멘토를 통하여 더욱 명확하고 다양한 방식으로 표출되었고, 사회 문제라는 측면에서 논의할 수 있는 이탈리아의 내부적 모순도 그 모습을 드러내기 시작했다.

따라서 리소르지멘토를 해석하려면 하나의 관점이나 흐름 같은 이미 정해진 틀에서 구하기보다는 이탈리아 내부의 다양한 관점과 이탈리아 외부의 시각 모두를 고려하여 제3자의 관점을 택하는 것이 바람직할 것이다. 이미 알려진 대로 가장 일반적인 리소르지멘토 해석은 통일의 주체였던 사보이 왕가 중심의 해석이다. 통일에 의해 리소르지멘토가 완성되었다는, 이탈리아의 역사적·정치적인 운동으로 바라보는 이 해석은 파시즘 시대를 거치면서 공고해졌고, 이는 다분히 민족주의적 측면이 강조된 것이다. 그러나 리소르지멘토 시기 이탈리아의 국내외적 상황에 비추어 과연 '민족적'이라는 의지와 현상이 이탈리아에 얼마나 존재하였던가를 본다면, 리소르지멘토의 '민족적' 특징과 성격은 부족한 부분이 많다고 볼 수 있다.

두 번째는 이와 같은 사보이 왕가 중심의 해석에 반하는 것으로, 리소르치멘토를 사보이 왕가의 영토 확장과 그 노력의 과정으로 접근하는 방법이다. 이는 이탈리아의 지리적·영토적 형성 과정이라는 측면에서 접근하는 해석으로, 정치적으로 통일된 근대 국가의 등장으로 해석하는 것이다. 이 해석의 주요 논지는 리소르지멘토를 제2의 이탈리아 르네상스로 확대 해석하는 경향에 반대하고, 근대 국가의 등장 과정에서 산업화를 먼저 시작한 지역을 중심으로 자연스럽게 정복과 합병 등의 방법을 통하여 영토 확장을 하였던 과정으로 평가한다는 입장이다.

세 번째는 보다 통합적이고 문화적인 시각을 중시하는 문화통합 운동으로, 제2의 르네상스로서 리소르지멘토(이탈리아어로 재생이나 재부상이라는 의미를 가지고 있다)를 해석하는 방법이다. 이 해석은 특히 문화적이고 사상적인 측면에서 또 다른 문화운동으로 확장하여 영토적 확대보다는 정신적·문화적으로 이탈리아라는 국가와 국민들의 총체적 사회운동으로 보는 입장이다. 특히 이 점에 관해서는 르네상스와 리소르지멘토의 차이 비교라는 측면에서도 흥미로운 문제가 될 수 있다. 르네상스가 지중해 연안과 유럽을 잇는 매개적 역할을 통해 외부적 자양분을 공급받은 문화 발전과 개혁 운동이었다면, 리소르지멘토는 유럽적 상황에 일방적으로 영향을 받아 내부적으로 국지적인 차원에서 외형적 변화에 그친 미완성적 문화와 사상의 개혁 운동으로 볼 수 있다.

어쨌든 리소르지멘토에 대한 역사적 의의는 두 가지 측면에서 분리하여 살펴보아야 한다. 하나는 영토적이고 정치적인 측면에서의 통일이라는 점과 또 다른 하나는 문화적이고 사상적인 측면에서 어떤 결과를 초래했는가 하는 문제일 것이다. 이와 같은 두 가지 다른 해석의 문제는 리소르지멘토의 성격을 종합적이면서 개별적인 방식으로 파악할 수 있는 기준을 제시하고 있다는 점에서 리소르지멘토 해석의 주요한 준거점이 될 수 있다.

그러나 리소르지멘토는 여러 면에서 새로운 현상과 사회 문제를 발생시켰고, 이는 긍정적인 것이든 부정적인 것이든 이탈리아라는 국가의 근대적 출발점으로 이해할 수 있다. 새로운 현상으로 표출된 몇 가지 사회 문제들 중에서 가장 직접적으로 발생한 것은 남부 문제Questione meridionale이다. 통일 당시 주도 세력이었던 피에몬테 중심의 북부와 농업 중심으로 여전히 봉건적 잔재가 남아 있던 남부의 통합은 당연한 문제를 발생시켰던 것이다. 문제는 이러한 북부와 남부의 역사적·구조적 배경의 차이를 통일 과정이나 그 이후에 해소시키지 못하고 오히려 그 차이와 격차를 더욱 구조적으로 고착화시켰다는 데 있다.

리소르지멘토에 대한 그람시의 시각과 해석

그람시 자신은 통일 이탈리아 왕국이 성립한 뒤, 여러 사건들을 몸소 듣고 겪으면서 그 누구보다 통일 이탈리아의 한계를 잘 알고 있었다. 리소르지멘토 시기의 세력 관계나 통일의 방향이 예기치 않은 쪽으로 흐르면서 노출된 사회 문제들을 직접 목도하면서, 그람시는 통일 문제의 쟁점으로서 남부 문제에 대한 관심을 이미 이 시기부터 갖기 시작했다. 남부 문제에 대한 그람시의 문제제기와 결과물[27]은 이미 한국에 소개되었기에 자세한 설명을 덧붙이지는 않겠지만, 그람시의 본격적인 이론적 출발점이 남부 문제에 대한 분석이었다는 점은 중요한 의의를 가진다. 남부 문제에 대한 관심은 이후 전개되는 여러 개념과 이론적 틀의 출발점이 되었고, 그러한 사회 문제의 전제로서 리소르지멘토에 대한 해석을 통해 역사적으로 형성된 블록의 의미를 찾고자 했다고 볼 수 있다.

그람시가 보기에 이탈리아 리소르지멘토는 미완성의 혁명으로 지배계급 헤게모니 장악의 연장선에서 기획된 것이었다.[28] 다시 말해 통일된 국민적 차원에서의 동질성을 통한 국가적 통일이라기보다는 구체제의 연속이라는 측면에서 발생한 역사적 사건에 불과하다는 것이다. 따라서 이는 역사적 블록을 구성할 수 있는 충분한 역사성이자 근대적 통일 국가의 기본적 특징으로 이해할 수 있으며, 이러한 그람시의 역사성과 근대 통일 국가에 대한 의견은 다음의 글 속에 분명하게 드러나 있다.

지배계급들의 역사적 통일성은 국가로서 완성되며, 그들의 역사는 본질적으로 국가들의 역사이자 국가들로 구성된 집단들의 역사이다. 그러나 이러한 통일성이 그저 순수하게 법적인 통일성과 정치적인 통일성을 의미한다고 생각할 필요는 없다. 비록 이러한 통일성 유형이 단순히 형식적으로만 중요한 것이 아니라 그 자체만으로 중요성을 갖는다 할지라도 말이다. 근본적으로 역사적 통일성은 구체적으로 국가 혹은 정치 · 사회 그리고 '시민사회' 사이의 유기적 관계들이 만들어낸 결과물이다.

하위 계급들은 그 용어가 나타내는 의미 때문에 스스로 '국가'가 되기 전까지는 통일되지 않으며, 될 수도 없다. 하위 계급들의 역사는 시민사회의 역사와 연관되어 있으며, 그럼으로써 국가들과 국가 집단들 및 시민사회 역사의 불연속적이면서 '해체된' 기능을 의미한다고 할 수 있다. 따라서 다음과 같은 점들을 연구해야 한다. 1) 경제 생산 분야에서 일어나는 발전과 변화에 따라 하위의 사회 계급 집단들은 객관적으로 형성된다. 이들은 기존 사회 집단에서 발생하며, 그 과정에서 양적으로 확산되면서 기존 집단의 정서와 이데올로기 및 목표를 한동안 보유한다. 2) 이들은 지배적 정치 조직에 적극적으로든 수동적으로든 합류한다. 합류한 뒤에는 자신들의 주장을 관철시키기 위해 이들 조직이 나아갈 방향에 대해 영향을 미치려 한다. 이러한 시도는 조직의 해체, 개혁, 혹은 새로운 결성을 결정하는 과정에 일정 부분 영향을 미친다. 3) 지배 집단이 새로운 정당을 만들어 하위 집단의 동의를 확보하여 하위 계급을 계속해서 통제하려고 한다. 4) 하위 집단 자신이 제한적이며 부분적인 요구들을 관철시키기 위해 자신들만의 조직을 만든다. 5) 이 새로운 조직은 비록 낡은 틀 안에 국한되긴 하지만 하위 집단의 자율성을 주장한다. 6) 이후 조직은 완전한 자율성을 지켜나갈 수 있다.[29]

더군다나 이러한 과정을 통하여 드러나 국가의 특징으로 그람시는 역사적 블록의 핵심 개념인 블록의 집합을 상정하고 있다. "(고대와 중세 시기) 국가는 어떤 의미에서 종종 인종이 다른 사회 집단들의 기계적 블록이었다. 하위 집단들은 정치·군사적 압박의 경계선 내에서 독자적인 존재와 독자적인 제도를 유지했다. 때로는 이 제도들이 국가의 기능을 보유하기도 하여 사실상 국가란 것이 상호간에 어떤 식으로도 종속되어 있지 않고 전혀 상이한 기능을 수행하는 사회 집단들의 연방 조직인 경우가 많았다."[30] 이와 같은 국가에 대한 그람시의 정의가 그 대상이 고대와 중세기 국가를 대상으로 한다고 해도 근대 국가로서 갓 태어난 이탈리아 왕국의 성격을 분석하는 틀에서 크게 벗어나지 않고 있다.

그람시는 이와 같은 기준에서 리소르지멘토를 해석하고 있다. 그람시가 보기에 통일을 달성했던 지배계급인 온건파moderati들이 당대 리소르지멘토의 이데올로기적 헤게모니를 쥐고 있던 행동당[31]을 지도하는 역설적 상황이 초래하였던 것은 하위 계급의 계급적 기반이나 경제적이고 정치적인 노선의 취약성이 얼마나 허약했던 것인가를 보여준다고 생각했다. "온건파는 상대적으로 동질적인 사회 집단을 대표하였으며, 따라서 그들의 지도력은 상대적으로 안정적이었다(어떠한 경우에도 진보적인 발전 노선에 유기적으로 종속된다). 반면 행동당은 그 자신의 특수한 역사적 계급 기반이 없었으며, 그 지도 기관이 겪었던 동요는 결국 온건파의 이익에 따라 해체되었다. 다시 말해 행동당은 역사적으로 온건파에 의해 지도되었다."[32] 이는 결국 새로운 블록의 창출이 단지 이데올로기의 우위나 대중적 공유의 문제가 아니라 이데올로기에 기반 한 구체적인 경제적 기반과 계층 그리고 정치적 지배를 모두 아울러야 한다는 역사적 실례라고 할 수 있다.

취약한 기반에도 불구하고 통일 이후 피에몬테 자유주의자들은 정치적 권력 외에도 '변형주의Trasformismo'[33]를 통해 반대파를 흡수하고, 정치권력이 제공하는 물리적임 힘만이 아니라 교육이나 행정 등의 방법을 통해 갓 태어난 이탈리아 왕국을 '혁명 없는 혁명'—쿠오코Cuoco의 표현을 빌자면 '수동적 혁명revoluzione passiva'[34]으로 칭할 수 있는—을 통한 강력한 국가로 양성하고자 했다. 그러나 피에몬테 자유주의자들은 프랑스의 자코뱅들이 되기를 거부했을 뿐 아니라, 남부의 지주 계급을 바탕으로 하는 남부 농업 블록과 손을 잡고 북부의 산업자본가 블록을 연합하여 새로운 거대 블록을 만들어냈다. 결국 졸리티[35]와 민주적 자유주의자들의 정치 강령에는 보호주의 체제의 기초가 되며, 경제와 북부의 헤게모니를 강화해주는—산업자본가와 노동자 사이의—'도시' 블록을 북부에서 창출한다는 목표가 들어 있었다.[36]

《옥중수고》에 나타난 그람시의 해석과 주장

그람시는 이탈리아 역사에 대한 서술과 내용을 구성하는 데 다음과 같은 원칙을 적용하고자 했다. 하나는 지배계급의 역사를 이탈리아 통일 과정에 연결시키는 것이었으며, 두 번째는 지배계급이 어떻게 그들의 정치·경제·사회·문화 등의 모든 영역에서 우월적인 지배권, 다시 말해 헤게모니를 유지할 수 있었느냐는 기본적인 질문에 대한 답을 구하고는 것이었다. 마지막으로 이를 어떻게 해체하고 새로운 대항 헤게모니를 구성할 것인가의 문제를 궁극적으로 고민하고자 했다.

특히 그람시가 이러한 문제를 제기하는 출발점을 국가를 통해서 시작하고 있다는 사실은 독특한 것이었다. 그람시가 보기에 "지배계급들의 역사적 통일성은 국가를 통해서 실현되며, 지배계급의 역사는 본질적으로 국가들의 건국과 패망의 순환적인 역사이자 국가 아래 뭉쳐서 형성된 집단들의 종합적이고 집합적인 역사"라고 보았다[37]. 여기서 중요한 사실은 그람시가 생각하는 이러한 국가의 성격을 단순한 법적이고 정치적인 의미에서 지배계급만의 통합으로 이루어지는 것으로 보지는 않았다. 그람시가 보기에 역사적으로 증명되고 확인된 근본적인 형식의 국가적인 통일성이란 구체적으로는 국가(혹은 정치 사회political society로 대치될 수 있는 개념으로서 국가)와 '시민 사회civil society' 사이의 유기적인 관계에서 비롯되는 것으로 생각했다. 이런 점 때문에 그람시의 국가론이 제기하는 문제는 국가를 통치 권력이나 단순한 장치나 체제로 환원시키지 않았다는 것이다.

그람시가 제기했던 이러한 문제의식은 바로 국가의 통일성이 보다 절실하고 필요하다고 보았던 하위 계급들에게서는 나타나지 않는 근본 원인에 대한 고민이었다. 그람시는 어째서 하위 계급들은 국가를 형성하지 못할까에 대한 고민과 함께 이들이 지배계급의 통치 원리와 이념을 수용하고 유지시켜나가는 사실을 역사 속에서 규명하고자 했다. 그것이 이탈리아의 르네상스와 리소르지멘토를 분석하고자 했던 이유이며, 이 과정에서 지식인들의 역할과 성격에 대해 구체적인 사례를 들어 설명하고 있는 것이다.

이는 한국의 근대 국가 발전기에 조선말의 지배계급들이 한반도를 둘러싼 열강들을 활용하여 자신들의 기득권을 유지하고자 했던 이유와 국면을 설명하는 데도 유용하다. 리소르지멘토 시기 이탈리아 내부의 상황과 구한말과 일제강점기의 한국 지식인 계층이나 지배계급의 행태는 상당히 유사하다. 따라서 그람시가 이를 분석하고 이론화하고자 했던 바를 한국 사회에 적용한다면 그람시 이론을 한국화하는 데 충분한 시사점을 가질 것이다. 특히 그것은 한국 지식인의 성격을 이해하고 지배계급의 이데올로기나 헤게모니 유지 방식에 대한 체계적인 접근에 도움이 될 것이다.

그람시는 리소르지멘토의 발전 과정에 나타난 다양한 계기와 국면에 주목했다. 그람시가 보기에, 이탈리아에서 진행되는 통일 과정에서의 국면들은 매개적으로 발전된 양상의 국면을 첨가한다거나 혹은 여러 국면들을 다시 조합하는 방식으로 세분하여 구별할 수 있다. 이때 역사가의 주요한 임무와 기능은 가장 초보적인 단계로부터 완전한 자율성으로 나아가는 발전의 경로를 있는 그대로 기록하면서 발전 과정과 경로의 원인을 분석해야 한다. 이를 하위 집단들의 발전 과정과 역사에 적용하여 그람시는 하위 계급이 발전시키지 못한 국가성의 결여를 분석했다.

이를 열강들의 간섭이 가장 심했고, 하위 계급들의 자발성이 가장 미약했던 구한말에 적용한다면, 다음과 같은 이야기를 할 수 있을 것이다. 한국의 경우 구한말의 지배계급이었던 세도 정치의 주역들과 신진 세력들 모두 자체적인 변혁의 주체라는 측면에서 국가를 개조하거나 발전시키려는 의도를 갖지 않았다. 더군다나 왕실 역시 독자적인 국가 발전이나 개혁의 주체가 될 수 없음은 자명한 일이었다. 결국 조선이라는 왕조

국가는 주변 열강들과 동북아시아 진출을 노리고 있던 수많은 서구 열강들의 각축장이 되었고, 한반도 지배와 영향력 증대를 위해 거의 모든 국가들이 자신들만의 방식으로 내정에 간섭하였다.

이런 상황에서 국가의 통합이나 자체 동력을 갖춘 발전이란 요원했고, 세계 정세에 어두웠던 지배계급은 내분과 최악을 선택하는 악수를 두게 되었다. 결국 정치적이나 경제적인 측면에서 새로운 근대성을 담보할 수 있는 국면 전환은 이루어지지 않았고, 분열과 패망의 길로 들어섰으며, 그 국면 전환을 가장 잘 활용한 열강은 일본과 미국이었다. 따라서 조선의 지배계급은 스스로의 영향력 확대와 기득권 유지를 위한 헤게모니 전개 방식을 외세에 의존하거나 외국과의 협력을 통해 유지하려고 하는 최악의 방법을 선택하였던 것이다. 더군다나 하위 계급 역시 자체적인 발전 동력이나 대항 헤게모니를 마련하는 데 실패함으로써 국가를 만들거나 정치적인 전환 국면에서 새로운 헤게모니를 만들어내지도 못한 채 제3자의 입장에서 국가 패망을 바라볼 수밖에 없는 상황이 되었다. 물론 동학운동이나 실학과 같은 중산 계층의 다양한 노력들이 없었던 것은 아니지만, 하위 계급 전체를 아우를 수 있는 통합적인 운동이나 시도로까지 발전하지는 않음으로써, 500년 넘는 봉건왕조의 몰락이라는 상황에서 대안이나 새로운 선택의 여지는 매우 좁았던 것이다.

그람시는 이탈리아에서 국민적 리소르지멘토를 주도한 혁신 세력들을 검토하여 이탈리아 역사 연구를 위한 기본적인 원칙들을 수립하고자 했다. 그람시가 주목했던 이탈리아 내부의 혁신 세력들이란 다른 세력과의 투쟁에서 특정 지원군이나 동맹국의 도움으로 권력을 장악하여 이탈리아를 새로운 국가로 통일하고자 했던 이들이었다. 이는 구한말의 기득권 세력들이 지향했던 바와 다를 바가 없기 때문에, 그람시의 연구 결과들은 구한말 지배계급들이 하위 계급들에 어떤 방식으로 강제와 동의라는 두 가지 전략을 적용하였는지를 비교할 수 있는 준거틀이 될 것이다. 따라서 그람시가 얻고자 했던 핵심 세력과 하위 계급들에 대한 연구에서 제시하고 있는 다음의 원칙에 주목할 필요가 있다.

그람시는 자신의 연구에서 첫째, 투쟁의 대상인 계급이나 계층들과 싸워서 이기기 위해서는 그 집단이 가지고 있는 집단적인 자율성에 대한 연구가 필수적이라고 표명했다. 둘째, 이 단계에서 이들 계급과 집단들에게 보내는 지지의 유형에 대한 연구가 필수적이라는 점이다. 비록 그 지지 유형이나 방식이 적극적이든 소극적이든 어쨌든 하위 계급들은 각각의 국면에서 이들에게 지지를 보냈고, 그러한 원인과 내용을 반드시 규명해야 한다고 강조하였다. 이것은 국가가 통합되거나 통일되는 과정에서 거치는 필수 단계로서, 이에 대한 연구야말로 이후 유사한 상황이 발생할 때, 대응할 헤게모니를 만들어낼 수 있는 정치적이고 역사적인 의식을 만드는 데 중요하기 때문이다.

이와 같이 이탈리아 역사를 통해 그람시가 가졌던 초기의 문제의식은 단순했다. 통일된 국가의 등장이 어째서 그렇게 어려웠는지, 그리고 그런 원인은 무엇이었고, 이탈리아 역사를 이어온 동인과 계기는 다른 유럽의 강대국들과 어떤 차이를 갖고 있는가였다. 서로마제국이 멸망한 이래 가톨릭 지배의 중세를 관통하면서 굳어지고 안정화된 지배 권력의 공고화는 어떻게 유지될 수 있었던가를 하위 계급의 입장에서 돌아보고자 한 것이다.

내부적 요인으로서 남부 문제

통일의 역설과 남부의 의미

이탈리아 통일은 19세기 유럽의 정치외교적인 지형 변화 중에서 가장 중요한 것 중 하나였다. 근대 국가로서 통일 이탈리아는 유럽의 정치 지형에서는 그 어떤 국가도 반가울 수 없는 새롭고 강한 국가의 등장을 의미하기 때문이었다. 그러나 그러한 우려와 걱정은 내부적으로 안고 있던 다양한 사회 문제에 비할 바가 아니었다. 이탈리아가 통일 전후 유럽의 외교 지형에 자신들의 힘을 가장 먼저 드러낸 계기는 크리미아전쟁이었다. 1856년 크리미아전쟁이 종결되고, 1860년 통일이 되면서 이탈리아는 대외적으로 국력을 과시하고 유럽의 주요 열강들과 어깨를 나란히 할 수 있다는 자신감을 가지고 제국주의 정책을 추진하였다. 에티오피아를 보호국으로 만들고 소말리아를 병합한 것은 그러한 노력의 일환이었다. 삼국동맹을 체결하고 대외적으로 신생 국가 이탈리아를 알리게 되지만, 이탈리아의 허약함은 내부로부터 불거졌다.

가장 먼저 가시적으로 드러난 사회 문제는 남부 문제였다. 통일의 역설이라고 할 수 있는 분열과 차별이 지역적으로 가시화되고 심화되면서 가장 시급하게 해결해야 할 사회 문제가 바로 남부 문제였다. 남과 북의 지역적인 차이로 인해 구조적으로 드러난 이 문제는 국가적으로 해결해야 할 가장 커다란 문제였고, 빠른 해결이 불가능하다는 점 역시 드러나면서 많은 이들이 이 문제에 주목하게 되었다. 당시 이탈리아 남부를 대표하는 지역의 하나였던 사르데냐 출신이었던 그람시 역시 남부 문제에 대한 학문적인 규명에 노력하였다.

준비되지 않은 통일을 대하는 피에몬테 왕국은 통합이나 화합에 대한 아무런 대책이나 계획 없이 국가 체계를 피에몬테의 것으로 바꾸었다. 행정, 법령, 조세, 무역 등의 거의 모든 국가 시스템을 바꾸면서도 지역적인 차이와 문제에 대한 접근과 고려는 전혀 없었다. 그러나 이러한 상황은 해당 지역의 주민들이나 지방의 행정 체계에 그다지 어울리거나 적합한 것이 아니었기에 주민들은 또 다른 외국 지배로 인식하였다. 일반 국민들까지 피에몬테를 정복자로 받아들였고, 과도한 세금과 엄격한 형벌 체계는 이러한 인식을 더욱 확산시켰다.

이렇게 시작된 남과 북의 지역 불균형과 갈등은 시간이 흐를수록 더욱 첨예하고 깊어졌다. 이후 약 150년이 지난 오늘까지 이탈리아에서 지역 문제는 북부 분리주의 운동 등과 결합하면서 정치적으로 통합되지 못한 상태를 오랫동안 유지하게 된다. 그람시 역시 남부의 관점에서 이 문제를 국가적으로 해결하기 위한 연구에 몰두하기 시작했으며, 당대의 다양한 사람들과 함께 남부 문제의 해결을 위한 여러 제안들을 제시하였다. 이러한 논의들은 한국 사회의 영호남 지역 문제 해결에도 주요한 단서를 제공할 수 있다는 측면에서 주목할 수 있는 연구 분야이다.

이탈리아가 통일이 된 이후 150여 년이라는 시간이 흘렀지만 '남부'라는 지역 문제가 여전히 사회성을 갖는 이유는 여러 가지가 있을 것이다. 남부라는 지역의 특수성에서 비롯된 이유도 있을 것이며, 통일이 갖는 자체의 한계도 있을 것이고, 오랜 역사성에서 연유하는 이유 등 그 원인을 둘러보는 것도 그리 간단한 작업은 아니다. 여기서 이를 본격적으로 다루는 것은 또 다른 연구의 영역이기에 그에 대한 논의는 다음 기회로 넘기더라도, 그람시가 제기하고 있는 역사적 블록과 지배계급 연구에 남부 문제는 다양한 원인과 결과의 출발점이라는 점에서 꼭 필요한 사항이다. 따라서 그람시의 핵심 개념의 하나인 남부 문제의 역사성과 전개 과정 등은 한국의 지역 문제에도 충분한 시의성이 있다.

아울러 '남부'라는 지역 문제는 현대 이탈리아가 갖는 모든 사회적이고 문화적 문제들에 대한 올바른 이해와 접근에 동기를 제공함과 동시에 이후 등장하게 되는 파시즘과의 연관성 등을 이해하는 데도 중요한 기반을 제공하게 될 것이다. 결국 그람시가 제기하고 있는 남부 문제에 대한 개념과 내용은 현대 이탈리아에 대한 이해뿐 아니라, 이탈리아 지배계급의 정책적인 우월성을 직접적으로 표현하는 주요한 출발점으로 이해할 수도 있는 것이다.

남부 문제의 역사와 그람시

이탈리아 남부 문제는 그람시를 통해 알려졌지만, 비교적 오랫동안 역사가들의 주요 분석 대상이었다. 그럼에도 남부 문제가 그람시에 의해 본질에 대한 접근과 이론적인 체계를 갖추었다는 점에는 이론의 여지가 없다. 이런 이유로 그람시가 제기한 문제의식과 접근방식은 남부 문제의 역사에서 중요한 의미를 갖는다. 일반적으로 이탈리아 남부 문제에 접근하고 이를 분석하는 시각에는 두 가지가 있는데, 하나는 이탈리아 남부 문제의 역사를 지배적 관점에서 분석하는 것과 사회주의적이며 좌파적 시각에서 접근하는 것이다.[38]

이탈리아 통일 전후 리소르지멘토의 주역들에 의해 제기되었던 다소 보수주의적이고 자유주의적인 관점은 자본주의 체제 유지의 피할 수 없는 현상으로 남부 문제를 받아들였다. 사회주의적인 입장에서 좌파적인 시각에 의해 접근하고 있는 다른 방식은 북부가 남부를 착취하면서 북부의 발전을 위해 활용했다는 '내부 식민지론'에 입각한 주장이다. 다시 말해 남부와 북부의 차이는 통일 이전에는 그리 크지 않았지만, 통일 이후 북부가 남부를 착취하면서 더욱 차이가 벌어졌고, 그것이 현재까지 국가의 통합이나 지역의 자체적인 역량 강화에 그다지 큰 도움이 되지 않았다는 것이다. 이와 같은 두 가지 관점 때문에 남부 문제를 해결하는 과정에서 단일한 정책을 제시하는 데 어려움을 겪게 되었고, 결국 현재까지 심각한 내부 문제로 남은 것이다.

사르데냐라는 섬의 지역주의에 입각하여 출발한 그람시의 시각이 이탈리아라는 보다 넓은 국가적인 관점으로 이동한 이유는 바로 남부 문제의 본질에 있었다. 그것을 이탈리아 국가 내부의 민족주의적인 지역주의 관점에서 탈피하여 노동자와 농민이라는 프롤레타리아 계급 차원으로 확대함으로써, 남부 문제의 본질을 자본주의적인 착취와 사회주의적인 계급 동맹으로 결합한 것이다.

이와 같은 그람시의 지역 문제에 대한 분석과 접근 방식은 한국의 영호남 문제에 집중적으로 적용할 수 있다. 한국의 영호남 문제가 그 기원에 대한 논쟁 여부를 차지하고라도, 한국의 경제개발 시기 지역 차별과 산업 불평등 구조에서 초래되었다는 측면에서 본다면, 이탈리아의 남부 문제와 그리 큰 차별성이 보이지 않는다. 특히 호남의 농업이 영남의 공업을 위해 희생한 측면이 있고, 호남의 노동력이 영남의 제조업 발전의 중요한 토대를 구성하였다는 점에서, 영호남 문제의 본질을 이탈리아 남부 문제에 적용할 수 있는 것이다.

이탈리아의 경우 그람시가 주목했던 서구 국가들과 러시아 사이의 사회적이고 경제적인 구조의 문제는 영호남 문제의 접근에 중요한 계기를 제공해준다. 농업과 제조업 간의 불균형과 지역 문제 고착화는 결국 경제적 이해관계와 국가 발전에 대한 지배계급의 이해가 관철된다는 주장으로 귀결되고 있다. 한국에서의 영호남 지역 문제가 경제적 이해관계를 고착화하고 안정화하기 위해 인위적으로 정치권력이 작동한 것이라면, 이러한 정치권력이 국가 정책 기조로 변하여 적용될 경우 지역 문제는 이미 하나의 사회 현상이 아니라 해결 불가능한 사회 구조가 될 수밖에 없다는 것을 이해할 수 있다.

그람시의 경우 남부 문제의 시작을 기존의 연구가들과는 다른 측면에서 시작한다. 특히 토리노에서 시작한 공장평의회와 그 실패 그리고 러시아혁명을 통해 노동자와 농민 간 동맹의 필요성을 남부 문제를 통해 제기하고자 하였다. 우선 그람시는 프롤레타리아 계급이 공장평의회를 통하여 '국가'라는 정체政體를 이해할 수 있을 것이며, 이를 통해 국가에 대한 보다 광범위한 정의를 시도하면서, 무엇이 계급적인 결합의 의미를 가질 것인가를 고민했다. 그람시가 보기에 국가는 부르주아나 특정 계급의 지배 도구에 불과한 것이며, 사회 전반 생산 관계의 계급성을 뒷받침하는 하나의 조직이다. 그러나 보다 중요한 것은 공장평의회를 통해 인지하게 된 계급 동맹의 중요성이며, 지역 간 동맹체 형성이다. 다음의 글은 그람시의 기본적인 생각을 잘 나타내주고 있다.

공장평의회는 프롤레타리아 국가의 모델이다. 프롤레타리아 국가의 조직에 내재하는 모든 문제는 평의회의 조직에도 내재한다. 시민이라는 관념은 쇠락하게 되고 그 자리를 동지라는 단어가 대신하게 된다. 부를 생산하기 위한 협동은 서로간의 애정과 형제애를 배가시킬 것이다. 모든 이들은 이 속에서 필수 불가결하다. 모든 이들은 자신의 위치에 서서 자신의 기능을 한다. 노동자들 가운데 가장 무지하고 후진적인 자나, 기술자들 가운데 가장 '시민적'이고 쓸모없는 사람조차도 공장 생활의 경험을 통하여 이러한 진실을 확인하게 된다. 모든 사람은 공산주의 경제가 자본주의 경제를 압도하게 되는 위대한 전진을 이해하게 됨으로써 결국에는 공산주의적 관점을 획득하게 된다. 평의회는 상호적인 교육과 프롤레타리아 계급이 성공적으로 창조해낸 새로운 사회적 영혼의 발전을 위해 가장 적합한 조직이다. … 평의회 내에서의 노동자 계급의 연대는 긍정적이고 영원하며 산업 생산의 가장 보잘것없는 시기에조차도 존재하고 있다. 그것은 유기적 전체가 되는 희열적인 각성 속에 담겨져 있는데, 그 전체란 유용 노동과 사회적 부의 공정한 생산에 의하여 그것의 지배권을 주장하며 그것의 권력과 역사 창조로서의 자유를 실현시키는 그런 동질적이고 복합적인 체제를 의미한다.[39]

그람시는 공장평의회를 프롤레타리아 국가의 기초적 조직으로서, 행정과 교육 및 새로운 프롤레타리아 공동체 사회의 정신을 발전시키는 국가와 유사한 기능으로 묘사하고 있다. 모든 혁명적 기능을 무난히 완수한다면 부르주아 국가를 대체할 수 있는 조직으로까지 그람시는 생각하였다. 이러한 이유로 그람시는 "평의회의 탄생은 인간 역사의 신기원을 여는 것[40]"이라고 말하였다. 그러나 아쉽게도 이러한 그람시의 섣부르고 미성숙한 생각이 현실에서 증명된 것은 1919년과 1920년 사이의 혁명적 파고가 지난 뒤였다. 자본주의 사회에서의 지배계급을 비롯한 정치권력까지도 전환이 가능한 것은 사회구성체 조직의 성격을 어떻게 바꿀 것인가의 문제였다는 사실을 깨닫게 된 그람시는 공장평의회를 통해 그러한 현실적인 제약을 확인하였다.

남부 문제에 대한 그람시의 연구와 분석의 심화는 이와 같은 이탈리아의 상황을 분명히 인식하면서 이를 해결하기 위한 방법론적 모색 과정에서 등장하였다. 그람시는 다음 글에서 당대 이탈리아 북부와 남부의 실정을 이야기하면서 계급간의 동맹과 연대를 통한 새로운 국가 창출을 역설하고 있다. 그람시가 인식하고 있는 당대 이탈리아의 현실과 해결 방법 그리고 동맹의 인식 등이 잘 표현되어 있다.

북부 부르주아는 주변 도서들과 남부 이탈리아를 지배하였고, 그들을 식민지 착취의 영토로 축소시켰다. 북부 프롤레타리아는 자신들을 자본적 예속 상태에서 해방시킴과 동시에 북부의 기생적인 산업주의와 은행에 예속된 남부 농민 대중을 해방시킬 것이다. 농민들의 정치적이고 경제적인 재생은 메마르고 척박한 토지의 분할에서가 아니라 산업 프롤레타리아의 연대에서 찾아야만 한다. 산업 프롤레타리아는 자신의 입장에서 보아 농민들과의 연대가 필요하며, 자본주의가 토지 소유자들에 의해 경제적으로 재생되지 않는다는 점에서 그리고 남부와 도서들이 자본적 수구의 군사적 토대가 되지 않는다는 점에서 이해관계가 있다. 산업에 대한 노동자들의 통제를 허용하면서 프롤레타리아는 산업을 농민들을 위한 농기계와 직물 및 제화 그리고 전기 에너지 생산으로 전환시킬 것이다. 이에 덧붙여 산업과 은행이 농민들을 착취하는 것을 막을 것이며, 그들이 농민들을 그들 금고에 갇힌 노예와 같이 지배당하는 것도 막을 것이고, 공장에서의 전횡을 분쇄함과 동시에 자본적 국가의 억압 장치 역시 분쇄하며 아울러 효율적인 노동법 아래 자본가들을 복종시키는 노동자 국가를 창설함과 동시에 노동자들이 농민들 자신을 비참함과 절망으로 몰아넣은 모든 속박들을 깨부술 것이다. 프롤레타리아는 노동자 독재를 출범시키면서, 산업과 은행을 수중에 장악하고, 농민들을 가진 자들과 자연 상태 및 온갖 재해에 대항하는 자신들의 투쟁에 동참시키기 위하여 국가의 조직화와 관련한 광범위한 권력을 전개할 것이다. 이를 위해 농민들에게 대출을 하고, 협동조합을 창설할 것이며, 약탈자들에 대항하여 재산과 개개인의 안전을 보장할 것임과 동시에 농지 개발과 관개를 위한 공공사업을 할 것이다. 이 모든 것을 할 것인데, 이는 그들의 이익이 농업 생산의 증가를 기할 수 있으며, 농민 대중의 연대를 유지하고 지속할 수 있고, 또한 산업 생산을 도시와 농촌 그리고 북부와 남부 사이의 동맹 및 평화를 위한 효율적 노동에서 전개할 수 있기 때문이다.[41]

그람시가 후일 쓰게 되는 남부 문제에 관한 몇 가지 주제들이라는 글의 습작 글로 보이는 이 글 속에서 남부에 대한 이론적이고 체계적인 분석과 접근이 이미 시작되었음을 알 수 있다. 이와 같은 정치적 상황 분석을 통해 그람시는 남부 문제라는 사회 문제 아래 헤게모니와 지식인 문제 등과 연결시킨 탁월한 사회 분석에 이를 수 있는 있었던 것이다. 그람시가 제기하고 있는 남부 문제에 대한 분석과 내용은 역사적 블록을 유지하고, 지배계급이 피지배계급을 조종하고 통치의 동기를 부여하기 위한 하나의 구실이자 정교한 정책 기준일 수 있다는 점에서, 한국의 영호남 문제나 새롭게 등장하고 있는 소지역주의 역시 이와 같은 지배계급 통치 기제의 주요한 방향성으로 해석할 수 있을 것이다.

더군다나 그람시의 남부 문제에 대한 분석이 오늘날 더욱 유용하고 교훈적인 것은 바로 자본의 세계화에 맞서는 노동자와 프롤레타리아의 세계화 전략을 구축해야 한다는 점을 시사하기 때문이다.[42] 남부 문제에 대한 그람시의 가르침은 더 이상 그람시 자신의 경험에서 우러나온 단순한 교훈이나 가르침이 아니라 모든 정치적 영역에서 적용될 수 있는 하나의 일반적 원칙과 논리로서 우리가 받아들여야 할 것이다. 자본주의 체제 안에서의 노동자 계급의 조직화와 농민 계층의 조직화는 그람시가 주장하는 다양한 이론과 개념 중에서도 더욱 중요하다.

통일 이후 150여 년이라는 시간 동안 두 개의 이탈리아로 나누었던 남부 문제가 21세기에도 여전히 유효한 정치적이고 사회적 의미를 갖는 이유는 바로 이와 같은 중층의 사회 현상들과 문제들이 겹치면서 새로운 전환점을 맞고 있다는 점이다. 국내적인 통합의 문제가 남과 북이라는 지역 문제를 뛰어넘어 인종과 민족이라는 문제까지 겹쳐지면서 더욱 혼란스러운 양상을 나타내고 있다는 사실은 남부 문제의 접근과 그 해결책 역시 새로운 기준과 방향에서 다가서야 함을 보여준다.

더군다나 이탈리아 내부의 이와 같은 사회 문제들이 제대로 해결되지 않은 상태에서 유럽 통합은 그 발걸음을 재촉하고 있다. 따라서 이탈리아처럼 지역 문제가 있는 나라들에서 유럽 통합 방식의 정책적 우선성 문제를 어떻게 해결해야 할 것인가 하는 것은 유럽 통합이 궁극적으로 성공할 수 있는가에 관한 중요한 문제라고 할 것이다. 따라서 내부 문제의 해결이 먼저인가, 통합이 먼저인가라는 문제제기는 이제는 변형되어 각 국가에 존재하고 있는 지역 문제와 외국인 노동자 문제 그리고 다시한 번 그 모습을 보이고 있는 네오파시즘이나 네오나치즘 등의 문제를 해결하는 시작이라는 점에서 여전히 진행형인 것이다.

외부적 요인으로서 제1차 세계대전과 유럽의 외교적 지형

통일이 된 이후 남부 문제를 비롯한 정치·사회적 불안정을 타개하기 위하 국가의 노력은 다양한 외교적 시도로 나타났다. 그러한 시도는 두 가지 수준에서 나타났다. 하나는 대외정책을 통한 식민지 확대와 제국주의 정책의 표방이었으며, 다른 하나는 유럽 주요 열강들과 어깨를 나란히 하기 위해 전쟁을 수행하는 일이었다. 대외 식민지 건설과 확대는 이전부터 국내 문제의 불만을 해소하고 뒤늦은 산업화를 위해서도 전략적인 필요에 의해 추진되었다. 그러나 이 역시 이미 프랑스나 영국 그리고 스페인 같은 기존 열강들이 대부분을 차지하고 있었고, 경쟁 국가였던 독일에 비해 국가적인 역량이 다소 모자란 측면이 있었기 때문에 원하는 만큼 식민지 정책이 원활하게 진행되지는 않았다.

이를 타개하기 위해 국가가 전면에 나서서 진행한 것이 제1차 세계대전의 참전이었다. 군사적으로나 경제적으로 거의 준비가 되어 있지 않던 이탈리아는 국가적인 논란과 찬반이 갈리는 끝에 제1차 세계대전 발발 이듬해인 1915년 참전하였다. 그러나 상처뿐인 영광만을 남긴 채, 오스트리아와의 여러 번에 걸친 전투에서 승리다운 승리 한 번 없이 전쟁이 종결되었다. 연합국의 일원으로 출전한 이탈리아였기에 승전국의 명단에 당당히 이름을 올릴 수 있었지만, 실제로 오스트리아 군대를 다른 전선으로 이동시키지 않게 하는 동맹군의 군사력 억지라는 전술적인 효과 외에는 전쟁에 결정적으로 공헌한 바가 없다고 평가되었다. 결국 이러한 이유 등으로 파리강화조약에서 이탈리아가 얻어낸 승전의 대가란 초라하기 이를 데 없었다.

승전국으로서 배상금을 바라기 전에 한때 이탈리아 지배지였던 미수

복 영토의 회복을 바랐던 수많은 이탈리아 국민들은 실망했고, 전후 경제 사정이 더욱 악화되면서 국민들의 불만은 쌓여갔다. 더군다나 제1차 세계대전을 종결시키는 데 결정적인 공헌을 한 1917년 러시아혁명은 이탈리아의 수많은 지주들과 산업자본가 그리고 참전용사들을 불안에 떨게 하였다.

이러한 상황에서 파시즘이라는 현상이 탄생하는 국내적인 기반이 마련되었다. 실제로 20세기 초까지만 해도 이탈리아에 파시즘은 존재하지 않았다. 파쇼[43]라는 명칭을 가진 각종 사회단체들은 있었지만, 주로 사회주의 계열의 단체들이었다. 어느 날 갑자기 하나의 사회적 현상으로, 그리고 하나의 주의主義로 자리 잡게 된 것은 국가의 묵인과 자본가들의 암묵적 지원에 기인한 결과였다. 사회주의를 공공의 적으로 간주하면서 국가와 애국심을 주된 이데올로기 요소로 자리매김하게 된 배경에는 바로 이와 같은 1910~20년대 이탈리아의 정치적·사회적 상황이 있었다.

파시즘 탄생의 시대적 상황과 배경

통일 이후 이탈리아가 유럽에 호전적인 군사 강국의 모습을 과시하고자 했던 최초의 시도는 제1차 세계대전에 참전할 것인가의 문제를 두고 나타났던 내부 논쟁이었다. 1914년에는 전쟁에 대한 중립 의지를 표명하였지만, 국내외의 급박한 상황은 이탈리아의 개입을 기정사실화하였다. 그러나 1915년부터 1918년까지 이탈리아는 전쟁에서 그다지 커다란 성과도 내지 못하였을 뿐 아니라 전투에서 지고도 승전국이 되는 기이한 상황을 맞게 되었다. 이는 이탈리아가 파리강화조약에서 요구했던 것들이 대부분 수용되지 않는 결과로 나타났다.

특히 이 회의에서 이탈리아는 트렌토, 남부 트롤, 이스트라를 얻기는 했지만 그토록 원하던 피우메와 달마치아를 얻는 데는 실패하였다. 이러한 상황에서 단눈치오D'Annunzio라는 우익 성향의 민족주의 문학가가 의용대를 이끌고 피우메를 점령하자, 애국심의 고취, 민족주의의 고양, 강대국 이탈리아에 대한 열망은 새로운 이데올로기로 변하게 되었다. 이 상황에서 그러한 정세를 직접 지도한 것은 단눈치오와 같은 민족주의 계열의 우익 인사들이었지만, 결국 이를 지원했던 것은 당시의 정치가들과 산업자본가들이었다.

이때까지만 해도 파시즘은 여전히 사회주의적 색채를 띠고 있었고, 피우메 점령 같은 사건도 국가가 개입하여 해결한 극우적이고 반동적인 것으로 여겨졌다. 파시즘의 창시자인 무솔리니가 이와 같은 변화의 흐름을 감지한 것은 바로 이때였다. 최초의 파시스트 단체인 전투연대 Fasci di Combattimento가 1919년 밀라노에서 창설되었을 때만 해도 그 강령에 포함된 내용은 다분히 사회주의적인 것이었다. 상원제의 폐지, 농민들을 위한 토지 분배, 유권자 모임을 표방하는 등 그 기조는 여전히 사회주의적이었다. 이는 무솔리니가 본래 사회당에서 정치 생활을 시작하였고, 사회당의 일간지 《전진Avanti!》에서 편집장으로 일했다는 것을 고려하면 당연한 것이기도 했다.

무솔리니의 파쇼 단체들이 전국적인 규모에서 많은 지지와 지원을 받게 된 것은 1919년 선거가 끝난 뒤였다. 단 한 명의 의원도 당선시키지 못한 정치 단체가 되자 무솔리니는 자본가들의 지원을 얻기 위해 단눈치오의 예에서 보듯 우익으로의 전환이 필요하다고 판단했으며, 결국 1920년 강령 개정을 통해 애국심과 국가, 그리고 전쟁 등과 같은 요소를 최우선시하여 우익과 보수 진영의 지원을 구하고자 했던 것이다. 더군다나 사회주의 계열의 정당과 노동조합 등이 국가의 위협세력으로 인식됨으로써 하루아침에 국가의 적으로 부상하기 시작하였다. 이들 정당과 노동조합들이 공공의 불만과 욕구를 해소할 수 있는 공격 대상으로 인식되면서 자본가들과 우익세력이 결집할 수 있는 사회적 여건이 마련되었던 것이다.

파시즘의 부상은 바로 이와 같은 여러 정황과 맞물리면서 갑자기 전국적인 현상으로 떠올랐다. 산업자본가 및 국가의 묵인과 지원은 사회당의 몰락 그리고 아직 공고한 조직을 갖추지 못하고 있던 사회주의 성향 노동 계급의 분해를 촉진시키게 되었다. 파시스트들은 공격의 대상을 사회주의 계열의 정당과 언론, 그리고 노동자들에게 집중하여 그들의 사무실과 본부 및 저택 등을 방화하거나 파괴하였다. 이에 따라 사회주의 세력과 노동자들은 커다란 타격을 받았고, 사회당은 1920년 20만 명이던 당원 수가 22년 10월에는 2만 5000명도 되지 않을 정도로 급격하게 약화되었다. 노동총동맹 역시 조합원 수가 200만 명에서 50만 명으로 줄었다.

노동자들에 대한 회유도 뒤따랐다. 파시스트들의 폭력을 목도한 많은 노동자들은 위협에서 벗어나기 위해 점점 파시스트에게 협력하게 되었다. 특히 산업자본가들이 은행과 재정적 지원 등을 통하여 정부를 장악하면서 노동자들은 더더욱 체제 순응적인 태도를 보이게 된다. 이를 기화로 파시스트들은 볼로냐에서 자신들만의 노동조합을 창설하였다. 1922년 1월에 창설된 노동조합전국연맹Confederazione Nazionale delle Corporazioni Sindacali은 노동운동의 파시스트화를 목적으로 창설된 것으로, 정치뿐 아니라 계급에 기반을 둔 노동운동 전반에 커다란 타격을 주고, 파시스트에 협조적인 어용 노동조직의 필요에 따라 조직되었다.

파시스트의 불법적 폭력은 갈수록 더해갔다. 파시스트 국민당의 당수인 무솔리니도 이를 통제하지 못할 정도로 파시스트 행동대원들의 폭력성은 점점 전국적으로 확산되었다. 1922년 5월 1일 노동절에 사회주의 계열의 노동자와 정치가 중 10여 명이 이들 파시스트의 공격을 받아 죽는 사태까지 일어났지만 정부는 방관할 뿐이었다. 국가의 안정과 번영이라는 미명 아래 파시스트들에 의해 자행되는 폭력을 방관하고 오히려동조하는 태도를 보였던 것이다. 파시스트의 폭력에 맞서 1922년 7월 31일 총파업이 선언되었지만, 노동총동맹의 지도자들은 파업을 거부하였고, 이에 파시스트의 역공이 시작되자 대중에 의한 마지막 저항이라 할수 있는 7월의 총파업이 일어났지만 결국 실패로 돌아갔다. 파시스트에의한 권력 장악은 기정사실화되었고, 결국 그해 10월 28일 나폴리에서 개최된 파시스트 전당대회에서 일단의 젊은 파시스트들이 군중에 의한국가 수립이라는 구호를 외치면서 로마로 진군하여 비 오는 로마의 관공서를 무력충돌 없이 점령하는 사태가 벌어졌다.[44]

'로마 진군La Marcia su Roma'이라는 사건은 이렇게 발생했고, 밀라노에 있던 무솔리니가 30일 로마로 내려와 무혈 입성함으로서 39세의 젊은 나이에 수상에 올라 국가 전체가 파시스트에 의한 합법적 지배를 받게 되었다. 권좌에 오른 무솔리니는 국가의 번영과 안정을 위한 회유정책을 펴면서 보수 세력과 자본가들, 그리고 가톨릭 세력에게 우호적인 태도를 보였다. 또한 파시즘의 철학과 사상적 기반을 위해 젠틸레Gentile[45]를 앞세워 사상과 이념을 정비하였고, 크로체를 비롯한 자유주의자들과 단눈치오와 같은 민족주의 계열의 보수적 우익 인사들, 그리고 미래파[46] 등이 명실상부한 지배권력 집단으로 부상하였다.

불법적인 폭력은 이제 국가기관을 동원한 합법적 폭력으로 바뀌었다. 계속적으로 사회주의 계열의 정당과 노동자들은 탄압을 받았고, 1924년 6월 파시즘에 비협조적이던 사회당 의원 마테오티Matteotti가 파시스트 당원에게 살해되는 사건이 발생하기도 했다. 무솔리니가 연루되었다는 의혹에도 불구하고 국가와 파시즘은 더욱 공고해졌다. 노동자들에 대한 통제가 가능해지자 무솔리니와 파시스트들은 노동자들의 관심을 다른 곳으로 돌리기 위하여 공장과 구역 내에 수많은 클럽과 여가 장소를 만들었다. 노동자들에게 안락한 삶을 제공함으로써 체제 순응적인 노동자상이 정립된 것도 바로 이 시기였다. 파시즘은 이제 국가 자체였다. 결국 파시즘의 도래에 의해 국가 자체가 가지고 있던 자본주의적인 모순과 폭력성은 다시 한 번 국민들의 동의라는 미명으로 감춰지게 되었고, 이탈리아 지배계급의 연속성은 유지되었다.

4

체제 연구를 통한
그람시 이론의 한국적 적용

이탈리아 파시즘 체제와 한국 개발독재 체제의 비교 가능성

그람시 이론의 가장 핵심적인 개념이 헤게모니라는 점은 의심의 여지가 없다. 그러나 헤게모니 개념을 설명하고 이론화하기 위해 그람시가 선택했던 방법은 사회과학적인 분석이나 특정 방법론에 의한 사례 분석이 아니었다. 오히려 이탈리아 역사를 가로지르는 특정 계층과 대상을 통해 헤게모니와 지배계급을 분석하였다. 그람시가 선택한 특정 대상인 지식인의 역할과 역사 속에서 변화되어온 지식인의 변천을 이탈리아의 역사 속에서 구하고 있다는 점은 한국 사례에 대한 선택과 비교에서 상당히 중요한 시사점을 제공한다. 또한 그람시는 그러한 역사적 전개와 변화의 과정 속에 당대의 현실이자 체제였던 파시즘을 접목시키려는 시도를 하였다는 점에서 이탈리아 사회 구조에 대한 전반적인 분석과 연구라는 학문적인 의미를 부여하고 있다.

이러한 기준과 의미에 착안하여 본서에 제시하고 있는 비교의 대상과 준거 틀은 두 가지다. 하나는 일정 기간 존속했던 체제를 비교의 영역과 배경으로 삼는 것이며, 두 번째는 그람시가 제시하고 있는 개념들에 대한 이입 비교를 한국의 유사한 시기와 구조를 갖춘 체제와 비교하는 것이다. 이러한 관점에서 본다면 지배계급의 헤게모니를 지속적으로 유지하면서 정치권력의 유지가 가능하게끔 역할을 수행한 이탈리아 지배계급의 역사를 리소르지멘토 전후로부터 파시즘 체제까지로 연결하여 설정하였다. 이에 상응하는 한국의 시기는 조선이 일본에 강제로 합병 당한 뒤 스스로의 힘으로 독립과 통일을 이루지 못한 채 오히려 분단 상황을 통해 자신들의 기득권을 유지해온 대한민국 건국 초기 그리고 한국전쟁 이후 민주주의의 맹아를 짓밟고 군부독재를 통한 개발 체제를 유지했던 제3공화국까지의 시기를 선택하고자 한다.

특히 비교할 시기의 체제 선택은 근대성을 향해 나아가고 있던 후발 민족국가라는 국가적 성격의 유사성과 지배계급의 공고화 과정이라는 측면이 분명하게 부각되는 특징에 기준을 두었다. 이러한 시기가 이탈리아의 경우 파시즘 전후의 시기이며, 한국의 경우에는 대한민국 정부 출범 이후 지배계급이 고착화되고 새로운 헤게모니의 생성이 독재와 개발이라는 두 가지 측면에서 이루어진 시기였다. 따라서 그람시 이론의 한국화라는 목적과 대명제를 위해 그람시가 분석하고 적용했던 시대와 유사하며, 충분한 이론적인 함의를 부여할 수 있는 시기로 1950년대에서 1970년대를 선택하게 된 것이다.

이탈리아의 경우 1920년대부터 시작된 파시즘 체제가 제2차 세계대전 종전과 함께 몰락했음에도 여전히 사회의 한 축에서 정치적으로 중요한 특징을 차지하고 있고, 청산되지 않은 파시즘 세력의 잔재들이 현재까지 중요한 정치적 역할을 수행하고 있다. 한국 역시 1970년대를 마감하고 새로운 시대로 전환되었지만, 여전히 구시대의 행태와 후진적인 민주주의, 게다가 후퇴하는 모든 정치적 징후들은 한국에서 민주주의를 논할 수 있는가의 문제로까지 비약하고 있다. 두 국가의 이와 같은 상관성은 무엇보다 청산되지 못한 역사에서 발생했다는 유사성이 있으며, 무엇보다 그렇게 심각한 과오가 있음에도 그들이 지속적으로 지배계급의 한 축을 구성할 수 있는 요인 역시 주목할 만한 것이라 생각한다.

최근 두 국가 모두에서 파시즘 체제나 리소르지멘토 그리고 무솔리니와 당대의 지도자들에 대한 재평가 움직임이 활발하게 일어나고 있다. 한국 역시 대한민국 건국 초기의 독재 기간이 1970년대까지 이어졌음에도 공과에 대한 논쟁이 다시 일고 있다. 물론 그것이 이명박 정부의 집권과 그 이후 등장한 박근혜 정부 때문만은 결코 아닐 것이다. 그렇다고 전환기에 나타날 수 있는 새로운 현상이나 가능한 상황이라고 이야기할 수도 없을 것이다. 따라서 보다 체계적이고 정리된 두 체제와 시기에 대한 비교와 분석이 필요하다.

현재의 정치적인 상황 역시 40여 년 전과 그리 다르지 않다. 이탈리아는 온갖 추문과 위법을 저지른 베를루스코니가 퇴진하였지만, 파시즘의 잔당이라고 할 수 있는 네오-파시즘 계열의 정당들이 여전히 국민들의 지지를 받고 있다. 더군다나 무솔리니의 외손녀딸인 알렉산드라 무솔리니는 여전히 경제위기 상황에 더욱 필요한 것은 파시즘과 같은 강력한 리더십을 갖춘 독재 체제라고 공공연하게 이야기하고 있다. 한국의 경우에도 18년이란 시간 동안 독재 체제를 구축했던 박정희 대통령의 큰딸이 흔히 이야기하는 '박정희 향수'를 등에 업고 대한민국의 대통령이 되었다. 게다가 새마을운동이나 권위적인 질서 체계 아래 일방적인 절대 권력을 통해 대한민국을 통치하고 있는 모습은 45년 전이나 오늘이나 그리 달라 보이지 않는다.

따라서 전후 이탈리아의 파시즘 체제와 대한민국 출범 이후의 박정희를 대표로 하는 개발독재 시대를 중심으로 1970년대까지의 체제를 비교하는 이번 장과 관련하여 상당히 의미 있는 상황이 전개되고 있는 것이다.[1] 개발이라는 미명 아래 온갖 전횡과 독재정치를 구축했던 박정희 체제와 자유주의 정치권력의 약화를 대체하고, 기존 강대국과의 경쟁에서 살아남기 위해 부국강병과 해외 식민지 개척을 부르짖으며 이탈리아 파시즘 체제를 완성하여 무려 22년이나 정치권력의 정점에 있었던 무솔리니 체제와의 비교는 그러한 측면에서 상당한 시사점을 제공하게 될 것이다.

유럽 파시즘을 완성시키고 독일의 나치즘을 탄생시키는 데도 상당히 공헌을 한 무솔리니와 이승만 정부의 독재 체제를 다른 형태로 이어 받아 한국의 정치 지형을 상당히 바꾸어 놓은 박정희 체제는 그 존재 자체가 여러 부문의 비교 대상을 거론할 수 있을 정도로 유사하다. 이에 대한 보다 구체적인 비교는 다음 장에서 본격적으로 전개하겠지만, 앞 장에서 잠깐 언급한 다양한 영역의 비교 가능성은 체제 분석과 더불어 상이한 국가의 서로 다른 국가 체제와 사회구성체 분석에서도 유의미한 시사점과 논쟁점을 제시하게 될 것이다. 그러나 구체적인 체제 비교를 위해서는 아무래도 1920년대 이후의 무솔리니를 정점으로 하는 파시즘 체제와 이승만 이후 독재정권을 오랫동안 구축했던 박정희 체제와의 수평적인 영역별 비교가 더 바람직할 것이다.

무솔리니를 중심으로 한 이탈리아 파시즘 체제에 대한 연구는 비교적 체계적으로 정리되어 있다. 1920년대 유럽의 전반적인 정치 기조를 파시즘으로 특징지을 수 있는가 하는 문제는 논쟁의 대상이 되겠지만—이탈리아라는 지역에 국한하여 볼 때—이탈리아가 무솔리니를 정점으로 한 파시즘 체제의 전형이라는 점은 부인할 수 없다. 이와 같은 파시즘 체제의 특징과 그에 대한 이론적 논의들을 다른 나라의 정치 체제에 이입하여 비교한다는 작업 역시 쉽지만은 않다. 더군다나 역사적 배경이 전혀 다른 국가에서 파시즘이라는 이름으로 해당 국가의 정치 체제를 규정한다는 것은 더더욱 지난한 작업이 될 것이다.

그럼에도 무솔리니를 정점으로 한 이탈리아 파시즘 체제는 청산되지 않은 정치권력으로 이어졌고, 현재의 정치권력과도 상당한 지속성과 연결성을 보이기 때문에 하나의 주제를 통해 재해석할 수 있는 여지를 많이 남기고 있다. 특히 이탈리아 지배계급의 잔존과 지속성은 유사한 역사적 배경을 갖고 있는 한국 사회의 구조적 특성이나, 오랫동안 정치권력을 유지한 채 한국 지배계급의 공고화와 영속성에 기여했던 박정희 시대의 국가 체제와 비교 가능한 근거와 준거 틀을 제시하고 있다. 또한 현재의 권력에 대한 논의까지 확장시켜본다면 지배계급의 속성과 사회 구조의 속성에서 상당한 유사성을 나타내고 있기 때문에 두 체제의 비교, 특히 체제적 속성을 바탕으로 하는 지배계급 구조의 비교는 의미 있는 작업이 될 것이다.

따라서 이번 장에서 다루고자 하는 두 체제에 대한 비교 연구는 현재까지 지속적인 영향력을 가진 체제로서의 사회 구조적 의미와 함께, 이를 조직적으로 뒷받침하고 있는 지배계급에 대한 구조적 연원과 특징을 살펴보는 데 유용할 것이다. 한국의 경우 일제 시기부터 유지되어온 기득권과 지배 권력에 대한 역사적 청산이 실패했음에도 지배계급의 헤게모니를 유지할 수 있었던 데는 정치권력의 구조와 특성에 따라 변형된 형태의 지식인과 지배 계층이 존재했기 때문이다. 이탈리아 역시 통일 이후 시작된 자유 부르주아 계급이 파시즘 체제를 묵인하고 용인하였던 시대적 상황을 청산하지 못한 채 여전히 지배계급 구조를 공고히했다. 그런 측면에서 비교의 출발과 분석 자체는 충분한 학문적 의미를 부여할 수 있을 것이다.

특히 일제 식민지 기간에 시작되었던 국가 동원 체제는 일본 군국주의 식민지 지배의 결과였지만, 결국 해방 이후 대한민국의 정치적·경제적·사회적·문화적 측면에서 파시즘적인 특징들을 지니게 하였던 요소로 작용하였다. 해방 이후 이승만 정권을 시작으로 출발한 한국의 민주주의는 충분한 기반이나 정당성을 담보하지 못한 상태에서 여러 내·외적인 환경에 상당한 영향을 받았고, 4·19 민주혁명이라는 정치적 사건에도 불구하고 5·16 군사 쿠데타라는 내부 동인에 기인하여 박정희와 그 체제가 들어섬으로써 그 정당성과 정통성이 훼손되는 상황을 겪었다. 이는 한국적 파시즘의 본격적인 출발을 알리는 전조이자 이후 전개되는 한국 계층 구조의 고착화에 상당한 기여를 하였다.

따라서 이번 장에서 전개될 이질적이지만 동질적이기도 한 두 국가 체제에 대한 비교는 다양하면서도 많은 기준과 논지에 따라 진행될 것이다. 한 국가의 체제 연구 자체가 그리 쉽지 않을 뿐 아니라 지나치게 방대하고 광범위한 작업이기 때문에 모든 것을 비교할 수는 없을 것이다. 그러나 지배계급에 대한 이론적 공통점을 찾아보고, 이를 한국화하는 가능성을 모색하는 것이 본서의 본질적인 목적이기에, 이번 장에서는 주제와 대상의 범위를 간결하게 하면서 충분한 함의가 뒷받침될 수 있도록 몇 가지 기준과 영역을 제시하면서 양 국가의 체제를 비교분석하고자 한다.

첫째는 두 체제의 발생에 대한 역사적이고 사회적인 배경에 대한 비교이다. 파시즘 체제가 등장하게 된 이탈리아 통일 이후의 정치·경제·

사회·문화적 상황을 당대 유럽의 분위기 속에서 파악하면서, 파시즘 출현의 기반과 의미에 대해 정치적으로 접근하는 것이다. 한국의 경우에도 해방 이후 굴절된 역사 속에서, 반공을 기치로 내건 반공산주의 정부의 등장이 자유주의와 자본주의를 표방하면서 친미적 사고의 부르주아들에게 지지를 받은 유사한 역사적 배경을 이승만 정부 이후 박정희 정부까지의 일반적인 정치적 배경으로 상정하고자 한다.

둘째는 정치사상적 측면에서 파시즘 체제와 개발독재 체제를 지탱할 수 있었고, 탄생시킬 수 있었던 내용에 대한 비교를 다양한 시각에서 접근하여 비교해보고자 한다. 서로 다른 인종적·민족적 배경에서 민족주의, 엘리트주의, 군국주의, 패권주의 및 성장과 팽창이라는 제국주의적 경향 등 다소 불명확하지만 체제 유지와 기득권 수호에 가장 적합한 정치사상들을 매개로 양 국가의 체제를 비교할 것이다. 서로 다른 기원과 내용을 가진 사상을 비교한다는 것 자체가 쉽지는 않겠지만, 체제 유지와 발전에서 가장 중심적인 사상과 방향 등을 중심으로 간략하게 검토하게 될 것이다.

셋째는 두 체제의 가장 대표적인 정치 지도자라고 할 수 있는 무솔리니와 박정희라는 정치가이자 통치자에 대한 비교이다. 무솔리니와 박정희라는 인물을 통해 당대의 시대적 상황에서 이들 두 사람의 독재자들이 선택하였던 정치적 방향성과 정책의 공통점을 추적하고, 이를 체제 유지의 측면에서 어떻게 적용시켰으며, 이러한 정치적 움직임과 사건이 당시 두 국가 체제에 어떤 영향을 미쳤는가를 비교 고찰해보고자 한다. 이는 독재체제의 형성과 발전이 오랫동안 유지될 수 있었던 요인을 개인과 리더십 차원에서 비교하기 위한 것이다. 그렇다고 두 사람의 리더십 비교를 독재자의 이미지나 단순한 카리스마에 초점을 맞추고자 하는 것은 아니다. 오히려 국가 위기 시에 두 사람과 같은 리더십이 어떤 의미를 갖는 것인지 돌아보고자 함이다.

다섯째는 정치·경제·사회·문화 등의 영역에서 관찰 가능한 두 체제의 비교이다. 파시즘 체제와 개발독재 체제는 여러 면에서 유사성을 보이고 있는데, 이를 정치·경제·사회·문화 등의 영역으로 구분하여 각각의 영역을 분리하여 비교하도록 할 것이다. 이는 체제가 갖는 메커니즘이나 정책 등을 다양한 영역에서 비교함으로써 체제 유지와 발전이 어느 한 영역이나 부문에서 이루어지는 것만으로는 불가능하다는 가장 간단한 논리에서 출발하고 있다. 특히 정치적이고 경제적인 측면에서의 비교는 두 국가의 지배계급이 연속성과 확산의 과정에서 나타난 유사한 메커니즘을 보여줄 수 있다는 측면에서 역사적 블록 개념과 지배계급의 성격을 비교하여 적용함에도 상당한 유용성을 나타내줄 것이다.

파시즘과 개발독재라는
비민주주의 체제의 정치적 의미

인류 역사상 독재 체제는 거의 모든 시대와 장소에서 존재해왔다. 권력이 다수이냐 개인이냐 혹은 집단이냐에 따라 그 성격이 다르기는 했지만 독재 체제의 발생과 유지 그리고 멸망과 부활은 역사적으로 순환되었다고 보는 것이 맞을 것이다. 그리스와 로마 시대 이후 모든 국가들에서 이러한 독재 체제는 강력한 정치 지도자의 등장이든 대중들이 원한 것이든 항상 성립할 가능성이 있었다. 그러나 거의 전 시대에 걸쳐, 그리고 전 세계 주요 국가에서 일정 기간 독재와 유사한 형태가 다양하게 나타났던 시기는 20세기 초였다고 볼 수 있다.

특히 이 시기는 자본주의 체제가 발전하면서 자본가와 노동자 계급의 대립과 갈등이 심해졌고, 그 위기 돌파를 제국주의를 통한 전쟁이라는 방식으로 해결하고자 했던 시기였다. 자유민주주의의 위기가 자본주의 체제의 안정성까지 흔들자, 많은 국가들에서 선택한 것이 파시즘 혹은 유사 파시즘 체제였고, 제1차 세계대전과 1917년 러시아혁명은 이러한 흐름에 기름을 부어버렸다. 유럽의 주요 국가만이 아니라 일본과 미국까지도 이러한 정치적 위기에 따른 독재 체제의 등장은 세계적인 유행이었다. 결국 사람들이 가장 쉬운 방법으로 선택한 것은 파시즘과 같은 체제에서 무력과 권위, 질서 등을 기반으로 개인 혹은 몇몇이 정점이 되어 국가를 이끌어가는 시대였던 것이다.

우리가 선진국이라고 인정하는 국가들 역시 이러한 과정 속에서 현대 국가 체제로 들어서게 되었다. 그 사이 노동자들이나 사회주의자들이 지배계급에 대항하여 다양한 투쟁 방식을 통해 사회주의 혁명을 모색하였다. 이 과정에서 국가를 지배하고 있던 자유주의자와 자본가 계급은 자신들의 지배 권력을 유지하기 위하여 노동자와 프롤레타리아에게 조금씩 정치적이고 경제적인 권리를 이전하기 시작하였다. 그것은 참정권 확대 혹은 인금 인상 혹은 노동권에 대한 일정 부분의 보호 같은 정책과 제도였다. 이렇게 본다면 자본가들과 자유주의 성향의 지배계급들은 다양한 방식으로 자신들이 가진 것을 대중들에게 양보하고 허용함으로써 경제적 이익과 부를 양도했다. 다시 말하면 지배계급과 자본가들은 자신들의 기득권과 권력을 유지하기 위하여 제도적인 변경과 보완을 통해 지지 계층을 넓히고 지배의 정당성을 확보하고자 했던 것이다.

이러한 과정에서 후발 선진국으로 평가되는 독일과 이탈리아와 같은 국가들에서는 국가가 사회주의 혁명에 의해 소비에트 체제와 같이 바뀌는 것에 공포감을 가지게 되었고, 이를 막기 위한 대안 세력으로 보다 강력한 정부와 세력을 원하였던 것이다. 그러한 틈을 노리고 있던 일부 극우주의자들이 군국주의 세력들과 결합하고, 사회주의 세력에 불만을 가진 이들을 규합하여 파시즘 체제를 발전시키게 되었다. 거의 모든 나라의 발전 단계에서 흔히 나타나는 현상은 시대를 떠나 현대 개발도

상국가들에서도 일반적인 현상이 되었다. 한국 역시 1953년 한국전쟁이 종결된 뒤, 국가를 발전시키는 과정에서 이와 유사한 개발독재 시기를 거치게 되었으며, 그것이 이승만 독재 체제와 박정희 정권으로 이어지는 시기에 나타난 특징과 유사한 면을 보인다.

민주주의의 발전 과정에서 나타나는 이러한 특징들은 국가에 따라 역사적이고 경제사회적인 조건이 다름에도 그 유사성과 차이점에 대한 이론적인 접근이 가능하다는 것을 보여준다. 전쟁, 이데올로기의 갈등, 강력한 국가에 대한 바람, 군국주의의 강화, 민족주의적인 전통 등은 국가 발전의 특징과 체제를 결정짓는 주요한 기반이 되는 요소들이다. 전혀 다른 이질적인 성격의 국가였음에도 이러한 요소들을 공통적으로 갖추고 있는 이탈리아와 대한민국의 체제 분석에서 그람시의 이론과 개념은 민주주의 국가의 성격을 규명하는 데 중요한 의미를 가질 것이다. 그람시가 분석하고자 했던 이탈리아의 역사와 정치경제적 상황이 1970년대까지의 한국과 유사한 특징을 보이고 있으며, 이는 유사한 사회를 비교하는 기준과 조건을 제공해준다는 점에서 충분한 학문적 중요성과 시도가 가능한 것이라는 판단이다. 따라서 제1차 세계대전 이후 등장한 이탈리아의 파시즘 체제는, 1950년대의 한국전쟁 이후 등장한 독재 정권과 비민주적인 특징을 가진 체제라는 유사성을 가질 수 있다. 그러한 유사성과 상이점은 앞으로 두 개 체제를 비교해가면서 더욱 자세하게 거론하겠지만, 두 체제의 지배계급이 유지하고 지속시키고자 했던 헤게모니와 지배계급의 구조에 대한 분석은 재미있는 국가 비교의 사례가 될 것이다.

역사적 · 사회적 배경으로서의
파시즘과 개발독재 체제

이탈리아 파시즘 체제에 대한 연구는 오랜 역사를 가지고 있다. 국 내적으로는 렌초 데 펠리체Renzo De Felice나 페데리코 차보드Federico Chabod와 같은 이들이 유명하며[2] 놀테E. Nolte나 페인S.G. Payne과 같은 이들 역시 이탈리아 파시즘을 제3자의 시각으로 분석하고 있다.[3] 그러 나 파시즘에 대한 이론화는 여전히 완성되지 않고 있다. 그 이유는 파시 즘이 하나의 이론으로 확립되기에는 국가별 상이성이 큰 편이고, 현재 까지도 그 형태와 내용을 변형시킨 채로 세계 정치 무대에 등장하고 있 기 때문이다.

이탈리아의 경우 독일이나 프랑스 등의 유럽 국가들과 다른 역사적 배경을 갖고 있으며, '힘의 철학'[4]이라는 독특한 사상적 특징을 가지고 있고, 무솔리니 한 사람으로 파시즘의 발생을 설명할 수 없다는 특수한 사회적 · 철학적 배경을 가지고 있다는 점이 그렇다. 그러나 일반적으로 이탈리아 파시즘을 체제적으로는 전체주의적이고 군국주의적인 독재 체제로 정의할 수 있으며, 이데올로기적으로는 국가를 최우선으로 삼는 국가 중심적이며 조합 중심적인 이데올로기 국가 체제로 정의할 수 있을 것이다.

이에 반해 박정희 체제에 대한 이론적 입장은 크게 보아 두 가지로 구분된다. 하나는 급속한 경제 발전이라는 특징을 강조하는 입장으로 근대화론과 발전국가론이 그것이다.[5] 다른 하나는 박정희 체제의 정치적 억압성과 비민주성을 강조하는 입장으로 개발독재론과 관료적 권위주의 이론이 있다.[6] 그러나 언급한 그 어느 이론도 박정희 체제를 완벽하게 설명해주지 못하고 있다. 이와 같은 불완전성에 주목하면서 박정희 체제에 대한 특징을 '반공-개발 역사 블록'으로 해석하고 있는 정해구 교수의 연구는 주요한 시사점을 가진다.[7]

그러나 두 국가의 체제에 대한 공통적 이론이나 개념은 아직 제시되지 않고 있다는 점을 주목하면서, 양 체제를 동시에 비교 분석할 수 있는 이론적 계기와 개념의 필요성이 존재한다. 이를 위해 본서에서는 국가의 상부구조와 토대를 함께 분석할 수 있는 유용성이 존재하는 개념으로 그람시가 제기한 '역사적 블록' 개념을 원용하고자 한다.[8]

그람시가 제기하여 발전시킨 역사적 블록 개념은 하나의 국가나 체제를 세 가지 차원에서 분석하고 있다는 점에서 그 중요성이 있다.[9] 첫째, 상부구조와 토대 간의 관계를 분석하면서 이를 매개하는 일정한 계층, 즉 전체로서 지식인의 역할을 강조하고 있다는 점이다. 이는 지배계급의 헤게모니 유지와 재창출의 이론적 토양이 된다는 점에서 주요한 기준이 된다. 둘째, 역사적 블록 개념의 유지 원리로서 제시되고 있는 헤게모니 개념 차원에서 분석하고 있다는 점이다. 이는 그람시가 하나의 사회체계 내에서 제시하고 문화적이고 사회적인 가치들을 공고히하기 위한 틀로써 헤게모니를 제시하고 있으며, 이를 담당하는 지식인 계층에 의해 제시된 헤게모니가 지배 계층의 통치 이데올로기로 작용한다고 설명할 수 있게 하는 근거이다. 셋째, 이와 같은 지배계급의 헤게모니가 공고하게 구축되면 새로운 경제 시스템이 구축되고, 그럼으로써 새로운 역사적 블록이 탄생한다는 것이다.

이와 같은 그람시의 역사적 블록 개념의 발전 과정과 그 의미에 대한 분석을 통하여 이탈리아의 경우에는 리소르지멘토 전후를 기점으로 무솔리니가 집권하고 통치하였던 파시즘 제제를 선택하고, 한국의 경우에는 이승만 독재 정권과 이후 5·16 군사 쿠데타로 집권한 군인 박정희를 정점으로 하는 박정희 정권을 선택하여 국가 체제를 비교 분석하려는 것이다. 먼저 파시즘 체제를 그람시의 역사적 블록 개념에 의거하여 분석한다면 다음과 같은 수준에서 분석틀이 제기될 수 있을 것이다.

이탈리아의 경우 제1차 세계대전과 이어지는 사회주의 혁명의 파고 및 그에 대한 공포와 실제적인 경험들을 통해 자유주의 세력과 산업자본가들은 새로운 이념과 체제로서 파시즘의 등장을 반겼고, 실제로 물적 토대를 제공받았다. 이후 파시즘은 자체의 체제 정비를 통해 조합주의 국가를 건설하는 수준으로까지 발전하게 된 것이다. 파시즘 시대 초기에는 사회주의라는 공동의 적을 상정한 뒤, 그에 대한 탄압과 억제를 위해 국가와 파쇼 단체들의 강제력과 폭력을 동원하였다. 또 이를 공고히 하는 과정에서 다수의 지배 계층과 지식인들의 협력을 구하여 '강력한 민족국가'와 '식민지 전쟁'을 통한 외적인 팽창을 추구함으로써 새로운 헤게모니를 구축한 것이다. 파시즘의 독특한 역사적 블록은 이러한 헤게모니를 조합주의라는 새로운 경제 체제로 발전시켰다는 점에 있다.

특히 무솔리니 시대에는 소부르주아 계층과 퇴역 군인을 중심으로 지배 계층과 중산층의 사회적 불만을 내적인 통합 정책과 외적인 팽창 정책을 병행하여 해소하고, 동시에 산업 자본가들과 제휴를 통한 경제적 토대를 제공받았으며, 공산당이나 사회당과 같은 반파시즘 세력에 대해서든 테러와 폭력을 사용하는 방법을 채택하여 체제를 유지하고자 했다. 이를 위해 기획된 식민지 전쟁과 혼란에서 탈피하여 안정적 사회 질서를 유지하고자 하는 국민적 기대에 부응하고, 이를 토대로 강력한 이탈리아 국가의 완성에 대한 국민적인 희생과 동원을 이끌어냈다는 점에서 박정희 시대를 특징짓는 동원-반공 체제와 유사한 구조로 볼 수 있는 것이다.

한국전쟁 이후 더욱 공고하게 자리 잡은 이승만 정권은 자유주의 정부의 무능과 부패로 인해 국가 발전에 한계를 보였다. 더군다나 청산하지 못한 친일파 계급이 지배계급이었다는 점에서 국가에 해악을 주는 부정부패한 세력이라는 사실이 증명되었고, 결국 민주주의 체제에서 치명적인 결함의 하나였던 부정선거라는 방식까지 등장하였다. 이를 목도한 시민계급이 3·15 부정선거를 계기로 4·19 민주혁명이라는 아래로부터의 혁명을 이끌어내지만, 남과 북이 분단된 상황에서 시민혁명을 내부의 단순한 정치적 혼란으로 규정한 새로운 군부 엘리트 세력이 일으킨 5·16 군사 쿠데타는 이후의 정치·사회적 성격을 가늠할 수 있는 척도가 된다.

결국 이승만 독재 정권에 이어서 등장한 박정희 정권의 시작은 새로운 계층 구조의 변화를 초래했던 시기이기도 했다. 친일 세력의 일부를 이루고 있던 군부와 군인 세력이 국가 통치의 전면에 나서면서 새로운 이데올로기의 전환과 지배계급의 성격 전환이 발생하기도 했다. 그러나 여전히 박정희 체제를 이탈리아의 파시즘 체제와 유사한 동원 체제나 대중들의 동원을 통해 정당한 국가 건설을 이끌어낸 유사 체제로 볼 수 있느냐의 문제는 보다 정교하고 분명한 전제와 확인이 필요할 것이다. 그렇지만 이탈리아가 적어도 식민지 확장과 당시 유럽 열강들의 틈바구니에서 살아남고 승리하기 위해 강력한 국가 건설에 매진했다는 점만으로도 박정희 체제가 지향했던 국가 발전론과 유사한 측면을 볼 수 있다. 더군다나 1917년 볼셰비키 사회주의 혁명으로 국가 전체가 유사 사회주의 혁명의 시도에 따른 혼란을 수습하는 과정에서 반사회주의와 반공산주의를 기치로 내걸고 파시즘 체제를 발족시켰다는 점은 박정희 체제가 체제 유지의 가장 큰 이데올로기로 내걸었던 반공이라는 국시 개념과 유사성을 갖는다.

이러한 점을 고려하여 박정희 시대를 동원-반공 체제로 특징지을 경우 다음과 같은 분석이 가능해진다. 그람시의 역사적 블록 개념은 박정희 체제를 상부구조와 물적 토대의 양자결합을 통한 다양한 지배 엘리트 블록 간의 접합이라는 측면에서 논의할 수 있다. 이에 따르면 박정희 체제 지배계급의 헤게모니는 반공이라는 이념이었다. 또 경제 성장이라는 물적 토대에 기반을 둔 광범위한 동의와 강제력을 집행했다는 점을 본다면 박정희 시대는 역사적 블록 개념에 따르면, 동원-반공 체제로 분석할 수 있다.

특히 박정희 시대 한국의 경우 이를 '반공-개발 역사적 블록'으로 명명하는 정해구 교수와 같은 이의 이론적 기여는 상당한 성과라 할 수 있다. 파시즘 시대 역시 무솔리니를 정점으로 식민지 개발과 군국주의적 민족주의의 고양, 스물두 개의 다양한 조합을 통하여 공고한 통치체제를 확립했다는 점 등은 상부구조와 물적 토대를 결합시켜 국가의 체제를 유지했다는 점에서 일정한 유사성을 공유하고 있다. 한국의 경우 이미 남과 북의 분단 상황을 이용한 친일 반공세력에 의한 기득권 유지를 위한 이데올로기적 기반이 상당 부분 진행된 상태였고, 박정희의 등장은 이를 구조적으로 고착화하고 완전한 물적 토대까지 제공하는 방향으로 발전하게 된 것이었다.

한국의 경우 이에 대한 연구는 특히 최장집 교수 등의 연구 결과가 많은 것을 시사하는데, 최장집 교수는 이를 발전주의 연합developmental coalition)이라 칭하고 있다. 그는 자신의 저서에서 "박정희 정권 하에서 도시 민중 부문, 농민 부문, 도시 중간 계급과 기업가를 포괄하기에 충분할 정도로 새로운 정치적 제휴관계가 광범위하게 형성되었다. 이는 국가의 기술 관료적 운영을 통한 수출 지향적 산업화를 위한 합의 형성의 사회적 토대를 형성하였다고 볼 수 있을 것이다. 그것은 광범위한 '발전주의 연합'이라고 할 수 있을 것이다"라고 발전주의 연합을 정의하고 있다.[10]

결국 역사적 블록 개념에 따르면 박정희 체제는 헤게모니 유지의 도구로 반공주의를 선택하고, 국가의 공권력 아래 행해졌던 강제력은 체제 반대층에 집중되었으며, 경제 발전과 근대화라는 물적 기반을 위한 국민적 동의와 특정 계층에 대한 특혜를 통해 다자적으로 수행되면서 발전한 체제로 분석할 수 있다. 또한 역사적 블록이라는 개념이 두 체제의 외형적이고 내면적인 특징을 모두 설명하는 공통의 분석틀로 제시될 수 있다는 점에서 본서의 이론적 토대인 역사적 블록은 두 체제를 설명하는 이론으로서의 적합성을 갖고 있다고 평가할 수 있다.

이러한 요인들 중에서 한국 사회의 역사적 출발점에서 나타난 근대성의 부족을 이탈리아의 사회구성체 성격을 통해 파악하자면 몇 가지를 들 수 있다. 이는 본서를 이해하는 데도 도움이 된다. 1861년 피에몬테 왕국 중심의 불완전한 통일을 이룩했던 이탈리아는 제2차 세계대전이 끝나면서 새로운 출발을 기대하고 있었다. 그러나 국민적 기대와는 달리 미군정이 들어서게 되었고, 이는 새롭게 출발하고자 했던 이탈리아의 희망을 굴절시키는 계기가 되었다. 1947년 국민투표에 의해 공화정 정치 제도가 결정되면서, 북부를 해방시킨 정치적 주체 세력이었던 반파시즘 운동 세력들─공산당, 사회당의 사회주의 계열의 정당과 노동운동조합 및 반파시즘 저항 세력─이 정권을 획득하지 못한 채 미국의 협력과 지원을 통해 결성된 기민당이 승리하였다. 그러나 기민당은 안정적 정국 운영의 필수 조건인 과반수 득표에 실패했고, 기민당에 협력할 파트너를 구해 연정을 구성해야 했다. 이후 이탈리아는 불완전한 양당제Bipartismo imperfetto 혹은 구심적 다원주의Pluralismo centripetto라는 정당 체제를 구축하게 되었다.[11]

정치사상적 관점으로 본
파시즘 체제와 개발독재 체제

20세기 초의 이탈리아 사상계[12]

20세기 초의 이탈리아는 중국의 '백가쟁명 시대'를 연상시킬 정도로 철학적으로나 사상적으로 혼란한 시기였다. 이탈리아가 유럽의 다른 나라들에 비하여 늦게 통일을 이룩했다는 역사적 배경도 있었지만, 비교적 늦게 시작된 국가 발전 과정에서 외국으로부터 밀려들어온 사상들이 이탈리아 사상들과 겹쳐지면서 더욱 혼란스러운 양상을 띠게 된 것이다. 좌로는 마르크스주의나 블랑키즘과 같은 이념이 혼재하였고, 우로는 제국주의적 식민지주의나 극우적 보수주의에 이르기까지 수많은 사상과 이념이 얽혀 있었다.

본서의 주인공이라 할 수 있는 그람시나 자유주의 철학을 대표하는 크로체 등도 이 시기를 대표하는 사상가였다. 이들 두 사상가가 당대 이탈리아의 철학과 사상계에서 차지하고 있었던 비중만큼이나 떠오르는 이념과 정치체로서 파시즘 역시 이탈리아의 사상계를 잘 나타내는 이념이었다. 이탈리아에서 파시즘이 먼저 시작된 이유에 대해서는 여러 시각이 존재한다.[13] 한 가지 분명한 것은 이탈리아의 독특한 상황의 산물인 파시즘을 무솔리니라는 강력한 지도력을 가진 인물의 등장만으로 설명할 수 없다는 것이며, 이미 오래전부터 파시즘이 등장할 수밖에 없는 정치사상적 배경이 존재하였다는 점이다.

여기서는 이러한 측면에서 파시즘의 정치사상적 배경이었던 초기 사상과 파시즘이라는 정치 체제와 이데올로기를 구체화하는 데 가장 큰 공헌을 했다고 평가받는 지오반니 젠틸레의 정치사상을 통해, 파시즘 이론의 구체화가 현실 정치에서 어떻게 전개되었는지 알아보게 될 것이다. 특히 이탈리아의 전통적인 힘의 철학 아래 '실천prassi' 혹은 '행동azione'으로 대표되는 젠틸레의 사상을 통해 어떻게 파시즘이 구체화되고 공고해졌는가를 살펴보고, 일국의 정치 제제를 결정하는 데 정치사상적 토대가 얼마나 중요한 역할을 하는가에 대하여 분석하고자 한다.

이를 위해 리소르지멘토부터 존재하였던 '힘의 철학'에서 시작할 것이며, 당대 이탈리아의 철학적 전통과 사상가들을 함께 고찰하도록 하겠다. 또한 이탈리아 파시즘의 사상적 기반이 되었던 여러 사상가를 소개하고, 이를 집약하고 완성시킨 젠틸레의 정치사상을 실천과 행동이라는 개념을 통해 분석할 것이다. 당시 사회당의 기관지였던 《전진》의 편집장을 역임했던 무솔리니와 마찬가지로 젠틸레 역시 젊은 시절 사회주의와 이탈리아 사회당에 경도되었던 때가 있었으며, 이 시기 '실천철학'이라는 명칭으로 이탈리아에 소개된 마르크스주의에 일정 부분 영향을 받기도 했다. 이렇게 전해진 '실천' 개념이 젠틸레 사상의 주요 개념인 '행동주의'로 어떤 경로와 과정을 통해 전환되었는가는 '힘의 철학'과

'행동주의'의 성격을 규명하는 데에도 도움이 될 것이다. 또한 젠틸레의 사상이 파시즘이라는 체제 구축과 실현에 어떤 방식으로 적용되었는지를 유추하는 데도 유용할 것이다.

이러한 사상적 배경에 대한 설명은 한국에서 박정희 체제가 성립하기 전에 한국 사회를 지배하고 있던 사상적 조류들과 비교해볼 수 있는 기회를 제공한다. 또한 박정희 체제에서 논의되었던 민족주의, 영웅사관, 성장과 개발을 통한 발전주의 등 다양한 사상과 비교할 수 있는 준거틀 역시 제공할 것이다.

본서에서는 당대의 전반적 사상 흐름을 파시즘과 연결하여 분석함과 동시에 하나의 국가 체제가 성립하는 과정에서 등장한 일련의 사상과의 영향 관계를 분석하고자 한다. 이는 이탈리아 파시즘이라는 것이 당대 사상의 구체화와 현실화의 측면을 반영한 것이라는 단순한 진리를 확인하고, 아울러 한국의 경우 이승만 시대부터 내려오는 독재국가의 성격이 어떤 방식으로 박정희 체제에 전달되어 유사 파시즘 체제로 전환되었는가를 살펴보고자 하는 것이다. 그것은 한국의 박정희 시대를 개발독재의 전형으로 평가하고 있는 내용을 통해 체제가 갖는 불합리성과 부족한 정당성을 국가주의와 개발주의에 틀에 입각해서 전개하고 있다는 사실을 비교하여 유추하는 것이다.

'힘의 철학'의 역사적 배경[14]

1870년이 되어서야 국가의 통일을 완전하게 달성한 이탈리아의 시급한 국가적 과제는 빠른 시일 안에 국가를 경제적으로나 외교적으로 발전시키는 것이었다. 강력한 국가에 대한 염원에 따라 사상가들은 헤겔이 주장했던 '국가'를 새롭게 인식하게 되었고, 이러한 일련의 흐름들이 이탈리아 사상계에 주요한 영향을 끼치면서 헤겔주의를 추종하는 학파가 등장하게 되었다.[15] 나폴리 학파로 알려진 이들 유파는 우파와 좌파로 대별되며, 1850년대부터 1890년대까지 이탈리아 철학계를 대표했다.[16] 특히 이들 나폴리 학파의 우파 사상을 계승한 이들이 바로 크로체와 그의 제자 젠틸레인 것이다.

그러나 헤겔 철학에 영향을 받았던 이들 사상가들 외에도 이미 이탈리아의 독특한 상황에 대한 자생적 사상의 흐름이 존재했다. 이러한 흐름을 주도했던 이들은 주로 보수주의적 성향의 부르주아 출신 정치지도자나 사상가 들로, 이들은 고대 이탈리아의 영광을 재현하고 이른 시일 안에 강대국 이탈리아를 건설하고자 했다. 이들 사상가들 중에서 가장 먼저 이야기할 수 있는 이는 투리엘로Turiello다.[17] 그는 신헤겔적 성향의 보수주의 사상가로 고대 로마의 이상을 동경하면서 '힘의 신화'를 자신의 철학적 기반으로 받아들였다. 그는 국가의 가장 이상적인 형태로 로마제국과 마키아벨리 시대의 피렌체 공화국을 꼽았다.

그는 고대 세계를 평정했던 로마제국의 이상을 다시 실현하는 방법은 전쟁뿐이며, 그것도 정복 전쟁과 식민지 전쟁을 통해서만 구현할 수 있다고 주장했다. 특히 산업과 함께 팽창될 식민지주의가 국내 생산품과 상업 발달의 배출구 역할을 하리라고 믿었다. 그는 전쟁이라는 수단을 갈등 해결의 한 도구로 생각했으며, 유럽 대륙 안에서 발생하고 있는 여러 문제들도 결국 전쟁을 통해 해결될 수 있다고 주장했다. 그는 애국이라든지 애국자, 애국주의를 강조하면서, 견고한 보수주의적 색채를 결합시킨 인물로 평가받는다. 자신의 철학적 기반이었던 '힘의 철학'은 후일 파시즘에 철학적·사상적 토대를 부여하는 데 일정 부분 기여했다.

두 번째로 거론할 수 있는 인물은 코라디니Corradini(1865~1931)일 것이다. 그는 19세기 후반부터 이탈리아에서 민족주의의 필요성을 주장하면서, 민족주의 전파에 노력하였다. 코라디니가 이러한 자신의 생각을 구체화시킨 것은《왕국Il Regno》인데, 그는 1903년에 창간한 이 잡지를 통해 이탈리아 민족주의의 보급에 힘썼으며, 이탈리아의 우파 지식인들을 민족주의의 우산 아래 끌어 모을 수 있었다. 이를 기반으로 코라디니는 1910년에 이탈리아 민족주의 연합Associazione Nazionalista Italiana를 창립하였고, 이 단체를 통하여 본격적인 민족주의를 표방하였다. 결국이 단체는 1923년 파시스트가 정권을 잡게 되면서 파시스트당으로 흡수되었다. 또한 1911년에는 보다 많은 국내외의 지식인들을 끌어들이기위하여《민족사상Idea nazionale》이라는 잡지를 창간하였다.

코라디니가 주장하는 민족주의는 일반적 민족주의와는 다소 형태가다르다. 먼저 그는 이탈리아 사람만으로 구성된 인민 대중을 기반으로하여 생산자들을 결합시키고, 이를 조합이라는 형태로 구체화시킨 뒤에부르주아 중심이 아닌 무산자 계급, 즉 프롤레타리아 계급에 입각한 조합주의적 민족국가 건설을 주장했다. 이러한 국가의 완성과 성립을 위해 아프리카로의 식민지 확장과 정복 전쟁을 통하여 국력을 강화하고, 국내의 실업자와 농민들에 대한 식민지 이주 정책을 활용하여 이탈리아의 전체적인 경제력을 강화해야 한다. 19세기 이전까지 다소 분열적이던 이탈리아에 민족이라는 개념을 통하여 통합적 통일 국가를 이룩하고자 했던 그의 의도는 파시즘과 결합하면서 전체주의적이고 전쟁 지향적인 파시즘 체제 확립에 이론적 기여를 했다.

코라디니와 함께 거론할 수 있는 또 다른 이탈리아 민족주의자로 프레졸리니Prezzolini(1882~1982)를 들 수 있다. 그는 다른 사상가나 학자들과는 여러 면에서 다른 인물이었다. 정규 교육을 받지 못하고 독학으로 공부를 했던 그는 20세기 초 민족주의와 파시즘을 연결하는 매개체 역할을 하였다고 평가받을 정도로 당대의 민족주의를 파시즘으로 전환시키는 데 상당한 기여를 했다. 그는 미래주의[18] 운동의 이론가였던 파피니Papini(1881~1956)의 친구이자 동료로, 그와 함께《레오나르도 Leonardo》라는 비평지를 1903년에 창간하여 1905년까지 활동하면서 민족주의 전파에 노력했다.

그러나 프레졸리니의 보다 중요한 공헌은 1908년에 시작되었다. 1908년에 그는 생디칼리즘과 전투적 크로체주의[19] 그리고 민족주의를 한데 모아서 당대 가장 영향력 있는 비평지《라 보체La Voce》를 창간했다.《라 보체》는 1914년까지 발행되었는데, 당대의 주요한 사상가들과 문화론자들이 필진으로 활동하면서 민족주의에서 파시즘으로 나아갈 수 있는 사상적·문화적 토대를 제공하였다. 1914년 발발한 제1차 세계대전에 참전할 것을 주장하면서 지원병으로 전쟁에 참가하기도 했던 프레졸리니는 자신의 논지를 보다 적극적으로 펼치기 위해《일 포폴로 디 탈리아Il popolo d'Italia》에 참여하여 소렐적인 생디칼리즘과 초기 파시즘을 연결하는 역할을 하였다.

또 다른 주요 사상가로는 파레토(1848-1923)를 들 수 있다. 경제학자이자 사회학자이며 동시에 정치사상가였던 그는 자유주의 시장 분석을 통해 합리적 선택 이론에 상당한 공헌을 한 경제학자로 평가되고 있다. 그러나 정치학이나 사회학 분야에서는 엘리트 개념을 통한 군국주의의 고양에 공헌했다는 다소 부정적인 평가가 주를 이루고 있다. 이와 같이 상반된 평가는 전기와 후기로 분류할 수 있는 파레토의 사상적 특징 중 어떤 쪽에 더 중점을 두느냐에 따라 달라진다. 사상적으로 전기와 후기로 양분하는 기준은 주로 파레토의 인생에서 나타난 직업적이고 학문적인 구분과 특징에서 기인한 것이다.

그는 사회과학자로는 드물게 이공계 출신이었으며, 1874년까지 이탈리아 철도청에서 근무하였고, 간간히 정치 토론이나 집회에 참여하기도 하면서 자유주의적 성향을 드러낸 공학 기사였다. 특히 그는 리소르지멘토를 직접 접하면서 이탈리아가 통일되는 과정을 목도하고 이를 자신의 정치적 연구의 주제로 삼았다. 통일 이후 이탈리아에 대한 발전 방향을 제시하고 자유민주주의적 사회의 실현을 위한 분석과 연구에 매진했다. 더군다나 통일 이후 이탈리아는 사회적 통합이 더욱 어려워졌으며, 남부와 북부의 대립은 경제적 이해관계로 인해 사회 문제가 되었다.[20] 이러한 혼란을 틈 타 농촌에서는 바쿠닌 계열의 무정부주의에 물든 농민들이 폭동과 반란을 일으키기도 했다.

혼란한 사회 상황에 대하여 파레토는 영국식 의회주의 제도와 자유무역 정책을 지지하면서 처음으로 자신의 정치적 논지를 전개하였다. 이를 뒷받침하기 위해 일반 국민들까지 참여하는 보통선거 제도를 주장하고, 이를 위해 의무교육 실시를 주장하였다. 선거라는 제도를 통해 특권계급이나 특정 계층의 기득권 유지의 정치가 아니라 모든 국민의 의사를 집약하고 일반 대중의 이익을 위한 정치의 필요성을 강력하게 주장했고, 전 국민이 참여하는 보통선거 제도를 민주주의와 국가 발전의 중요한 요소로 보았다. 또한 보통선거를 통한 참정권 제도의 시행을 위해서는 무지한 대중이 아닌 민주적 시민이 필요하기에, 의무교육 제도를 통해 이를 달성하고 육성해야 한다고 주장하였다. 19세기 중반 이탈리아의 문맹률이 거의 95%에 달했다는 점에 비추어볼 때, 그의 주장은 가장 시급하고도 중요한 국가 문제와 직결되는 것이었다.

국민의 참정권이나 선거 제도에 대한 연구와 함께 노동운동에도 관심을 갖던 그는 노동자의 권리에 대하여 우호적인 편이었으며, 1889년 이탈리아 철강회사를 그만둘 때까지 이를 주요한 연구 주제로 삼았다. 이후 그는 사회학을 주연구 분야로 삼고, 정치학과 사회학의 결합을 통한 정치사회학이라는 분야에 집중적으로 자신의 역량을 쏟아부었다. 그러나 이 시기 그는 주로 경제학, 특히 크리스피 내각의 경제 정책에 대한 신랄한 비판을 통해 경제학 연구에 상당히 천착했다. 마르크스에 대한 접근과 이해는 계몽주의적 시각에 바탕하여 진행했다. 따라서 마르크스를 자신의 사상 체계에 적극적으로 끌어들였다기보다는 자신의 사상적 한계의 돌파구로 추구했다고 보는 것이 옳을 것이다.

그가 내세운 개념 가운데 특이한 것은 '부르주아 사회주의'라는 것이며, 아울러 이를 '대중적 사회주의'로 전환시키려는 이론적 탐구에 대한 것이다. 파레토가 보기에 자유, 민주, 평등을 추구하는 부르주아 계급의 열망은 단지 새로운 사회주의 권력에 대한 대항 개념일 뿐이며, 노동자를 중심으로 떠오르고 있는 새로운 계급과 계층이 주도할 권력을 거부하고 기득권과 헤게모니를 유지하기 위한 표현에 지나지 않는다고 보았다. 이 과정에서 결국 사회적 충돌이 발생할 것이며, 이들 새로운 계층을 지도할 엘리트 그룹과 지도자들이 등장함으로써 이 사회적 갈등을 해소하고 사회주의 권력 수립에 성공할 수 있다고 보았던 것이다.

파레토는 이 과정을 설명하면서 사회발전 이론을 자신이 추구하는 정치사회학의 기본 개념으로 삼았다. 그의 이와 같은 이론 전개는 저술에서 종합적으로 제시되고 있다. 흔히 《일반사회학 개요Trattato sociologia generale》[21]로 해석되는 파레토의 저서는 그가 주장하고자 했던 정치사회학의 완성판이라 볼 수 있다. 이 책에서 파레토는 인간 행위의 기준이라 할 수 있는 이데올로기에 대한 규명과 이러한 이데올로기를 뒷받침하고 있는 사회의 구조를 밝히려고 했다.[22] 이 논의에서 그가 사회 구조를 지탱하고 유지하는 계급으로 제시하고 있는 것이 바로 엘리트다. 역사적으로 모든 사회가 이들 엘리트들의 교체에 의해 유지되거나 새로이 탄생할 수 있었다고 그는 보았다. 이를 그는 '사자'와 '여우'의 비유를 들어 설명했으며, 결국 지배계급이 지향하는 정부의 주요 특질을 설명하는 집약적이고 축약적인 표현으로 자리 잡게 되었다.[23] 역사는 이러한 순환 과정을 통해 지속되어왔으며, 설사 정부가 이러한 과정을 통해 교체되었다 할지라도 이들 지배계급의 중추인 엘리트들은 교체되기보다는 순환한다고 보았던 것이다.

그는 바로 이와 같은 '엘리트 순환론'으로 사회 지배 세력과 구조에 대한 분석을 완결했으며, 당대 파시즘이 악용한 것도 파레토의 그러한 생각이었다. 그러나 파레토의 이론은 대중적 사회주의로의 이전에서 소수 엘리트들에 의한 과도기적 지배를 정당화하고, 무솔리니라는 독재자의 존재를 용인하는 사상적 공헌을 하게 되었다. 소수 엘리트에 의한 과도기적 지배의 목적은 강력한 국가의 건설이었고, 이를 뒷받침하는 사상이 '힘의 철학'이었다.

지금까지 이야기한 사상가들 외에도 '힘'을 근저에 놓고 자신의 사상이나 예술 세계를 전개한 이들은 많이 있었다.[24] 이들은 갓 태어난 통일 이탈리아의 사회적 혼란을 정비하고 강력한 국가로서의 기틀을 다지기 위한 염원을 힘의 철학을 통해 표방했던 것이다. 이러한 힘의 철학은 다시 '행동주의'라는 개념으로 이론화되어 파시즘 체제의 사상적 기반이 되었다. 파시즘 체제의 기반이었던 '힘의 철학'과 이를 구체화시킨 젠틸레 등은 한국의 개발독재 체제 안에서 부국강병과 위대한 한민족 같은 사상적 조류와 방향 등을 통해 다시 볼 수 있다.

특히 한국의 박정희 체제에서 강조되고 실제로 진행된 몇몇 내용은 파시스트 체제의 근간이 되었던 '힘의 철학'이나 젠틸레의 국민교육론, 이탈리아의 민족주의 고양을 통한 강한 국가 건설 및 군국주의와 국가 발전론 등과 충분한 유사성을 나타내고 있다. 실제로 박정희라는 정치가의 철학적 원칙에 대해 전인권 같은 이는 '힘의 정치가'라는 표현을 직접 사용하고 있다.[25] 전인권은 박정희가 개인적 차원과 공동체(국가)적 차원 모두에서 힘을 생존의 기본 법칙으로 이해했으며, 이 같은 사실을 일관성 있게 실천하며 살았던 현실주의자였다고 설명하고 있다. 그러나 박정희가 단지 힘에 굴복하거나 강한 힘만을 동경했던 것은 아니었다. 그는 자신의 위치와 상황에 따라 적절하게 굴복하기도 했으며, 힘을 기르는 것이 부국강병의 가장 중요한 과업이라고 생각했고, 통치 수단으로서 힘을 숭배하기도 했다. 실제로 일본의 강대함에 대한 동경과 '힘의 배양', '주체적인 역량', '자주적인 힘' 등의 표현을 연설이나 대화에서 수없이 강조했다. 또한 자신의 통치 시절 무소불위의 권력을 휘두르며 철권통치에 가까운 힘을 적절하게 사용함으로써 18년이라는 기간 동안 독재 정치를 이어올 수 있었다.

여기에서는 이와 같은 박정희 체제 유지의 근간을 구성하면서 박정희 체제가 추구했던 국가론의 사상적 흐름을 간략하게 살펴보겠다.

가장 먼저 이야기할 수 있는 것은 박정희의 '국민국가론'이다. '국민국가론'이라는 개념과 용어 자체를 박정희 체제의 기본적인 사상적 조류이자 근간으로 평가할 수 있을 것인가의 문제는 좀 더 충분한 논의가 필요하지만, 적어도 박정희가 국민국가론을 주창하면서 이끌어낸 몇 가지 개념과 제도는 이를 충분하게 설명할 수 있다는 사실을 보여준다. 5·16 군사 쿠데타를 통해 집권한 박정희는 정권의 민정이양 약속을 저버리고 1963년 대선에서 승리한 뒤 16만 표의 아슬아슬한 차이를 분석하면서 보다 안정적이고 분명한 메시지를 국민에게 주려고 했다. 그러한 의도가 확고하게 굳어지고 분명하게 표명되어 구체화된 것이 바로 〈국민교육헌장〉과 같은 대한민국의 새로운 좌표였다. 당시 〈국민교육헌장〉을 통해 박정희가 표명하고자 했던 몇 가지 개념과 이념은 '산업화', '민족부흥', '국민 정신 개조', '반공주의' 등이었다.

이승만 정부에서 특히 두드러졌던 부정부패를 타파하고 새로운 민족 중흥의 근대 국가로 도약하기 위한 이념적 좌표로 제시한 국민국가는, 개발과 성장을 토대로 한 산업화를 통해 민주주의나 민주국가가 아닌 반공을 국시로 하는 권위주의적 체제의 확립과 군부 엘리트에 의한 안정적 통치를 기치로 내세웠다. 이와 같은 새로운 이념과 통치 기조를 위해 박정희 체제에 필요했던 것은 새로운 이념과 좌표 그리고 그것에 대한 행동 강령이었다.

비록 쿠데타로 집권하였고, 민정 이양 이후 1963년 대통령에 어렵게 당선했을지라도 정치권력의 안정과 재집권을 위해서는 이전과는 분명히 다른 정치적 강령과 집권 철학이 필요했다. 박정희는 이를 위해 두 가지 방향과 내용으로 새로운 정치권력과 체제 이념을 제시하게 된다. 흔히 경제개발을 중심으로 주창했던 '발전국가론'과 새로운 국가 창조를 위한 '정신개조운동'이었다. '발전국가론'에 대한 논의나 '정신개조운동'에 대한 구체적인 연구나 내용에 대해서는 이미 잘 알려져 있기 때문에 여기서 세세하게 논의를 전개하지는 않겠지만, 당대의 시대적 상황에서 박정희가 선택한 국정의 목표와 정책적인 필요성은 충분한 국민적 공감대를 형성하고 있었다.

특히 일상적 곤궁과 기본적 의식주를 해결하지 못했던 당대의 상황에서, 국민들은 민주주의를 비롯한 다른 사회적 가치들은 급하지 않은 것으로 보았고, 이에 정부는 노동력을 기반으로 하는 수출 지향 정책과 중화학공업육성 등을 통해 부국강병의 민족국가를 표방하였다.[26] 이를 위해 필요한 것은 유교적이고 봉건적인 사고에서 탈피하여 새로운 국민으로 개조할 수 있는 정신과 의지였다. 박정희 시대에 이를 실천적이고 철학적인 수준으로 발전시킨 대표적인 학자들로는 박종홍과 안호상 등을 꼽을 수 있을 것이다.

근대 한국의 대표적인 철학자이자 교육가로 알려진 박종홍은 1903년 평양에서 태어났으며, 열여덟 살에 전라남도 보성보통학교에서 교사 생활을 시작한 교육철학자였다.[27] 일제강점기에 교사 생활을 한 그는 경성제국대학을 졸업하고 이화여전에서 문과과장을 역임하였던 경력으로 인해 친일 학자라는 평가를 받기도 하지만, 그에 대한 논란의 핵심은 박정희 체제의 안정성과 정치적 지표의 구체적 강령으로 평가받는 〈국민교육헌장〉을 작성하는 데 중추적 역할을 하였던 기초 위원이었다는 점에 있다.

이미 5·16 군사 쿠데타 이후 국가재건최고회의 기획위원을 역임했던 전력이 있던 박종홍이 주창한 〈국민교육헌장〉은 일본 메이지 천황 시대에 군부와 군국주의 경향의 일본 학자들이 제정한 군국주의적, 국수주의적 성격의 〈교육칙어〉와 이념적으로나 내용적으로 매우 유사하다는 혹독한 비판을 받기도 하였다. 또한 국민을 동원의 대상과 국가 발전의 도구로 간주하고, 집단주의적 가치를 개인의 가치에 우선하여 지켜야 할 것이자 교육해야 할 절대가치로 만들었다는 비판을 받았다.

〈국민교육헌장〉의 또 다른 기반과 정신을 제공했던 이는 안호상이었다.[28] 일제강점기 대표적인 여류 시인의 한 사람인 모윤숙의 남편이기도 한 안호상은 1902년 경북 의령에서 태어났다. 그는 이승만 정부 초대 교육부 장관을 역임하면서 이승만 정부 통치 이념의 하나인 '일민주의'[29]를 제창하기도 했던 정치가이자 교육가이며 동시에 철학자였다. 그의 철학과 이념은 주로 헤겔의 국가주의와 일본 식민지 지배의 국가주의 이념과 사조에 영향을 받았다는 비판을 받는다. 더욱이 그가 박종홍과 함께 〈국민교육헌장〉을 제정하는 데 기초를 쌓았다는 점은 국가주의와 일본 제국주의 및 친일의 잔재를 교육과 국민 정신에까지 불어넣는 데 선도적 역할을 했다는 비판이 많다.

실제로 그는 박정희 정부에서 재건국민운동 중앙회 회장과 사회정화대책위원회 회장 등을 역임하고 국민 정신 개조와 반공을 국시로 하는 박정희 체제의 이론과 내용을 뒷받침하는 데 상당한 공헌을 하였다. 결국 그의 국가주의와 일본 제국주의에 대한 숭배 및 반공의 이념 등은 〈국민교육헌장〉의 가장 기초적이고 기본적인 강령이자 정신으로 반영되어 구체화할 수 있었다. 안호상과 박종홍 등이 기초했던 〈국민교육헌장〉은 박정희 체제가 요구했던 새로운 국민을 육성하고 정권에 순응적인 일반 시민을 육성하고자 하는 박정희의 목적에 사상적인 기반으로 체제 내내 활용되고 이용되었다.

이밖에도 박정희가 정점이 되었던 군부 쿠데타의 기획과 성공 그리고 사후 처리 과정에서 나타난 군부 엘리트 정신 역시 박정희 체제를 이끄는 주요한 사상적 기반이었다. 실제로 군인들의 엘리트적인 사고와 자체 평가는 관료 사회와 정치가들의 주요한 경력과 자산으로 인정되어 정부 요직과 국회의원 및 정부 주요 부서에서 군 출신 인사에 대한 우대 정책이 국가 인사 기준으로 작용하기도 했다.

그렇다면 보다 구체적으로 시대의 정신이자 정치권력의 기반으로 작용했던 핵심적 내용과 구체적 강령 등을 두 체제 아래에서 직접적으로 비교해보겠다. 이를 위해 가장 먼저 파시즘 행동주의 형성 과정에서 '실천 혹은 행동'이라는 개념이 어떻게 행동주의로 전환되었는가와 이 과정에서 젠틸레의 역할과 공헌을 규명할 것이다. 동시에 좌파적 '실천' 개념에서 출발한 논의가 어떻게 우파적 '실천' 개념으로 전환되면서 파시즘 체제의 원칙으로 귀결되었는가를 규명해볼 것이다. 아울러 〈국민교육헌장〉의 구체적 내용과 어떤 내용이 체제 유지와 정당화에 공헌을 했으며, 체제의 가치를 대표하고 있는지 비교 설명할 것이다.

'실천' 개념과 파시즘 그리고 국민교육헌장과 박정희 체제의 상관성

정치사상적으로 실천이라는 개념의 근대적 시작은 헤겔에게서 구하는 것이 일반적이다. 헤겔 철학을 구성하는 세 개의 부분《논리학》,《자연철학》,《정신철학》중에서도 특히《논리학》에서 '실천' 개념의 출발과 철학적 성격이 다루어지고 있다.[30] 헤겔에 의하면, 논리학의 대상은 절대적 가치나 이념을 추구하는 자기 운동 과정에서 구해야 한다. 자기 운동이란 세계정신의 여러 가지 형식의 상호 전환, 혹은 헤겔의 용법에 의하면 개념의 상호 전환, 운동이다.[31] 헤겔이 이야기하는 자기 운동이 사회의 발전이나 진화에 따른 자생적 움직임을 의미하지는 않지만, 세상의 모든 현상을 힘이나 연관성, 또는 필연성 등으로 파악함으로써 어느 정도 객관적 발전에 대한 변증법적 추론을 가능하게 하고 있다.

이렇듯 헤겔의 변증법이 갖는 진보적이고 발전적인 특징은 이후 마르크스주의자들에게 수렴되었는데, 사물의 본질에 대한 파악이나 법칙의 일반적 성격을 규정할 때 사용되었다. 헤겔은 사물의 필연성, 우연성, 가능성, 현실성에 대해 비판하고 이를 통일성과 연관성을 지닌 하나의 법칙으로 설명하고자 했다. 본질과 현상에 대한 규명을 통해 헤겔은 주관적 성질을 객관적 개념으로 발전시켰고, 다시 이를 하나의 절대적 가치를 가지는 이념으로 정립했던 것이다. 바로 이와 같은 과정에서 절대가치인 이념에 도달하기 위한 방법으로 실천 개념이 제기되었으며, 이는 인간의 무수한 실천을 통해 인간의식 속에 자리 잡게 될 것으로 파악하였다.[32]

헤겔이 보기에 존재와 본질에 관한 이와 같은 인식(이론적 이념)과 실천의 통일이야말로 하나의 정신을 객관화하며 절대이념으로 자리 잡게 하는 방법이었으며, 이와 같은 인식론적 틀은 이후 전개되는 헤겔 철학의 기반을 이루고 있다. 특히 《정신철학》에서 논의하고 있는 여러 관련 저서들은 헤겔이 이야기하는 주관적 존재인 개인과 객관적 존재인 사회생활 간의 관계를 다루고 있으며, 이는 비록 관념적 성격을 지녔다 할지라도 절대적 가치로 상정된 국가, 시민사회, 종교, 철학, 법, 미학 등에 대한 역사적 발전 과정의 합법칙성을 다루고 있다는 점에서 중요한 의미를 지닌다고 평가할 수 있다. 결국 이러한 헤겔의 사고는 시민사회와 국가 간의 관계를 논의하면서 객관적 정신의 절대적 가치 구현체로 국가를 상정하게 되었고, 독일과 함께 이를 더욱 특수한 성격을 가진 철학으로 발전시킨 이들이 일련의 이탈리아의 사상가들이었다.

라브리올라Labriola(1843~1904), 몬돌포Mondolfo(1877~1976), 그람시, 크로체, 젠틸레 등으로 대표되는 일련의 이탈리아 사상가들은 헤겔 철학을 각기 다른 방식으로 받아들였다. 특히 인식과 행위의 통일이라는 관점에서 초기에는 좌파 진영에 의해 실천 개념이 수용되었다. 관념론적 인식의 구체화는 실천을 통해 가능하며, 이를 구현하는 과정에서 통일적이며, 연관성을 갖고 상호의존적인 관계를 통해 어떻게 총합적 형태로 구현할 것인가가 주요한 목적이자 내용이었다. 이탈리아에서는 이와 같은 실천 개념을 토대로 하는 마르크스주의 사상을 '실천철학'이라는 명칭으로 불렀고, 실천철학을 도입하고 발전시킨 사상가들은 앞서 언급한 라브리올라와 같은 좌파 사상가들이었다.

이탈리아에 마르크스주의를 가장 먼저 도입한 안토니오 라브리올라는 마르크스주의가 갖는 이론과 실천 사이의 관계를 강조하며 '실천철학'이라는 용어를 사용하였다.[33] 이때부터 20세기 초까지 이탈리아에서 마르크스주의는 실천철학이라는 용어를 주로 사용하면서 그 실천적 특징을 더욱 강조하였다. 라브리올라가 보기에 마르크스주의의 가장 뛰어난 점은 이론적 활동을 실천적 방법을 통해 과학적으로 규명하는 것이었고, 이를 철학과 역사에 적용하여 둘 사이를 통일시켰다는 데 있었다. 라브리올라 자신은 실천 활동을 인식보다 우월한 가치로 취급했으며, 의식이나 사고보다는 구체적 행위와 실천을 우위에 둠으로써 관념론적인 철학적 기반에 있던 헤겔과는 다른 입장을 취했다.

그러나 라브리올라는 역사와 현재의 상황에서 실천 개념을 지나치게 강조한 나머지 이탈리아의 식민지 전쟁을 옹호하기도 했으며, 실천의 기반으로서 이데올로기와 의식을 지나치게 강조함으로써 의식에 대한 실천의 우위라는 자신의 논지를 일관성 있게 주장하지 못하는 관념론적 모순을 보였다. 결국 그의 실천철학은 그람시와 톨리아티Togliatti 같은 공산주의 사상가들과 몬돌포와 크로체 그리고 젠틸레 등으로 대표되는

우파 철학으로 갈라져 계승되었다.[34]

실천을 혁명적 입장에서 강조한 그람시를 비롯한 공산주의 사상가들에 의한 발전은 이탈리아의 열악한 정치 상황 속에서 서서히 퇴조하였고, 오히려 폭력적이고 반동적인 색채를 가진 사상가들과 결합하면서 현실의 '실천철학'으로 발전하였다. 앞서 이야기한 많은 사상가들이 힘의 철학을 기반으로 새로운 국가로서 위대한 이탈리아를 동경하였지만, 현실 세력 관계라는 벽 앞에서는 무력함을 드러내었다. 1차 세계대전의 승전국이었음에도 영토적으로나 외교적으로 충분한 보상이 이루어지지 않았고, 경제적 위기 상황은 이러한 불만의 해결책을 강구하도록 강요했다. 더군다나 1917년 러시아 혁명의 발발은 이탈리아에서 사회주의 혁명의 시도로 촉발되었고, 이를 불안히 여긴 산업자본가들과 소부루주아 계층은 새로운 대안 세력을 모색하였다.

이와 더불어 좌파 사상의 위축과 함께 극우적이고 반동적인 색채의 사조들이 등장하기 시작하였다. 이 시기 정치사상적으로 가장 중요하였던 헤겔 철학, 특히 정신적 구체화의 절대가치였던 강력한 국가 건설이라는 그의 철학은 이런 측면에서 매혹적인 것이었다. 헤겔이 주장했던 의식과 인식의 구현으로서 실천의 정당성은 강력한 국가를 동경하는 여러 사상가의 이론적 발전에 커다란 계기를 부여했고, 강력한 국가 건설이라는 당면 목표에도 부합하는 일종의 절대 가치로 인식되기 시작했다. 바로 이와 같은 시대적 상황에서 헤겔적 '실천' 개념과 마르크스주의에서 내세우는 '실천'은 극단적이고 폭력적인 '행동'으로 전환되었고, 이를 이론화하거나 기준으로 삼은 사상가들이 나타났다.

특히 당대 이탈리아 문화계에 가장 커다란 영향을 미치고 있던 크로체는 실천이 갖는 인간 행위와 개입의 정당성을 주장함으로써 역사의 발전 과정에서 인간의 역할과 행동의 중요성을 주장하였다. 크로체 역시 당대 지식인들이 그러했듯이 한때 마르크스주의에 경도되었던 적이 있었는데, 이때 실천철학이 갖는 인간 행위의 적극성을 자신의 철학 체계로 편입시켰다. 크로체의 이러한 사고는 실제로 1920년대 초 파시즘을 지지하는 데까지 발전함으로써 당시 많은 젊은이들에게 파시즘에 대한 잘못된 환상을 심어주는 데 커다란 공헌을 한 적도 있었다.

이와 같은 사상의 계승은 크로체의 제자였던 젠틸레에게까지 이어졌다. 크로체를 비롯한 당대의 주요 사상가들이 그러했듯이 젠틸레 역시 한때는 열렬한 마르크스주의 지지자로 출발했다. 1899년에 출판된 《마르크스의 철학La filosofia di Marx》[35]은 마르크스주의자로서 초기 젠틸레의 사상적 면모를 보여준다. 두 부분으로 구성된 이 책의 2부에서 젠틸레는 실천철학La filosofia della prassi에 대해 다루고 있다. 그는 역사와 혁명에 대한 고찰을 통해 혁명이란 인간의 실천 의지가 총체적으로 결합함으로써 발생한 사건이자 형태로 파악하였다.[36] 또한 그는 마르크스주의를 사회 혁명과 함께 도래할 이론적 해석과 도구인 새로운 철학으로 파악하고, 역사의 필연적 과정이자 도래할 사실로서 실천철학을 정의하였다. 따라서 그는 실천이라는 개념을 창조적인 행위이자 필연적 발전으로 정의하였다.[37] 그가 보기에 실천 개념을 통하지 않고는 과거와 현재를 이해할 수 없으며, 모든 실천의 수단으로서 모든 역사에 대해 설명할 수 있기 때문에 앞으로 도래할 미래 역시 실천 개념을 통해 예측하고 설명할 수 있다고 주장하였다.[38]

젠틸레의 실천 개념은 역사의 모든 과정이 인간의 행동에 의해 창조될 수 있으며, 필연적으로 도래할 과정으로 보았다는 점에서 숙명론적 마르크스주의를 답습한 면이 있었다. 하지만 자신의 사상 체계에서 '행동'으로서의 실천을 주장과 논지의 중심으로 삼아 자신의 철학을 정당화하는 근거로 삼게 된다. 젠틸레가 중요하게 생각했던 점은 바로 이것이며, 도래할 미래 역시 실천이라는 범주에서 인간의 행동으로 결정할 수 있다고 보았다. 젠틸레는 일련의 저작을 통해 사회의 다양한 분야에서 이러한 실천 개념을 구현할 수 있는 원칙과 수단에 대해 밝히고 있다. 이 지점에서 실천이라는 좌파적 시각의 이론적 논의가 '행동azione'이라는 다소 우파적 관점으로 이동하고 있다.[39] 젠틸레는 사회의 각 분야에는 인간의 적극적 의지가 개입된 행동이 집합적으로 나타난다고 보았다. 이를 위해 교육과 종교의 중요성을 주장하였고, 인간의 집합적 의지가 현실에서 나타난 정치체로서 국가의 중요성이 강조되었다.

젠틸레 사상이 갖는 이와 같은 '적극적이고 능동적인 행동주의Attualismo'[40]는 당대의 많은 사상가들에게 공감을 불러일으켰는데, 이는 특히 무솔리니가 외쳤던 '행동'과 유사한 의미를 지녔다. 결국 이 시기 인간 의지의 구체적 표현으로서 '행동'을 주창했던 많은 사상가들은 무솔리니가 외쳤던 껍데기뿐인 '행동'이라는 구호 아래에 모여듦으로써 파시즘의 이론적 토대를 공고히 하였고, 그와 같은 파시즘의 제일선에 섰던 이가 젠틸레였던 것이다.

젠틸레가 본격적으로 자신의 이상과 파시즘의 기초를 실현한 것은 무솔리니의 정권 획득 이후였다. 1922년 10월 '로마 진군'으로 정치 권력을 장악한 무솔리니는 내각의 수반이 되자마자 젠틸레를 교육부 장관에 임명하였고, 젠틸레는 이듬해에 '교육 개혁'이라는 파시즘 체제를 위한 교육 정책을 실행하였다. 그는 헤겔로부터 관념론을 차용하여 이를 현실에 적용시켜 '사유와 실천의 통일'이라는 모토로 대표되는 현실적 관념론을 주장하였다. 이를 위해 젠틸레는 스파벤타Spaventa 철학을 계승하여 내재적 인간 행위라는 것은 사유를 통해서 혹은 경험에서 존재했던 실재의 절대적 구현이라는 개념 속에서 구현되는 것이라고 이야기한다. 따라서 젠틸레가 의미하는 인간 행위는 사유와 구체성의 결합을 통해 현실적으로 나타나고 표출되는 양상이라는 것이다. 즉 인간 행위란 개인의 내면 안에서 사유와 이를 구현시키고자 하는 의지의 통일이다.

이와 같이 실천의 행위적이고 행동적인 측면을 중시했던 젠틸레 철학은 파시즘의 목표나 구현에 상당 부분 공헌을 하게 된다. 특히 세계의 창조와 행위로서 '힘'의 강조는 이탈리아 파시즘의 제국주의적 경향과 무력 사용에 대한 정당성의 근거로 작용하였다. 젠틸레의 저서 중에서 《순수 행위로서 정신에 대한 일반론Teoria generale dello spirito come atto puro》[41] (1915)과 《권리에 관한 철학의 기초I fondamenti della filosofia del diritto》[42] (1916)는 이와 같은 젠틸레 철학을 다루고 있다.

여기에서 그는 사회에 내재하고 있는 보편적 가치는 개별적 대상에 대한 내재적 억압을 통해 확립되며, 인간성을 발전시키고 성장시키는 단일 인간이 사회 안에 내재한다고 주장하였다. 이는 결국 국가에 귀속된 개별적 대상들이 따라야 할 절대적 목표는 개인의 자유와 개인적 권리의 고양이 아니라 국가나 집단 안에서 구현되는 것이고, 이를 발전시키고 성장시키는 존재는 엘리트라는 결론으로 이어진다.

더군다나 강제에 의한 사회적 합의와 가치를 인정함으로써 자유를 강제할 수 있는 것으로 축소시켜버렸다. 이 점이 헤겔이 이야기하는 민족성이나 문화와의 차이점이라 할 수 있다. 헤겔은 국가 내에서 공동체 생활의 조건을 이루는 요소로 민족성과 민족이 공통적으로 향유하고 있는 문화를 꼽았다. 그러나 젠틸레는 민족성과 문화를 국가의 강제력을 포함하는 국가 의지의 산물로 보았다. 젠틸레에 따르면 국가는 개개인 모두의 총합적 의지의 실재가 아니라 국가를 성공적으로 실현시키는 범위에서만 존재의 의미를 갖는다는 것이다. 이는 국가를 성공적으로 실현시키는 주체가 폭군이든 독재자든 중요하지 않다는 의미이며, 개인의 의지나 자유 역시 국가의 의지를 실현시키고 구현하는 범위 내에서만 존재할 수 있다는 점을 분명히 밝히는 것이다. 젠틸레는 국가 의지의 구체적 실현 제도로서 법을 중시했다. 무정부주의나 공동체적 사회 규범으로서 더 많은 중요성을 갖는 사회주의로 흐르지 않고 국가를 규범적으로나 제도적으로 구현하기 위해서 법이라는 수단을 통해 강제적 규범과 국가 의지에 정당성을 부여하는 것이 중요하다는 것이다.

다소 추상적으로 보이던 젠틸레의 국가 개념과 철학에 보다 확실한 계기를 제공한 것은 제1차 세계대전이었다. 제1차 세계대전의 승전국이었음에도 전쟁의 말미에 발생한 카포레토Caporetto 전투의 패배는 이탈리아에게 상처뿐인 영광을 가져다주었다. 젠틸레가 보기에 카포레토 전투의 패배는 애국심과 국가 전체의 도덕적 목표의 부재에 기인한 것이었다. 국가를 견고하게 유지하기 위해서는 국민이나 민족에 의한 애국심과 국가가 제시하고 있는 도덕적 목표가 중요하다는 것이 그의 생각이었다. 그는 더 나아가 국가와 사회 내부의 이와 같은 사고의 부족을 초래했던 이유로 교육 체계 전반에 만연해 있던 실증주의적 태도를 들었다. 결국 젠틸레가 보기에 새로운 교육 체계를 통해 실증주의적 사고에서 탈피하고 새로운 국가관과 이를 군건히 해줄 수 있는 공통의 의식—예를 들면, 민족 의식, 국민 의식, 문화 의식 등—을 고양시켜야 한다. 젠틸레의 이런 입장은 수동적인 태도를 버리고 능동적인 역사의 주체로서 역사를 형성하려는 적극적 자세를 요구하는 것이었다. 젠틸레가 주장하던 공통 의사의 실현과 구현은 교육을 통해 완성할 수 있는 것이었고, 무솔리니야말로 그런 그에게 기회를 제공해주었다.

　오랫동안 통일 이탈리아 왕국을 통치하던 피에몬테의 자유주의 정당과 졸리티로 대표되는 자유주의자들의 정치적 태도를 비난하던 젠틸레에게 무솔리니의 등장은 국가에 대한 자신의 사고를 실현시킬 기회가 도래한 것으로 믿기에 충분했다. 더군다나 무솔리니가 제의한 교육부 장관직은 자신의 교육 철학을 실현시킬 수 있는 호기였고, 실제로 그는 젠틸레 법안을 구체화하여 전 이탈리아에 실행하였다. 젠틸레가 입안하여 1923년 5월에 31일에 실행시킨 교육 법안의 주요 내용은 헤겔이 주창했던 세 개 영역에 대한 교육 체계의 조직화였다. 이는 헤겔이 주창했던 절대적 지식을 쌓고 이를 바탕으로 완벽한 시민으로 행동할 수 있는 인간을 양성하기 위한 것이었다. 예술, 종교, 철학으로 대표되는 삼 단계를 구분하여 이를 초등학교부터 대학에 이르는 전체 국가 교육 체계 내에 조직적으로 확립하는 것이 주요 내용이었다.

　따라서 초등학교에서는 새롭게 종교 교육, 다시 말해 가톨릭의 교리와 이념이 주된 교육의 목표와 과목이 되었으며, 고등학교라 할 수 있는 리체오Liceo에서는 그리스와 로마의 고전을 중심으로 하는 고전 양식과 이를 뒷받침하는 철학 교육이 가장 중요한 교과목이 되었다. 또한 대학의 이수 과목도 고등학교 교과목들을 발전시키거나 세부적으로 확장시킨 것이었으며, 국가에서 주관하는 시험에서도 이러한 원칙이 지켜졌다. 학교의 교육을 통해 국가가 바라는 시민의 자질을 양성하려는 것이 젠틸레 교육철학의 핵심이었다. 가정-시민사회-국가로 이어지는 헤겔의 삼요소를 젠틸레는 가정-개인의 사회화-국가로 대체하면서 이를 교육에 의해 실현될 수 있는 것으로 보았다. 강한 국가를 이룩하기 위해 법이라는 제도를, 그리고 법을 유지하기 위해서는 도덕적 의무라는 덕목을 시민에게 요구하며, 도덕적 의무를 불러일으키기 위해서는 새로운 교육 체계를 정비하여야 한다는 것이 젠틸레의 기본 사고였다.

젠틸레는 자신의 사상을 뒷받침하기 위해 이탈리아 역사에서 실례를 구하고자 했다. 멀리는 로마제국의 이상에서, 가깝게는 리소르지멘토에서 파시즘의 정당성을 구했던 것이다. 젠틸레가 보기에 파시즘의 권력획득은 리소르지멘토의 연속선상에서 이루어진 것으로, 리소르지멘토의 사상과 정신이 행동의 통합을 거쳐 파시즘으로 구현된 것이라고 주장했다. 그 근거로 제시하고 있는 이가 바로 마치니였고, 마치니가 한때 파시스트의 전신이었던 전위대의 수석대원이었다는 점을 상기시키고, 이러한 마치니의 이상과 사상이 파시즘에 의해 완성되었다고 주장하였다. 결국 이를 통해 현실에서 파시즘을 통해 '신의 의지'가 성립한 것으로, 그리고 무솔리니를 이를 완성하기 위한 세계사적 개인으로 설정할 수 있었던 것이다.

젠틸레는 파시즘 체제와 그에 대한 자신의 이론적 정당성을 구하기 위하여 일련의 파시즘 관련 책을 저술하였다. 《무엇이 파시즘인가Che cosa è il fascismo》(1925), 《파시즘과 문화Fascismo e cultura》(1928), 《파시즘의 기원과 원리Origine e dottrina del fascismo》(1934)[43]에서 젠틸레는 파시즘에 대한 사상을 집약했다. 가장 먼저 저술된 《무엇이 파시즘인가》는 초기 젠틸레의 파시즘에 대한 생각을 정리한 책이다. 여기에서 그는 진정한 인간 개개인의 자유는 총합으로서 국가 안에서 보장될 수 있으며, 국가는 완성된 집합체가 아닌 '계획'과 '사명' 그리고 '희생'을 통해 성립된 조직체라고 주장했다.[44] 또한 국가 안에서 향유될 진정한 자유를 보장하기 위해 경우에 따라 자의적이거나 무정부주의적이고 사회적 해체를 가져오는 개인적 폭력이 아니라 '성스러운 폭력santa violenza'

이 사용될 수도 있다고 주장했다. 따라서 "국가는 절대적 가치"[45]이며, "인생의 총합 개념으로서 그리고 정치사상으로서 파시즘을 의미한다"[46]라고 적었다. 또한 전쟁에 대한 정당화를 시도하면서 이탈리아의 식민지 제국주의 전쟁에 합법성을 부여했다.

두 번째와 세 번째 저서인 《파시즘과 문화》와 《파시즘의 기원과 원리》에서 젠틸레는 보다 구체적으로 파시즘의 기원과 사상적 근거들을 밝히고 있다. 제1차 세계대전 이전의 이탈리아와 이후의 이탈리아의 차이와 상황을 기술하면서, 그는 이탈리아의 위대한 국가 건설은 전쟁에 참여한 뒤부터 본격적으로 시작되었다고 밝혔다. 또한 그는 무솔리니의 참전 정신과 파시스트 단체를 창설하고 지도한 데 대하여 지도자로서의 자질을 높이 평가하였으며, 이전 정치가들의 무능을 비판하였다.[47] 여기서 그는 정치적 원리로서 파시즘의 통합적이고 절대적 가치를 밝히고 있으며, 맹목적인 실천 원리가 아니라 발전 원리이자 국가의 원칙에 따른 목적적 대상으로 파시즘을 정의했다. 이에 따르면 파시즘을 구체화한 것이 국가이며, 국가란 바로 국가의 구성원인 개개인의 모든 권리와 가치의 기초라고 역설하였다.[48]

젠틸레 자신의 파시즘 정당화와 무솔리니에 대한 인정은 이를 뒷받침하기 위한 국가 통치 제도로 설정한 조합 대표제에서 구체화된다. 이는 조합을 통해서 대중들의 도덕적 의지를 조직화하고, 도덕적 의지를 통일시켜 하나의 민족성으로 결집해낼 수 있다는 것이다. 국가의 틀 안에서 조합과 법을 통해 개인과 국가를 유기적으로 연결시켜 유기체적 국가를 건설하고 식민지 전쟁을 거쳐 국가의 완성 형태인 제국주의를 완성하는 것이 바로 젠틸레 사상의 근원이라 할 수 있는 것이다.

그러나 젠틸레가 제시하고 있는 기본 사상들은 여러 측면에서 한계와 결점이 있다. 우선 개인의 의지를 통일시키고 도덕적 의지를 주입하고 이를 조합을 통해 문화적 공유의 수준으로 결집해낸다는 것도 자유주의와 민주주의라는 원칙을 벗어난 전체주의 아래에서는 결코 성공할수 없는 것이다. 국가의 의지와 동일시해서는 결코 개인의 자유나 의지는 실현될 수 없는 것이기 때문이다. 더군다나 조합을 통해 국가와 개인을 유기적으로 연결시키기는커녕 개인적 자유를 제한하고 통제하는 국가 통치기구로 전락할 가능성이 더욱 크다는 점을 간과한 것이었다. 또한 조합원의 공통적 관심이란 국가의 보편적 관심과 동일시되고, 이는 결국 국가의 이익 앞에 개인이나 조합의 이익 역시 희생될 수밖에 없는 결과가 된다.

그럼에도 젠틸레는 파시즘 사회에서 점점 모순적으로 되어가는 자신의 이론을 완성하기 위해 사회의 기원과 구조를 밝히려는 작업을 시도한다. 《사회의 구조와 기원Genesi e struttura della società》[49](1943)이라는 제목으로 파시즘의 종말이 다가오던 1943년에 출간된 책을 통해 젠틸레는 파시즘 이론의 종합과 한편으로는 타협을 시도한다. 개인 사유의 활동 무대인 사회에 대한 우위를 이야기하고 있는 이 책에서, 그는 세계란 자아와 타인의 존재를 인식하고 상호 대화와 표현을 통해 표출되는 것으로 상정하였다. 인류의 이상을 실현하기 위해서는 이상적인 사회를 구축해야 하며, 이는 개개의 인간이 아닌 전체로서의 사회가 기반이 되어야 한다고 젠틸레는 주장했다.

개개 인간은 자아를 통해 사유하고 행동하지만, 타자 없는 개인이란 존재할 수 없으며, 개인의 의식 역시 세계 안에서만 그 실체를 인정받을 수 있다는 것이다. 따라서 젠틸레가 보기에 자아를 실현하는 것은 개인의 초월적 존재가 아닌 사회이며, 그 사회란 곧 실천적 실재로서의 윤리적 국가를 의미한다. 그러한 국가 안에서 개인의 실천적 의지를 완전하게 복속시킴으로써 개인의 의식을 현실에서 완성시키고자 하는 것이다. 이는 결국 국가가 전체주의적으로 될 수밖에 없는 이유가 되며, 개인, 가족, 사회는 국가를 통해 완전성을 갖출 수 있는 것이다. 바로 이 점이 젠틸레가 파시즘을 통해 구현하고자 했던 개인 사유와 실재의 총합에 대한 근거이다.

젠틸레는 "모든 인간 활동은 어떠한 차원에서든 명확하게 되는 인간의 근본적 통일을 실현할 수 있는 파시즘적 전체주의 국가 안에서 조직화되어야 한다"[50]라고 주장하면서, 실천에 의한 인간 행동을 통해 파시즘 체제를 정당화했던 것이다. 결국 그는 마지막까지 자신의 이러한 신념을 굳게 믿으면서 무솔리니의 곁에 남아 있다 유격대원의 총에 맞아 죽음을 맞이하였다.

이에 반해 박정희 체제의 경우 어느 특정한 한 사람이 젠틸레와 같은 역할을 하지 못했다. 아니 오히려 다른 누구보다 박정희 자신의 생각과 사고가 확고했고, 자신의 결점에 대해서도 잘 알고 있었다. 따라서 박정희에게는 자신의 단점을 상쇄하면서 새로운 국민국가의 발전을 떠받쳐줄 이념이 아닌 구체적 행동 강령이 필요했다. 박정희가 민족주의의 이념에 더해 경제 발전과 개발을 최우선으로 하는 발전국가론을 내세운 것은 그러한 이유였으며, 일본 메이지 시대의 유산과 유사한 〈국민교육헌장〉을 만든 것 역시 체제 순응적이고 체제 유지에 도움이 되는 국민에 대한 육성과 개조가 시급했기 때문이었다.

박정희가 자신의 체제 이념과 근간을 〈국민교육헌장〉에 담아 제시한 해가 1968년 12월 5일이었다. 어째서 1968년이었을까 하는 의문에 대한 답은 아직 연구 자체가 이루어지지 않았지만, 당대의 국내외적 상황을 유추하여 본다면 몇 가지 추론이 가능하다. 첫째는 1967년 대통령 선거에서 승리한 이후 체제의 안정을 꾀하고 국민에게 새로운 시대에 맞는 비전을 제시할 필요성이었다. 특히 이전보다는 훨씬 큰 표 차이(약 100만 표 가량)에도 불구하고 서울에서의 득표율은 윤보선 후보에게 뒤지는 것으로 나타났다. 민정 이양 4년의 통치 이후 박정희는 많은 후보가 난립한 상태에서 집권 여당인 공화당의 후보로 출마했으며, 윤보선이 지난 선거에서와 마찬가지로 가장 강력한 야당 후보로 나섰다. 특히 제6대 대통령 선거는 한·일 협정의 졸속 처리와 월남 파병 문제로 인한 학생들과 재야 시민단체의 격렬한 반대 속에서 다소 혼란스럽게 치러졌지만, 유효 투표 총수의 51.4%의 득표로 재집권에 성공하였다. 그러나 여전히 박정희 체제에 물음표를 다는 국민들이 많았고, 특히 서울을 비롯한 수도권에서 박정희의 득표율은 47%에 그치는 등 자신의 평균 득표율에도 미치지 못했다. 결국 박정희에게는 장기 집권과 정치권력의 안정을 위한 전환점이 필요했다.

두 번째는 1968년이라는 시기가 갖는 정치적 혼란과 68혁명의 파고라는 시대적 전환기에 따른 정치적 필요성이었다. 1968년의 세계는 그야말로 혼돈과 혁명의 시대였다. 유럽과 미국뿐 아니라 이웃 일본 역시 베트남전쟁 반대와 기성질서에 대한 전복 그리고 새로운 문화에 대한 추구 등이 어우러져 68운동의 영향이 전 세계적으로 일던 때였다. 비록 한국이 그러한 흐름에는 뒤떨어져 있었지만 남과 북의 분단과 대결 상황 그리고 베트남 파병 결정 등으로 한국의 정치 상황에 대한 불안 가능성이 높았다. 이와 같은 복합적이고 혼란스런 상황에서 박정희는 국민개조를 통해 산업화되고 근대화된 대한민국을 제시할 필요가 있었다. 〈국민교육헌장〉은 이와 같은 분위기에서 기획되고 만들어졌으며, 앞서 언급한 몇몇 교육자들과 철학자들의 주도로 〈국민교육헌장〉을 국민 앞에 공표했다.

1968년 12월 5일 발표된 〈국민교육헌장〉은 새로운 대한민국과 박정희 체제가 지향하는 모든 이념과 방향을 담고 있었다. 민족중흥의 저력은 국민 정신의 개혁 운동에서 나오는 것이라고 밝히면서, 민족국가를 위한 국민 정신 개조 운동을 주창하였고, 산업화와 서구화의 폐해를 민족이라는 공통분모로 결집시킴으로써 숭고한 목적을 위해 경제의 윤리화 운동을 주장하여 민족 스스로 생활할 것을 종용하였다. 〈국민교육헌장〉 전문을 보면 국가지상주의를 지향하는 강조점이 분명하게 드러나 있다. '국가의 발전이 나의 발전'이라는 어구에는 국가가 국민과 개인에 우선한다는 철저한 국가주의가 표방되어 있으며, 이는 대중민주주의 국가로 변화하고 있는 대한민국의 국민을 철저하게 순응적이고 헌신적인 국민으로 개종하기 위한 목적이 담긴 것이었다.

헌장의 중요 문구와 단어를 해석하면 다음과 같은 내용으로 설명할 수 있을 것이다. 민족중흥과 새 역사 창조로 해석할 수 있는 발전주의가 분명하게 드러나고 있으며, 자주독립과 애국애족의 민족주의를 표방하고 있고, 소질 계발, 창조의 힘, 개척정신, 자유와 권리, 책임과 의무 등으로 대표되는 근대적 개인 주체에 대한 규정을 볼 수 있다. 그러나 보다 근본적 가치와 질서로 제기되는 '공약과 질서'는 집단적인 윤리의 표현이자 집단주의의 전형으로 볼 수 있으며, 반공민주주의라는 한국적 민주주의의 양식과 의미를 분명하게 표방하고 있다.

따라서 헌장의 주요 내용과 개념을 다시 정리하면 발전주의, 민족주의, 반공민주주의, 국가주의로 꼽을 수 있다. 이중에서 눈여겨 볼 수 있는 것이 한국에서 민주주의를 이야기할 때 가장 먼저 논의되는 반공의 의미와 반공이라는 영역에 둘러싸인 민주주의다. 결국 〈국민교육헌장〉을 통해 박정희는 체제의 가치와 지향점을 분명히 밝히면서 체제의 안정성을 구축하기 위한 다양한 정책과 제도를 만들어낼 수 있었으며, 국민 정신개조 운동의 일환으로 '경제적 가치'를 최우선으로 하는 '잘 살아보세' 식의 사회운동을 시작할 토대를 구축하였다. 이후 박정희 체제 내내 등장하는 다양한 운동들은 이와 같은 국민 정신 개조와 경제적 가치를 고스란히 담아내 정치 권력 유지와 안정에 활용되었다.

무솔리니와 박정희 개인의
리더십에 대한 비교

　이탈리아와 한국이라는 서로 다른 공간과 1920년대와 1960~70년대
라는 시기까지도 전혀 다른 두 체제를 비교할 때 가장 유사성을 가진 분
야가 있다면 아마도 체제를 유지하고 통치했던 두 국가의 지도자일 것
이다. 무솔리니라는 이탈리아 파시즘 체제의 완성자와 통치자, 그리고
박정희라는 한국 현대사의 정점에 서있는 인물은 우리가 예상하는 것
이상으로 유사점이 많다. 이는 역사상 등장했던 수많은 독재자들에게
찾을 수 있는 한 가지 공통점과 유사하다. 가장 대표적인 특징으로 이야
기할 수 있는 것은 국가 통치에 있어서 권위주의적 리더십을 통한 강권
정치, 혹은 폭력을 수반한 전체주의적 통치라는 길일 것이다. 그런 이유
때문에 앞서 이야기한 시대 차이나 공간 차이에도 무솔리니와 박정희
개인의 공통점을 찾을 수 있는 것이다.
　특이하게도 두 사람의 일생에는 수많은 일화와 험난한 역정 등이 있
었고, 두 사람의 경력은 많은 점에서 유사하며, 더욱이 무솔리니와 박정

희라는 두 사람의 성격이나 지향점 등은 많은 측면에서 공통점을 나타낸다.[51] 여기서는 두 체제를 비교하는 데 필요하고 충분한 의미가 있는 내용만을 중심으로 인간 무솔리니와 박정희, 그리고 통치자로서의 무솔리니와 박정희를 분석해보겠다.

무솔리니는 부르주아 가정에서 태어나 아버지의 권위주의와 사회주의적 성향 등을 물려받아 반항적이고 다소 자유분방한 교육을 받았다. 특히 그는 학교 급우들을 협박하거나 물의를 일으키는 행동을 서슴지 않았으며, 징집을 피해 국경을 넘기도 했던 특이한 성격의 소유자였다. 그러나 사회주의에 경도된 선동적이고 전투적인 문체의 저널리스트이기도 했던 무솔리니는 선동과 선전의 중요성을 인식하고 있던 몇 안 되는 정치가였다. 박정희는 빈농의 가정에서 태어나 전형적으로 독학과 고학으로 사범대학까지 졸업한 수재형 인물이었지만, 군인에 대한 동경과 활동적이고 반항적인 성격은 상당했던 것으로 평가되고 있다.

무솔리니나 박정희 모두 교사라는 직업을 통해 사회생활을 하기도 했지만, 이들 모두 후학을 양성하고 인재를 기르는 교육에는 그다지 큰 자질이나 관심이 없었기 때문에 결국 교육자의 길을 포기하고 사회운동가와 군인의 길을 선택하게 되었다. 또한 특이한 공통점 하나는 두 사람 모두 사상적으로 사회주의에서 출발했으나 이내 사회주의에 반대하는 입장으로 돌아선 뒤 평생 사회주의를 적으로 삼았다는 점이다. 정치권력 역시 비정상적인 방법[52]으로 획득했으며, 독재 정권을 유지한 기간(무솔리니의 경우 살로Salò 공화국이라는 괴뢰정부 시절을 제외하면 약 21년 정도의 기간을 통치했고, 박정희는 약 19년 정도를 통치했다) 역시 비슷하다. 그리고 두 사람의 최후 역시 그 과정이나 방법에서 유사한 점이 많았는데, 무솔리니의 경우 자신의 반대자들인 유격대의 검문에 걸려 총살당했고, 박정희의 경우 자신의 최측근에게 총에 맞아 사망했다는 다소 비극적인 결말을 공유하고 있다는 사실이다.

유사한 인생 역정만큼이나 두 사람의 독재자로서의 통치 스타일도 비슷했다. 또한 이들에 대한 사후의 평가 역시 크게 상반된 평가가 주를 이루고 있다는 점에서도 상당한 유사성을 지닌다. 무솔리니에 대한 평가는 크게 두 가지로 집약된다. 하나는 통일 이후 혼란스럽고 불안정했던 이탈리아 사회를 안정시키고, 국가의 내적 통일성이 취약했던 이탈리아에 민족주의와 대외적 팽창 정책을 통해 일체감을 조성하려 노력했다는 평가이다. 다른 하나는 갓 태어난 이탈리아에 자유민주주의라는 서구의 전통을 제거하고 전체주의와 국가조합주의에 의해 왜곡시켰으며, 이후 전개되는 이탈리아 현대 사회에 과거청산의 문제를 남겨주었다는 부정적 평가이다.

박정희 개인에 대한 평가 역시 무솔리니의 그것과 유사하다. 무솔리니보다는 다양한 사후 평가가 있는 박정희이지만, 그 근저에 깔린 기본적 내용을 집약해본다면 두 가지 정도로 압축될 수 있다. 첫째는 근대화의 영웅이라는 이미지로, 주로 재임 기간 동안의 경제적 성과를 긍정적인 측면에서 이야기하고 있는 입장이다. 두 번째는 독재자로서 18년간 한국의 자유민주주의를 왜곡시킨 장본인이자 친일과 반공 그리고 군사문화의 잔재 등을 통해 한국 사회를 비틀리게 한 정치가라는 극단적 평가이다. 이와 같이 상반된 평가가 도출되는 것은 판단에 다소 주관적인 측면이 작용하기 때문이며, 판단의 기준이나 수단을 어떻게 적용하느냐에 따라 정반대의 결과가 나올 수도 있다.

무솔리니는 허영심과 자만심이 과도한 성격이었지만, 한번 마음먹은 것은 반드시 밀어붙이고 마는 추진력이 있었다. 또 본인 스스로 서민임을 표방하면서 추수 때나 공사장에서 웃옷을 벗고 친밀한 모습을 연출하기도 하였다. 박정희 역시 서민적이라는 사실을 국민들에게 인지시키기 위해 많은 노력을 하였다. 막걸리를 자주 먹는 모습이나 농촌에서 농부들과 함께 땀을 흘리면서 담소를 나누는 모습들이 자주 신문이나 방송에 등장한 것은 박정희가 보여주고자 한 친서민적인 모습이었다.

이외에도 두 사람의 리더십 유형[53]뿐 아니라 신체적인 특징이나 지적 능력 등 개인적 역량을 통한 비교도 가능할 것이다. 그러나 무엇보다 개인적 수준에서의 비교보다는 그들이 통치했던 시대를 종합하여 체제의 특징과 성격을 다양한 영역에서 비교하는 것이 이탈리아의 파시즘과 한국의 박정희 시대를 보다 명확하고 객관적으로 알아보는 계기일 것이다. 따라서 지금부터는 박정희 체제를 여러 측면에서 평가하면서, 이를 파시즘 체제 내에서 비교 적용할 수 있는 분야를 함께 묶어서 분석해보도록 하겠다.

정치·경제·사회·문화 영역에 대한 두 체제의 비교

정치적 측면에서의 유사성과 이질성 연구

개요

역사적 블록이라는 개념에 의거하여 이탈리아 파시즘과 한국의 박정희 체제를 분석할 때 가장 먼저 이야기할 수 있는 지점은 정치 영역에서의 동원의 유형과 지배의 특징일 것이다. 이탈리아의 경우 1922년 10월의 '로마 진군' 전까지 의석수 35석(전체 의석 수 535석)에 불과하던 무솔리니와 파시스트 정당은 지배 집단의 포섭과 대중들의 동의를 획득하는 데 비교적 오랜 시간과 계획이 필요했다.[54] 그러나 군사 쿠데타라는 비합법적인 방식을 통해 정치권력을 획득한 박정희를 주축으로 하는 군부 집단은 단시간 안에 사회적 혼란을 말소하고 체제를 안정적으로 유지할 필요성을 모색하게 된다. 따라서 군사 쿠데타에 정치적인 정당성을 부여하고, 정권의 당위성을 선전하고 국민에게 인식시키기 위해서는 몇 기지 정치적 조치들이 필요하였다.

가시적인 조치들은 5·16 쿠데타 직후 시행되었다. 정당 및 집회결사의 금지, 국민 및 지방의회의 해산, 15개 정당과 238개 단체의 해산 등의 조치가 뒤따랐고, 1962년 3월 16일 정치활동정화법을 통해 4,400여 명의 정치인들의 정치 활동 규제를 통해 기존 정치 세력을 약화시켰으며, 김종필 등이 중심이 되어 창설한 중앙정보부를 통하여 군부 정치의 기반을 마련하였다. 이와 같은 조치들 외에도 박정희 군부 집단은 군부와 5·16 군사 쿠데타 주도 세력이 중심이 되는 정치적 세력화를 도모하였고, 그것이 구체적인 형태로 가시화 된 것이 재건국민운동본부였다.

이탈리아 역시 파시스트 정당 이외에 새로운 정치 세력화와 지지 세력의 확산을 위한 조치들이 마련되었다. 가장 커다란 정치적 결사체로 군사적 조직망을 가지고 탄생한 것이 검은셔츠대Camicia nera이다. 또한 지역별로 각종 전투 부대와 유사한 정치적 조직squadrari들이 조직되었다. 이 조직들은 무솔리니의 지지 세력을 확산하고 사회주의 정당이나 기관들에 대한 대국민 테러를 자행하기도 하였으며, 각종 집회와 시위 등을 조직하여 파시즘 세력의 위세를 대내외적으로 과시하였다. 또한 군중동원 집회와 열병 등을 중시하고, 군사적인 시위와 훈련의 모습들로 대외 이미지를 긍정적으로 구축하면서, 이탈리아 지배 세력이라는 정통성을 표방하고자 했다.

정치적 측면에서의 체제 유사성은 다음의 두 가지 수준에서 분석할 수 있다. 하나는 정치적 성격을 갖는 대중 동원 운동을 조직하여 일반 국민들을 정치에 참여시켜 지지 세력화하는 수준이고, 두 번째는 국가의 권력과 강제력을 통하여 정치적 동원과 체재를 유지하는 수준이다 이탈리아의 파시즘 제제나 박정희 체제 모두 언급한 두 가지 수준의 정치적 동원과 체제 유지 방법을 사용하였는데, 구체적 내용은 다음 항에서 알아보도록 하겠다.

정치적 대중 동원 운동의 조직과 유형

여기서 의미하는 정치적 대중 동원 운동이라 함은 시민사회나 국민들의 자발적이고 참여적인 동기와 욕구에서 자율적으로 조직된 대중운동이나 시민사회가 아니라, 국가가 직·간접적으로 개입하고 전국적 차원에서 전개된 일종의 관변주도 의식 운동으로, 국민의 일거수일투족을 통제하고 감시하는 성격을 가진 운동을 의미한다. 한국의 박정희 체제에서 주도한 가장 대표적인 것으로는 '반공궐기대회', '방위성금모금', '국군 장병에 대한 위문편지 및 위문품 보내기' 운동 등이 바로 그러한 유형으로 분류할 수 있으며, 이러한 운동들은 이후에도 관이 개입하거나 조직하는 수많은 관변 운동의 기원이 되기도 하였다.

이와 같은 운동은 일반 국민과 대중을 동원함으로써 아래로부터의 정치적 지지를 이끌어내고, 지지층의 내부적 결속을 다지면서, 반공이나 분단 위기에 대한 이미지를 끊임없이 재생산하는 데 목적이 있었다. 주로 남과 북의 분단 상황을 악용하여 안보–반공 이데올로기의 확산을 위한 노력들이 대중 동원의 유형들이라 할 수 있을 것이다. 박정희 체제는 이러한 자발을 강요한 조직적 기만과 위선을 통해 국민에게 체제의 내적 결속을 다짐과 동시에 정치권력의 정당성을 쉽게 이끌어내면서 국민들의 지지를 조직화하는 데 성공하였다.

이탈리아의 경우 파시스트 당원 가입 운동을 전개한다거나, 각종 기념식과 행진 등 대국민 시위를 조직화하기도 하였다. 또한 전국적으로 청년 조직과 청소년 조직 같은 하부 조직들을 창설하였으며, 제1차 세

계대전에 참전하여 얻은 승전국 지위를 활용하여 제1차 세계대전 승전
기념일을 국경일로 삼았고, 전국의 도시에 파시스트들의 친위조직 — 밀
리치아Milizia라는 조직으로, 파시스트 세력을 위한 사적 조직의 성격을
지닌다 — 을 결성하였다.[55]

특별법원과 동등한 역할을 하는 기관은 범법자들을 재판하기 위해
종종 이용하였던 OVRA였다. OVRA는 '반파시즘 진압 및 감시 조직
Organizzazione Vigilanza Repressione Antifascismo'의 알파벳 첫 자를 딴
기구였다. 경찰청장인 보키니가 비밀리에 창설하여 1929년부터 공안 담
당 감찰관들이 활동에 들어갔다. OVRA는 파시즘의 절대 권력에 대한
우호적 인식을 여론에 심어줌과 동시에 신비스러운 분위기를 조성하는
기능을 하는 비밀 조직이었다. OVRA는 조직의 스파이와 앞잡이들뿐
아니라 일반 시민들인 협력자들을 활용한 조직의 다양한 '하수인들'을
통해 전국적(지역에 따라 분화된 하부 조직을 두었다) 네트워크를 운영하였
다. 또한 에티오피아 전쟁 기간 중에 특히 파시스트 내부에서도 종종 억
압과 강압의 도구로 활용되기도 했던 OVRA는 해외에서의 반파시즘 활
동을 감시하거나 통제하기도 했다.

대중 동원이 필요한 이유는 명약관화했다. 박정희 정권 자체가 대중
적인 동의에 의해 권력을 획득한 것이 아니었고, 쿠데타라는 불법적인
방법을 통해 정권을 탈취한 것이나 다름없었기 때문이었다. 이처럼 취
약한 정당성을 확보하는 가장 좋은 방법은 대중과 국민들로부터 정권의
당위성을 확인받는 일이었다. 따라서 대중 동원이 가능한 방식이라면
그것이 일제의 잔재든 불법적이든 혹은 반강제적이든 그다지 중요한 것
은 아니었다. 그런 이유로 관제 동원이라는 명칭으로 수많은 반강제 동
원이 이루어졌고, 자발이라는 명목으로 국가의 제도 안에 대중을 동원

하는 방법들이 사용되었던 것이다.

대중 동원을 사용할 때 가장 많이 내세웠던 이데올로기는 전인권의 표현을 빌리자면 '실체적 공동체 윤리'였다.[56] 이 개념에는 민주주의가 지향하는 자유나 개인의 인권과 같은 가치는 그다지 중요한 것이 아니었다. 전인권은 이를 다음의 두 가지로 설명하고 있다. 첫째, 이 윤리는 국가와 같은 공동체에 실체적 윤리성을 부여하는 것이다. 둘째, 개인은 윤리적 행동을 통해 실체적 윤리성을 갖는 단체에 기여해야 한다. 이를 분석해보면 다음과 같은 논리가 성립된다. 개인과 집단(혹은 단체)의 관계는 윤리적으로 종속 관계임을 알 수 있고, 개인은 집단에 종속되는 존재로 나타난다. 또한 개인이 존재 의의를 갖게 되는 것은 타인이나 국가에 대한 의무를 다할 때만이 가능하다.

이는 대중이 개인적인 인격체로서 인간 집단의 의미보다는 집단의 구성원이자 국가와 민족을 위해 존재하는 윤리적인 존재가 되어야 한다는 당위성을 강조할 수 있는 근거였다. 따라서 대중의 동원이나 개인의 희생은 국가와 민족을 위해서는 당연하고 꼭 필요한 의무라는 점을 국민들에게 각인시켰다. 대중 동원 역시 이러한 맥락에서 이루어졌고, 개인의 사생활이나 자유를 제약하더라도 한민족과 대한민국이 발전하고 부강해질 수 있다면 감내하고 희생해야만 하는 것이었다. 이런 상황에서 시민사회의 거의 모든 영역에서 구체적으로 시행되는 각종 의식과 행사에 국민이 동원된다는 사실은 자연스러운 것이었고, 이를 전체주의적인 체제에서나 가능한 것이라고 생각하지 않았던 것이다.

박정희 자신이 가졌던 이러한 생각은 자연스럽게 국가 활동이나 제도를 통해 상시적으로 활용될 수 있도록 제도화되었다. 때로는 정부 기관이나 공기업을 활용하기도 했으며, 때로는 교육 체계를 적극적으로 활용하고 기업이나 민간 단체들에게 협조를 구하면서 대중 동원이 보다 확산되고 광범위하게 퍼져나갈 수 있도록 노력했다. 또한 파시즘 정당과 상당히 유사한 단일 정당과 독재 정당의 성격을 갖는 민주공화당의 창당을 통해 대중 동원을 정치 영역에까지 확장했다. 이는 군인이었던 박정희가 합법적으로 권력을 창출할 수 있는 기제로서 정당을 활용했다는 중요한 의미를 지닌다. 쿠데타 이후 처음에는 재건국민운동본부로 출발했지만, 이듬해인 1963년에는 공화당 조직으로 발전하였으며 그 회원 수가 무려 390만에 이르렀다. 또한 한국청년회, 한국부인회, 4H클럽, 토지개량조합 등이 이 시기 조직되어 박정희 시대의 주요한 대중 동원의 정치적 조직으로 성장하였다.

국가 제도를 통한 정치적 동원과 내용

이번 항에서 의미하는 국가 제도란 국가의 입법 활동으로 법제화된 다양하고 공식적인 제도를 모두 일컫는다. 가장 대표적인 주요 수단은 정당과 선거 제도 및 그를 뒷받침하는 법률의 제정과 폐지 및 수정 등이었다. 이 과정에서 박정희 체제는 시민사회의 활동을 위축하는 포고령(최고회의 포고령 제6호로 구호, 학술, 종교단체 이외의 모든 사회활동을 금지하는 조항을 담고 있었다)을 제정하였다. 또한 박정희는 반공법, 정당법, 노동관계법, 유신헌법 등의 정당한 법률을 통해서 시민과 시민사회의 활동을 위축시켰으며, 중앙정보부와 보안사령부 등의 정보 기관을 통한 대국민 사찰이나 요인 등의 감시 활동을 통하여 국민의 자유와 인권을 억압하고 체제 순응적 시민을 양성하는 데 공권력을 동원하였다.

박정희 체제는 이러한 강압적인 대국민 강권 통치를 행하는 동시에 가장 대표적 수단인 선거와 정당을 통하여 국민의 암묵적인 지지와 동의를 구했다. 1967년 제7대 총선에서 공화당의 압승은 그러한 지지와 동의의 극대화였으나, 이후 제8대 총선에서의 결과는 체제 유지를 보장하는 데 불안감을 주기에 충분한 것이었다. 특히 야당 후보의 선전은 장기적으로 대통령 선거에서 영원한 승리를 보장할 수 없다는 것을 여실히 보여주었다.

이후 박정희 체제는 선거 제도의 본질을 왜곡하여 대통령이 지명하는 유정회 출신 국회의원이 총 국회의원 수의 3분의 1이나 확보할 수 있도록 선거 제도를 왜곡하였으며, 지역구에서 최소한 2위를 할 수 있는 안전장치인 중선거구제를 도입하여 집권 여당의 안정적 의석을 확보하였다. 유신체제 아래 치러진 제9대 총선이 대표적인 경우인데, 공화당과 신민당의 득표율 차이가 총 2%에 불과했지만, 의석수는 거의 3배 정도의 차이가 났다는 것으로도 충분히 증명되는 일이었다. 더욱이 제10대 총선에서는 국민 지지율이 여당인 공화당보다 야당인 신민당이 앞섰음에도, 의석 비율은 신민당이 3.3%나 뒤지는 불합리한 상황이 빚어졌다. 이와 같은 악의적인 제도를 통하여 민의를 왜곡하고, 그 왜곡된 결과를 정권 유지에 대한 국민적 동의라고 선전하는 악순환의 선례를 남긴 것이었다.

박정희 체제는 이러한 국가 기구와 제도를 통한 동원 체제 이외에도 전 국민의 군사화와 시민사회의 병영화를 통해 쉽게 동원 체제를 구축하였다. 1968년 김신조 남파사건을 계기로 예비군과 학생군사훈련(교련이라고 하는 교과목)이 실시되었으며, 1975년 민방위대와 대학 내의 총학생회를 해체하고 학도호국단을 창설한 것도 이와 같은 맥락에서 이해될 수 있을 것이다. 이는 군사 문화와 병영 체제의 일상화를 통해 시민사회를 무력화하고 상명하복의 체제 순응적 교육과 시민 양성이 주요 목표였다는 사실을 의미하는 것임은 두말할 필요가 없을 것이다.

이러한 바탕 위에 박정희 체제는 주요 기관과 조직을 중앙에서부터 말단에까지 연결시키는 종적이며 상호교차적인 구조로 개편하였다. 가장 대표적인 조직으로는 민주공화당의 횡적 조직구조와 시·군정 자문위원회, 방위협의회, 지역대책협의회, 기관장 친목회, 지방행정 동우회, 노인복지자문위원회 등이 있다. 이외에도 평화통일자문회의 지역협의회나 한국반공연맹 지역지부, 재향군인회, 퇴직한 경찰 출신들의 모임인 경우회, 새마을운동 중앙본부지역지회, 새마을지도자협의회 지부, 새마을부녀자연합회 지부, 대한상이군경 지역분회, 대한전몰군경 미망인회 등도 박정희 체제 유지를 위해 중앙 조직과 농촌 등을 연결하는 주요한 역할을 하였던 중추적 말초신경 조직이었다.

파시즘 체제 역시 국가를 통한 동원의 시작을 법률에서부터 시작하였다. 특히 무솔리니가 수상 직에 오른 뒤 가장 먼저 기획하고 계획했던 개정 법안이 헌법이었다. 헌법 개정 계획은 1924년 8월에 열다섯 명의 위원(다시 1925년 1월에 열여덟 명이 되었으며, "현자들"이라는 애칭을 갖고 있었다)으로 구성된 헌법개정위원회의 구성을 시작으로 파시즘 정부가 강력추진하였다. 헌법개정위원회는 젠틸레가 의장의 직무를 맡았고, 1925년 7월에 무솔리니에게 행정부 강화와 노조 및 조합 조직 강화를 내용으로 하는 기본적인 헌법 개정안이 제출되었다. 그러나 이 제안들은 직접적으로 헌법을 개정하거나 새롭게 법제화하는 결과로 이어지지는 않았다.

헌법 개정보다 가장 먼저 눈에 띠는 것은 정부 수반의 권한을 다루고 있는 1924년 11월의 법률이었다. 이 법률에서 정부 수반은 정책 실행과 법안 상정에 있어 더 이상 장관이나 국회의 동의를 필요로 하지 않는다는 원칙을 내세웠다. 오로지 국왕 앞에서만 책임을 지며, 각료에 임명하거나 소환할 장관들을 지명할 수 있었다. 또한 의회는 어떠한 법률안도 정부 수반의 허가 없이 회기 중에 제출할 수 없게 규정하였다. 더군다나 1926년 12월 31일자 법률에서는 행정부에게 사법적 판단과 판단이 가능한 사법 규정에 대하여 이를 수정할 수 있는 선택권을 부여했다.

더불어 지방 행정자치법도 개정했는데, 지방자치단체의 단체장을 선거가 아닌 주지사에 해당하는 주행정지사가 임명할 수 있도록 했으며, 주지사의 지휘 감독을 받도록 했다. 또한 코무네라고 하는 지방행정단위의 도시 자문위원들도 행정주지사가 독단적으로 임명할 수 있도록 하였다. 더 나아가 1928년에는 현(프로빈치아)의 지방자치단체장인 행정장관을 국왕이 지명해 임명할 수 있도록 하였다. 이와 같은 임명직 주지사와 행정장관의 행정부 예속은 당연히 국가에 의해 동원될 수 있는 국민의 수를 증가시켰으니, 이는 실질적으로 국민들을 파시스트 정당의 지배 아래 둘 수 있는 중요한 변화였다.

법률에 의해 국가적 동원 체제를 갖춘 파시즘 체제를 일반 국민들 수준에서 동원할 수 있도록 제도적 정비를 한 분야는 노동 부문이었다.[57] 노동과 노조에 대한 개입은 전체주의적 수준에서 국가가 직접 개입하는 방식을 선택하여 진행되었다. 따라서 파시즘 체제 노동운동의 기본 방향과 정책 내용을 주도하고 결정한 것은 국가 권력과 산업자본가였고, 그 주체였던 노동자와 노조는 들러리와 동원의 대상일 뿐이었다. 1923년에 맺어진 '키지Chiggi 궁 협약' 이후 파시스트 연합과 산업자본가협회는 1925년 10월에 두 단체를 유일한 노동자 단체와 고용주 단체로 상호 인정하는 협약(비도니궁 협약patto di Palazzo Vidoni)을 맺는 데 성공했다. 이에 따라 노동관계에 대한 법적 규범을 정한 법률(1926년 4월 3일자)은 노조 활동의 자유를 폐지했으며, 국가 조직으로서 파시스트 노조(유일한 합법적 노조)가 되게 했다. 파시즘 체제는 노동헌장Carta del lavoro[58]이라는 미명 아래 겉으로는 노동자 친화적이고 언뜻 사회적인 성향으로까지 비칠 수 있는 파시스트 노동 정책을 펼치게 되었다.

이렇게 하여 이탈리아는 파시즘 체제를 완성하고, 국가 주도의 조합주의 국가와 대중 동원이 가능한 병영국가를 이룩하는 데 성공하였다. 파시즘 체제 이후 발생했던 수많은 제국주의 전쟁과 전쟁 참여는 이러한 대중 동원 없이는 불가능한 것이었으며, 노동자와 국민들은 법률과 제도에 의해 규정된 국가 권력의 강제적 징벌과 동원에 한편으로는 적극적이고 또 한편으로는 강제적으로 응하게 되었다.

박정희 체제에서도 이탈리아 파시즘 체제의 노동 정책과 유사한 정책이 실시되었다. 5·16 군사 쿠데타 이후 파업 금지와 노동조합의 전면 해산령을 내렸고, 1962년 헌법 개정에 따라 노동삼권의 금지를 명문화하였다. 1970년대와 유신체제 아래에서도 노동자를 인간의 기본적 권리를 행사하는 대상으로 인정하기보다는 '조국의 근대화'를 책임질 역군임과 동시에 동원의 대상으로 보았다. 노동자라는 '계급적' 정체성보다는 수출 역군이자 산업의 주역으로서 '근로자'만이 존재했을 뿐이고, 박정희는 이를 국가가 동원해야 할 최우선적인 국민으로 인식하였다. 그러나 새마을운동 등이 등장했던 배경 등을 살펴보면 궁극적으로 박정희 체제가 노동자 계급을 국민의 일원이나 근로자라는 정체성으로 묶어두는 것이 쉽지 않았음을 알 수 있다.

결론적으로 이탈리아의 파시즘 체제나 박정희의 개발독재 체제는 적어도 국가를 통해 국민을 동원할 수 있도록 상당히 오랫동안 체계적으로 법과 제도를 정비해왔다. 단지 두 체제가 단일 정당과 단일 정치권력에 의해 운영되거나 통치되었다는 점만으로는 두 체제의 공고성과 장기

성을 설명하는 데 한계가 있지만, 제도적이고 법제적 측면에서의 공고
화와 동원 체제의 안정화야말로 국민들의 강제적 혹은 때때로 자발적인
동원을 이끌어낼 수 있는 기반이었다는 점을 부인하기 어려운 것이다.

경제적 측면에서의 유사성과 이질성 연구

박정희를 정점으로 하는 개발독재 체제를 논하는 데 다른 어떤 영역
보다 논란의 여지가 많은 분야가 바로 경제적 측면에 대한 부분일 것이
다. 특히 외형적인 경제 성장의 결과와 근대화론 등으로 집약되는 박정
희 체제의 경제적 성과에 대해서는 많은 학자와 전문가가 비교적 후한
평가를 내리고 있기 때문이다. 통치 기간인 18년 동안 연평균 경제 성
장률이 8.5퍼센트였다는 사실 하나만으로 박정희 시대와 그를 정당화하
고 영웅화하는 데 주저하지 않고 있다. 그러나 외형적이고 수치적인 성
장 이면에 감추어진 내면적이고 자유민주주의적인 가치와 인권의 후퇴
라는 면을 어떻게 수용하느냐에 따라 경제적 성장을 성장이나 발전으로
보지 않을 수도 있다는 점을 전제적 요건으로 상정하고자 한다.

박정희 체제의 일반적 경제적 특징에 대해서는 이미 상당한 연구 결
과가 있다. 이미 언급한 발전국가론이나 개발독재론은 그러한 연구의
대표적 결과물이며, 기타 연구들 역시 이러한 두 가지 연구의 틀에서 그
다지 벗어나 있지 않다. 본서에서는 개발독재론이라는 부정적 시각에
바탕을 두고, 이를 다시 새로운 경제 체제의 창출을 통한 역사적 블록이
라는 관점에서 접근하고자 한다. 특히 여기서는 최장집 교수가 주장하
는 발전주의 연합이라는 개념에 주목하면서, 지배 블록과 농촌 블록의

결합과 접합점이라 할 수 있는 새마을운동을 통하여 경제적 측면을 분석할 것이다.

1960년대와 1970년대 고도성장은 실제로 국가 산업 전체에 걸친 고른 성장이라기보다는 경공업과 특정 중화학공업 비대형의 산업구조 속에 타인 자본 의존도가 높은 재벌 위주의 무역지향 성장이었다.[59] 이러한 불균형적 성장은 후진적이었고 생산성이 낮은 농업 부문에까지 그 혜택이 돌아가지는 않았다. 결국 경제 성장의 이면에는 농민이나 지방민의 희생과 불만이 있었다고 볼 수 있다.[60] 박정희 체제는 그와 같은 농촌의 불만을 잠재우고, 정권에 대한 지지를 이끌어내야만 통치를 지속할 수 있었던 절박한 상황에 처하게 되었다. 이에 '잘 살아보세'라 구호로 대표되는 새마을운동은 박정희 체제의 지배 블록을 강화하면서 국민경제 구조를 변화시킨 운동이자 전환점으로 해석할 수 있다. 특히 농민과 농업에 국한되어 전개된 농업경제 구조 개혁 운동의 성격보다는 일종의 지역사회 개발운동의 성격을 갖는다.[61] 정부가 주도하고 농민들이 참여하는 방식을 취하여 체제 유지의 동의와 지지를 지탱하는 메커니즘이자, 국민의 일상에까지 국가가 개입할 수 있는 여지를 만들었던 농촌 블록의 형성을 위한 운동으로 평가할 수 있는 것이다.

실제로 박정희가 새마을운동을 전개한 것은 도시의 노동자들이나 빈민계급에게 더 이상의 지지 확보가 어려웠다는 현실적 요인도 있었지만, 통치 기반을 확장하고 장기 집권을 위해서는 도시에만 국한된 정책이나 지지층 결집만으로는 해결하기 어려운 구조적 문제를 안고 있었기 때문이다. 새마을운동이 본격적으로 입안되고 시행되기 이전 미국은 식량에 대한 무상 원조 기조를 유상 원조로 바꾸었고, 이에 한국 농촌 경제의 어려움은 가중되었다. 더군다나 1970년대 주력 수출 지역이었던 중동 지역에서 쉴 새 없이 무력 분쟁이 발발하면서, 이 지역이 위험 지역으로 분류되어 한국의 수출 주도형 정책과 기조는 심각한 위기에 처하였다. 여기에 1970년대 중반의 석유파동은 수출을 근간으로 하는 한국 경제 정책의 기반과 방향을 재설정하여야만 할 만큼 심각한 위기를 초래하였다.

수출 주도형 정책 방향과 경공업과 중화학 공업 중심의 산업 발전 정책은 농촌의 황폐화와 함께 이농 현상의 심화 등 심각한 사회 문제로 발전했고, 이는 곧바로 지지율 이반과 안정적 지지층 확보의 실패로 이어졌다. 결국 박정희 체제는 도시와 공업에 집중하는 국가 경제 발전 전략 전반을 조정하고 수정해야 했다. 농민들의 대중적 동원 방식에 외형적인 변화를 꾀한 것을 국가 전략 자체의 근본적인 궤도 수정으로 볼 수는 없지만, 적어도 농촌과 농민이라는 새로운 지지 기반의 확충과 산업 자본과 농촌을 연결하여 하나의 지지 블록으로 엮어낼 수 있는 전술적 전환의 의미는 충분한 것이었다.

따라서 새마을운동에 대한 접근을 전적으로 경제적 전략으로 보는 데는 분명한 한계가 있다. 무엇보다 새마을운동이 국가 경제 전체의 구조를 재조정하고 새로운 국가로 발전시키기 위한 경제 전략이 아니었다는 점이다. 농촌과 도시의 불균형과 불균등을 조정함으로써 보다 안정적인 지지 기반 구축을 내부 변화를 통해 이루고자 한 것이었다. 근면·자조·협동을 모토로 유휴 노동력을 국가 성장과 발전에 동원하면서 정권 유지와 안정을 위한 지지층 확대 전술로서 새마을운동의 체제적 의미를 이야기할 수 있다. 이는 마치 이탈리아 파시즘 체제가 국가 체제의 유지와 국가 발전이라는 목표를 달성하기 위해 농촌에서 벌였던 농촌 개량 및 개조 운동과 유사한 것이었다.

이와 같은 동원 체제로서 새마을운동의 주요한 특징을 몇 가지 열거해보면 다음과 같다. 첫째는 아래로부터의 동원 전술의 의미가 있다는 점이다. 전통적인 초가집이나 쇠락하는 오래된 가옥을 개량하기 위해 시멘트 무상 지원 사업을 벌여 자발적 동원을 유도하였고, 마을 공동 사업의 참여 독려 및 지방 말단 공무원들의 적극적인 현장 개입과 감독 등은 새마을운동 자체에 국가가 주도하는 아래로부터의 동원이라는 의미를 부여하기에 충분한 것이었다.

두 번째는 새마을운동에 참여하거나 수혜를 받은 사람들이 부분적이거나 배타적이었다는 점이다. 특히 농촌에서도 하위층이었던 절대적 빈민층이나 성인 남성이 없는 농가들은 노동력 동원이 많은 새마을운동 자체를 찬성하지 않았으며, 이미 충분한 토지를 소유한 자영 농가들은 자기 소유의 토지가 개발과 공동 택지 이용이라는 명목으로 수용되어야 한다는 사실을 받아들이기 어려웠다.

세 번째는 새마을운동에 의한 동원이 충분히 정치적이었다는 점이다. 특히 마을의 이장이나 하위직 공무원들을 기반으로 하고 '새마을운동 지도자'를 중심으로 지연과 혈연 등을 동원한 효율적 정치 조직체이자 동원 조직이었다는 점은 이 운동이 농민 자활 능력의 고양이나 순수한 의미에서 자립 정신의 고양과는 다소 동떨어진 것이었음을 보여준다. 특히 새마을운동의 성과로 흔히 이야기하는 생활 민주주의, 한국적 민주주의, 실천 민주주의, 현장 민주주의와는 전혀 동떨어진, 국가에 의해 조직되고 동원된 반강제적 운동이었다.

물론 새마을운동의 긍정적 측면들 역시 다수의 학자와 전문가가 강조하는데,[62] 조국 근대화의 기반에 농촌 근대화를 함께 포함시킴으로써 농민들이 근대화의 주역이라는 의식을 갖게 하였다는 점을 들 수 있다. 또한 토지 개간이나 주거 환경 개선 등 다양한 사업과 활동은 근대적 농촌을 현대적 농촌으로 변화시킬 수 있는 근본적인 동력을 제공하였다. 그럼에도 겉으로 드러난 새마을운동의 성과는 나보다는 국가와 민족이 먼저라는 전 국민 의식 개혁 운동으로 자리매김했다. 특히 삼강오륜에 기초한 유교적 전통을 현재의 전체주의적이고 독재적인 정치권력에까지 이입시켜 성장과 발전의 가치를 위해 절대 권력자에 의한 안정적 국가 발전이 대한민국 민주주의의 가장 시급하고 보존해야 할 가치로 변형되어버린 것이다.

하층 계급으로서 농민들은 새마을운동에 의해 국가가 주도하는 규율적이고 조직화된 체제 안으로 점점 포섭되었다. 그러나 여전히 한편에서는 산업화 과정에서 필요한 노동력의 기반이었던 농민들의 이농 현상이 가속화되었고, 농촌에서 이탈한 농민들은 조국 근대화와 산업화의 희생양이 되었다. 이러한 노동력 공급은 이미 산업적으로나 규모면에서 일정 정도의 기반을 구축하고 있던 재벌의 발달과 확충에 상당한 기여를 하였다. 재벌이라는 독특한 현상은 외국에서 흔히 이야기하는 대기업과 동질의 기업 형태로 보기에는 여러 면에서 다른 점들과 특징이 존재한다. 박정희 체제의 경제 구조와 경제적 특징을 이야기하기 위해서는 박정희 체제 유지와 안정의 또 다른 기반으로서 재벌과의 관계를 빼놓을 수가 없다.

실제로 한국 산업화 과정에서 재벌의 형성 시기는 정확하게 박정희 체제의 등장과 일치한다. 이승만 정권 아래서 원조 물자의 불하나 배급의 독점권을 갖고 있던 몇몇 기업이 이들 대기업의 모태가 되기는 했지만, 대개 생산을 통한 기업 이익의 획득보다는 환율 차익 혹은 유통 과정에서의 상업적 이익 획득이 일반적 기업 성장 유형이었다. 그러나 생산 과정에서 본격적으로 국가의 지원을 받으며 산업적 규모의 생산 이익을 획득한 대기업의 등장은 박정희 체제에서 본격적으로 진행되었다고 볼 수 있다.

값싼 임금을 기반으로 생산을 통한 수출 중심의 산업구조를 국가의 중추적 경제 전략으로 삼았던 박정희 체제에서, 생산을 많이 할 수 있고 수출 능력을 갖춘 기업이란 어느 정도의 규모를 갖춘 기업을 의미했다. 한국형 대기업 모델인 '재벌'이 탄생한 것이다. 박정희 체제는 수출주도형 산업 구조의 공고화를 위해 보다 규모가 큰 기업들에 대한 지원과 혜택을 집중적으로 시행하면서 성장과 발전을 이룩하였다. 특히 금융 통제권, 정부 주도형 국가 개발 전략(이는 흔히 경제개발 5개년계획으로 설명할 수 있다), 정부의 세제 및 금융 지원 및 관급 공사의 특정 기업에 대한 발주 등으로 특징지어지는 정책을 통해 개발과 성장이 이루어졌다.

이와 같은 정책 기조와 방향은 국가 독점 자본의 성장으로 설명할 수 있는 것이었고, 국내 소수 대기업에 집중하여 이루어진 결과물이었으며, 국가가 적극적으로 재정 정책, 외자 도입 정책, 인허가와 관련된 고유의 권한 이용, 기업의 합병과 인수 등에 적극적으로 개입하거나 독점 규제나 공정거래법 등을 통한 규제 완화 등의 방법을 통해 재벌의 확장과 운용을 조장한 것이라고 볼 수 있다. 1970년대 중화학공업화 선언이 발표된 뒤 국내 굴지의 기업들은 연평균 50퍼센트 이상의 성장률을 기록했으며, 대기업의 계열사 수도 세 배에 가까이 늘어났다.

국가가 주도하는 경제 정책과 동원 체제 형식의 발전 모델은 여러 측면에서 파시즘 체제를 연상시킨다. 비록 두 체제의 경제개발 개입 수준의 내용과 형식이 다소 다르더라도 분명 개발과 성장의 목표 속에 담긴 패러다임과 정책 기조는 상당히 유사하다. 파시즘 체제의 경제 정책과 기본적인 내용은 어느 정도 알려져 있지만, 박정희 체제와의 유사성을 비교하기 위한 기준에서 파시즘 체제가 갖는 국가 주도와 동원 체제의 내용을 중심으로 이탈리아 파시즘 체제의 경제 정책과 내용을 보다 자세하게 알아보도록 하겠다.

무솔리니의 초기 사회주의 이력과 이전 자유주의 정부의 경제방임주의에 대한 반발 등 여러 요소가 결합되어, 파시즘 체제는 경제 부문을 국가가 완전하게 주도하는 형태를 취하였다. 국가 주도 정책은 파시스트당이 중심이 되어 산업 전반에 걸쳐 펼쳐지는데, 특히 한국의 새마을 운동과 비교할 수 있는 농촌진흥정책이 이탈리아 파시즘 체제 아래서도 대대적으로 진행되었다. 흔히 '토지개간사업'으로 불리는 농촌진흥정책은 무솔리니가 정권을 잡고 난 뒤인 1924년에 추진되었다.

이 사업을 위해 파시스트 정부는 토지 몰수와 개간의 원칙에 대한 법률을 제정하지만, 지주와 남부 지역의 반발 등으로 입법화하는 데는 실패하였다. 법안의 주요 내용은 토지에 대한 의무 개간, 토지 개간 비용의 지주 할당제, 개간 거부 토지에 대한 국가의 몰수, 관개 및 수로 사업, 댐이나 도로 및 주택 개선 사업 등을 포함하고 있다. 그러나 앞서 서술한 대로 남부 지방과 농촌 지주들의 반대로 입법에는 실패하였지만, 이 시기 많은 농촌이 국가의 주도에 의해 근대화와 산업화 수준의 개발과 변화를 꾀하는 방향으로 전환하였다.

국가 주도 동원과 동의 체제의 제도적 완성은 조합주의Corporazione로 귀결되었다.[63] 파시즘의 독창적 산물로 간주되고[64] 1929년 미국에서 시작된 경제대공황을 극복하기 위한 실현 가능한 대안으로 유럽 각국과 미국 등에서 지켜보던 국가 주도의 파시스트 조합주의는 경제인들보다는 학자를 비롯한 전문가들에게 더더욱 큰 관심거리였다. 실제로 조합주의에 관한 이론적 논쟁[65]은 파시스트 체제에서 시행되었던 정책의 내용과는 다소 다른 모습을 띠고 전개되었다.

조합주의는 국가를 최고의 선이자 목적으로 상정하고, 국가의 이익을 '최고의 이익'으로 삼으면서, 노사 갈등을 완화하고 계급 갈등을 극복하기 위해 계급 간 이해관계를 조정하면서 국가 경제 시스템을 재조직화하려는 의도를 갖고 있었다. 다시 말해 국가사회주의와 시장경제를 기반으로 하는 자본주의의 절충 노선으로 오늘날 흔히 이야기하는 '제3의 길'과 유사한 의미를 가진다. 조합주의 국가 건설은 1926년에 제정된 노조 법안에 의해 노조와 사용자 조직 사이에 합의된 '노사협력 중앙협의 기구'의 출범으로 시작되었다. 또한 파시스트 정부 안에 새로이 조합주의부가 신설되었는데, 1929년 당시 경제부 차관 보타이Bottai의 지휘와 통제를 받고 있었으며, 1932년까지 경제부 산하로 무솔리니가 직접 지휘·통제하였다.

조합주의부는 일종의 연구 기관과 같은 역할을 수행하였으며, 노동의 원칙을 담고 있던 노동헌장은 각각의 조합에게 해당 부문에서의 생산을 조절하고 규정하는 등 방향을 제시하였다. 파시스트 조합주의의 절정은 1930년에 헌법을 개정하고 삽입한 조항에 의거해 설립된 조합주의 관련 전국 기구였는데, '전국조합평의회'라 불리는 기구였다. 그러나 전국조합평의회의 구성원인 스물두 개의 조합은 1934년에야 비로소 실질적으로 완성되어 그 체계를 갖추게 되었다.[66] 이로서 1934년 2월 5일에 고시된 '조합주의 법안'에 의해 파시스트 조합주의 체제는 완전한 형태를 갖추게 된다.

스물두 개의 영역별 조합의 존재는 1939년 양원제의 한 축이었던 하원에서 파시스트 출신 의원들과 조합 출신 의원들로만 구성되는 기묘한 하원 제도의 성립에 필수불가결한 전제조건이었다. 이 시기 하원과 상원 모두 더 이상의 정치적 이해가 아닌 경제적 이해만을 대변하는 정치 권력 기구로 전락하였다. 구성원들은 파시스트당과 조합평의회 소속 전국 대의원 약 600명으로 구성될 뿐이었다. 이들의 역할은 기본적으로 두 가지였는데, 하나는 단순한 자문의 역할에 그치는 것이었고, 다른 하나는 입법 기능을 정부와 공유하면서 새로운 법률을 제안하는 정도였다(이는 마치 유신헌법 체제의 유정회와 유사한 정치적 기능과 역할을 하는 것으로 평가할 수 있다). 그것은 대의제도의 기반인 직접선거 원칙의 결정적인 폐지라고밖에는 평가할 방법이 없었다.

파시즘 체제 경제적 운영의 기반이라고 할 수 있는 조합과 조합원 중심의 대평의회가 실질적인 권한이나 중추적인 역할을 했다고 평가하기에는 다소 무리가 있지만, 적어도 파시즘 체제가 계획경제의 기조 아래 동원된 근대화와 산업화를 위해 노력했다는 점은 분명하다. 박정희 체제 역시 동원과 근대화를 통해 국가가 경제 발전을 주도하고, 소수의 특정 기업이 국가 경쟁력을 독점할 수 있는 구도를 만들어주었다는 점에서 그 강제성과 동원성을 충분히 알 수 있다. 더욱이 두 체제 모두 경제 운영에서 5개년 계획이나 국토 개발을 통한 국가의 발전과 산업화를 동일시했다는 측면에서 전체주의적 경제 체제의 특징을 보여준다.

사회적 측면에서의 유사성과 이질성 연구

일반적으로 박정희 개발독재 체제에서의 사회적 동원은 주로 농민 계층이나 노동자 계급의 수준에서 이야기되어왔다. 또한 그동안의 비교연구 대상 국가인 대만이나 일본에서의 사회적 동원 유형 역시 일면적인 특징을 강조하는 선에서 그치는 경우가 많았다. 대만이나 일본이 주로 집권당을 통해 국민을 동원했다면, 한국의 경우 행정부가 주도하는 양상을 띠었다. 특히 사회적 동원을 위한 반대급부로 정치적 권력이나 각종 사회적 이권 개입을 허용했다는 측면에서 지배계급 블록을 가장 공고히 함과 동시에 이를 확장시키는 역할을 했다고 볼 수 있다.

여기서는 주로 도시 지역에서 결성된 각종 협회나 단체들을 중심으로 지배 블록이 확장되는 과정을 중심으로 살펴볼 것이며, 주요 관변 단체나 사회 직능 단체의 준정부화 수준에서도 그 의미를 살펴볼 것이다. 또한 사회적인 수준에서 박정희 독재 체제를 유지하고 확산하는 데 중요한 역할과 기능을 했던 유·무형의 형태들은 어떤 것들이 있었는지에 대해 주목하고자 한다. 특히 한국의 경우 박정희 체제를 유지시키기 위한 수많은 사회 조직과 교육 체계 안에서의 유사 조직이 국가에 의해 설립되고 활동하였다.

가장 먼저 거론할 수 있는 것은 박정희가 쿠데타에 성공한 뒤 파업 금지와 노동조합의 전면 해체령을 시행하면서 어용노조라고 할 수 있는 '한국노총' 설립법을 제정한 점이다.[67] 노동 정책의 국가 귀속은 국가가 주도하는 파시즘 체계의 국가조합주의와 유사한 것이었고, 1962년 대통령에 당선된 뒤에는 노동삼권의 전면 부인을 헌법적 개정 사항으로 채택하였다. 또한 국가가 주도하는 경제개발계획의 수립과 노동 권리를 제한하는 국가보위 특별법 등을 통해 단체교섭을 정부 기관인 노동청에서 주관하여 조정하고 심의하는 방식으로 바꾸기까지 하였다. 실제로 1970년대 노동청이 직권으로 단체교섭을 조정한 비율이 30퍼센트를 넘었으며, 강제 중재의 범위를 확대하는 법조항을 삽입하기도 했다.

이러한 노동 정책의 국가적 통제는 사회적 계급으로서 노동자라는 존재를 사라지게 했으며, 그 결과 '수출역군'이자 '산업역군'으로서 국가와 민족의 발전에 힘을 쏟는 '근로자'만이 존재하게 되었다. 결국 이러한 정치적 탄압과 사회적 분위기로 인해 노동자들이 사회 계층에서 차지하는 계급적 중요성이나 계층적 안전성은 많이 희석되었다. 더군다나 이와 같은 계급성의 희석은 정당정치의 활성하나 진보적인 정당, 혹은 노동자들의 이해관계를 대변하는 계급 정당의 탄생을 불가능하게 하는 정치적 환경을 제공하였다. 이는 노동자들이 사회적 환경이나 경제적 성장의 수혜 계층에서 철저히 외면당하고 배제되었다는 사실을 의미했다. 실제로 1960년대 초반부터 약 10년 간 제조업 부문 노동자의 분배율, 다시 말해 제조업의 발전 수준과 발생 수익으로부터 노동자들이 받았던 경제적 이익의 배분율이 지속적으로 감소하였다는 것은 〈표1〉을 보면 알 수 있다.

더군다나 한국에서 이야기하는 노동자란 대부분 육체노동을 통해 공장에서 노동력을 제공하는 블루칼라 노동자를 의미하는데, 이러한 협소하고 비노동자적 정의는 생산직 노동자에 대한 직업별 임금 격차와 직군별 차별을 일상화하는 데 상당히 공헌하였다. 실제로 생산직에 대한 관리직이나 사무직 및 판매직 등과의 임금 격차는 박정희 정권 말기까지 점점 악화되는 것으로 나타났다. 〈표2〉는 직업별 임금 격차를 잘 보여주고 있다.

이와 같은 자료와 수치는 오늘날 이야기하는 사회적 양극화가 이미 이 시기부터 진행되고 있었다는 것을 보여준다. 더군다나 노동자들의 열악한 작업 환경과 대우에서 노동 부문에 대한 국가의 강요와 동원 수준이 심각한 상황이었음을 알 수 있다. 당대 노동자들이 처한 환경은 전

국가	1962	1970	1973
한국	26.1	25.0	23.0
일본	37.1	32.0	35.0
미국	52.6	47.3	44.1
서독	38.0	40.9	44.1
영국	53.0	52.6	49.0
캐나다	52.0	53.1	

〈표1〉 박정희 정권 시기 제조업 부문 노동분배율 국가별 비교(1962-1973) (단위 : %). 출처: 이정우(2004) p. 231. 재인용.

태일의 다음과 같은 증언을 통해 단적으로 알 수 있다. "2만 명의 직원 중에서 약 90퍼센트를 차지하는 봉제공의 평균 나이가 18세이며, 하루 근무 시간이 15시간이고, 시다공은 평균 연령 15세이며 하루 16시간의 중노동에 시달리고 있다." 더군다나 이와 같은 열악하고 극심한 노동 탄압에도 불구하고 노동운동의 전환기적 사건들이 자주 발생하게 된 것도 사회적으로 균열이 발생하고 있다는 증거였다.

노동자나 노동운동의 국가 통제와 동원 체제의 구축은 '산업전사'와 '수출역군'으로서 노동자가 아닌 근로자의 사회를 만들었고, 학도호국단이나 베트남 파병 등을 통하여 준군사적 사회의 성격을 갖는 병영사회가 되었으며, 반공을 국시로 하고 중앙정보부와 국가보안법을 통한 억압적이고 폭력적인 통치 기조는 국민을 쉽게 동원할 수 있도록 하는 강제의 메커니즘을 작동시키는 사회를 만들었던 것이다.

조직된 동원 체제가 갖추어진 사회를 운영하고 이를 효율적으로 통제하려면 더욱 다양한 기제와 장치가 필요하다. 학교에서는 〈국민교육헌장〉 등을 통해 국가에 봉사하고 희생하는 산업 역군들을 만들어냈으며,

연도	관리직	전문□기술직	사무직	판매직	서비스직	생산직
1971	359	250	204	118	90	100
1976	474	292	222	112	103	100
1980	395	246	162	89	100	100

〈표2〉 박정희 시대 직업별 임금격차(비농업부문) 출처: 이정우(2004) p. 234 재인용.

새마을운동 중앙협의회나 마을개발위원회 등을 통하여 전국의 거의 모든 농촌마을의 협력과 통제가 가능한 메커니즘을 만들어냈다. 또한 노사협의회를 통해서는 회사와 노조를 모두 통제할 수 있었고, 교회나 사찰 등의 종교단체에 대해서는 체제 순응적인 일상화의 첨병 단체로 활용할 수 있도록 다양한 경제적 혜택을 부여하면서 체제를 선전하고 협조할 수 있도록 조직화했다.

박정희 체제는 '민족중흥의 역사적 사명'을 체제 유지의 가장 중요한 모토이자 목적으로 선전하였다. 민족주의라는 이상을 대한민국 사회의 소중한 좌표로 설정하고, 이를 위해 권위주의적 문화와 순응하고 복종하는 미학의 가부장적 사회를 지향했다. 대규모 군중집회와 학교나 직장 혹은 국가 기관에서는 애국심을 고양하고 체제 선전의 장으로 적극 활용하였다. 일상화된 제도였던 조례 등은 이러한 권위주의 체제를 지탱하는 중요한 작동 기제였다. 사회적으로 조직된 동원을 가능하게 했던 국가의 메커니즘은 이탈리아의 파시즘 체제와 큰 차이가 없었다.

이탈리아의 파시즘 체제 역시 사회적으로 동원이 가능한 다양한 조직과 기구들을 만들어냈다. 권력에 의해 조직된 동원과 순응 체제는 박정희 시대와 그다지 큰 차이가 나지 않았다. 무솔리니가 '로마 진군'이라는 역사적 사건으로 정치권력을 획득한 뒤 가장 먼저 실시한 사회개혁이 교육 분야였다. 젠틸레를 교육부 장관에 임명한 뒤, '참교육' 또는 '능동적인 교육'이라는 모토로 새로운 파시즘 체제에 적합한 국민을 양성하는 제도 개혁을 단행했다. 국가를 전면에 내세우면서 엘리트들의 리더십이 당대의 경제와 사회적 위기에서 가장 필요한 덕목이라고 국민들을 조직화하였다.

파레토. 미헬스Michels, 모스카Mosca 등의 엘리트 이론가들이 파시즘 체제를 지탱하는 데 커다란 공헌을 했던 것은 바로 이런 이유였다. 또한 체제 유지에 필요한 기능적이고 실용적인 직업 교육이 강조되었으며, 노동 조직의 전투성을 배제하기 위하여 노동자들을 일상적 틀 속에서 통제하고 여가 시간까지 전체와 사회의 구조 속에 묶어 놓고자 했다. 이를 위해 파시즘이 조직했던 대표적인 것이 '노동 이후'라는 의미의 도포라보로Dopo Lavoro였다. 1925년 결성된 이 조직의 목적은 국가와 조합에 의해 통제받던 노동자들의 여가까지 국가가 간접적으로 통제하고, 개인의 사적 생활 영역에까지 국가 혹은 사회가 개입하여 다양한 교육과 프로그램을 통해 파시즘 체제에 맞는 '새로운 인간'을 육성한다는 것이었다.

도포라보로는 1930년대 말에 400만 명이 넘는 노동자들이 가입되었을 정도로 파시즘 체제에 의한 일상 통제의 첨병 역할을 했다. 파시즘 체제가 직접 운영하는 다양한 여가 시설에 일과 이후 자연스럽게 이들 여가 시설을 이용하면서 파시즘의 이데올로기와 정책 그리고 국가 정책의 홍보를 접하였고, 국가에 의한 조직된 동원 체제를 유지하는 데도 상당한 기여를 하였다. 이는 마치 한국의 새마을운동이 농촌에서 시작했지만 전 국민에게 파급된 것과 유사한 형식으로 진행된 파시즘 체제 특유의 국가 동원 기제라 할 수 있다.

무솔리니는 노동자들만을 대상으로 하는 기구나 조직 이외에도 청소년들을 대상으로 한 전국적인 청년 조직 오페라 나치오날레 발릴라 Opera Nazionale Ballila를 1926년 파시즘 청소년 조직과 통합하여 출범시켰다. 이탈리아 국적의 6세부터 21세까지의 유아와 청년들까지 포괄적으로 포함하는 이 조직은 파시즘 청소년 단체였을 뿐 아니라 군사 교육까지 함께 받았던 준전시 기구의 성격도 가졌다. 이 조직은 1937년 파시스트 이탈리아 청년조직Gioventù Italiana del Littorio으로 확대 개편되어 대부분의 청소년들을 의무적으로 가입시켰다. 이들은 "믿자, 따르자, 싸우자"라는 구호에서 알 수 있듯이 전투적·군사적 성격이 강했으며, 파시스트 체제에 순응하고 쉽게 동원될 수 있는 파시스트형 국민 육성을 위해 노력하였다.

이탈리아의 국민 동원 체제는 여러 조직이 유기적 연결망으로 조직되어 있다는 점에서 박정희 체제보다 훨씬 구조적이고 군사적인 측면이 강했다. 무솔리니 스스로 수상에 오른 뒤 몇 년을 빼고는 대부분의 시간을 연미복이나 정장 차림보다는 총통 특유의 군복을 즐겨 입었다는 사실뿐 아니라, 유소년으로부터 청년 그리고 성인에 이르기까지 거의 모든 국민이 파시스트 조직에 직간접적으로 가입하거나 관련을 맺도록 하였다. 실제로 파시스트 당원증이 없을 경우 교사나 공무원 등이 될 수 없었던 것이 당대의 현실이었다.

권위주의적이고 병영화되어 있는 사회 구조나 조직은 가정과 학교, 직장에까지 영향력을 미치고 있었으며, 종교인 가톨릭마저 그 흐름에서 자유로울 수 없었다. 파시즘 체제의 정당성이 공고해지면서 무솔리니는 대내적으로 정권과 체제의 안전성과 합법성을 인정받고자 했다. 그러나 실제로 이 시기 무솔리니 체제에 대하여 많은 나라가 그다지 큰 관심을 보이지 않았을 뿐 아니라, 눈앞에 닥친 경제 위기에 집중하고 있었다. 따라서 무솔리니가 선택한 최상의 카드는 가톨릭과의 제휴였다.

마키아벨리가 이미 지적하였듯이,[68] 가톨릭은 적어도 이탈리아 역사 속에서는 상당히 부정적인 정치 세력이었고, 이탈리아의 통일이 더디게 된 데는 이탈리아 반도에 통일된 강력한 세속 정치권력의 출현을 막고자 했던 가톨릭의 외교적 노력이 큰 힘을 발휘했기 때문이었다. 그런 가톨릭의 입장에서 보자면 1861년 이룩한 등장한 이탈리아 왕국은 이탈리아에 교황이나 가톨릭이 아닌 다른 세속 권력, 그것도 강력한 직접적인 권력의 출현이라는 측면에서 반가울 수 없었다. 더 나아가 가톨릭은 이탈리아의 세속 권력으로부터 통제와 제한을 받는 상황에 처하게 되었다. 1870년 프러시아-프랑스 전쟁의 결과로 프랑스로부터 로마를 넘겨받자 바티칸이 마치 로마 안의 교황 유배지와 같은 상황에 처해진 것도 그런 이유였다.

따라서 가톨릭의 입장에서 파시즘 체제가 내민 화해의 손짓―비록 전체주의와 독재 체제일지라도―은 너무나 반가울 수밖에 없는 것이었고, 더군다나 파시즘 체제는 가톨릭 교육 시스템의 부활을 약속해 1929년 2월에 교황청과 라테란 조약을 체결하였다.[69] 그것은 파시즘에 대한 동의를 조직화하는 데 더욱 강력한 무기가 되었으며, 가톨릭교회 역시 이를 통해 세속적인 권력의 확장 기회로 삼았다. 이러함 움직임의 기원은 1922년 교황청 시기까지 거슬러 올라가야 하는데, 무솔리니 정부가 교황 피우스 11세에게 던진 화해 정책의 출발점이었다.

이후 이탈리아인민당(PPI)의 해체, 젠틸레의 개혁, 로마 은행의 구제, 1924년 밀라노 가톨릭대학의 인정 등이 구체적인 화해 정책이었다. 1929년 2월에 무솔리니와 가스파리Gasparri 대주교는 라테란 조약에 서명하였는데, 1870년부터 시작된 '로마 문제'의 종말과 세속 국가의 등장을 승인하는 내용을 담고 있었다. 그 외에도 조약 당사자들은 외교적으로 상호 인정하고(이는 결국 바티칸 시국의 탄생으로 귀결되었다), 이전에 교황청이 지배하고 있던 교황청령 소유의 토지 손실분 보상을 위해 7억 5000만 리라의 재정 지원을 하는 것 등을 약속했다. 이런 연유로 라테란 조약은 양 세력에게 아주 유효하고 기념비적인 정치적 중요성을 갖는 사건이 되었다.

실제로 라테란 조약은 파시즘 체제에 대한 국내외적 정당성을 인정하는 전환기적 사건이었다. 국민의 90퍼센트 이상이 가톨릭 신자라고 볼 수 있는 이탈리아에서 가톨릭은 종교 이전에 이미 하나의 생활 윤리이자 규범이었다. 그러한 가톨릭이 파시즘 체제를 인정했을 뿐 아니라 교황이 무솔리니에 대해 신의 재현이라고 할 정도의 칭찬과 존경을 표한 것은 파시즘 체제의 정당성과 합법성이 종교적 수준에서까지 인정받고 있다는 의미였다.

파시즘 체제의 사회가 단순히 위로부터 조직되고 동원된 체제가 아닌 아래로부터 동의된 체제로 구현될 수 있었던 것은 가톨릭이라는 종교까지 아우를 수 있었기 때문이다. 사회를 하나의 일정한 방향을 가진 정치적이고 사회적인 결사체로 만드는 데 파시즘이 초기에 성공했기 때문에, 위로부터 시작된 조직된 강제와 동원 그리고 아래로부터 국민들의 동의에 기반한 전체주의 성향의 사회가 오랫동안 유지될 수 있었던 것이다. 결국 한국의 박정희 체제에서 이야기할 수 있는 동원 체제의 의미와 파시즘 체제의 동원은 그 수준과 동인 등에서 약간의 차별성이 존재하지만, 궁극적으로 체제 안정성과 사회 구성의 속성 형성이라는 측면에서 유사한 변수들과 구조화 과정을 거쳤다고 볼 수 있다.

문화적 측면에서의 유사성과 이질성 연구

파시즘 체제와 한국의 개발독재 체제에 대한 여러 분야의 비교 중 상부구조로서의 주요한 위치를 차지하고 있는 문화적 동원 체제에 관한 연구는 다른 어느 영역보다도 의미가 있다. 특히 지배계급 헤게모니 유지의 결정적 요소인 피지배 계층의 동의 획득과 지배 이데올로기 확산이라는 측면에서 문화적 동원 체제가 갖는 의미는 작지 않다. 박정희 체제 역시 수동적이고 순응적인 시민과 국민을 양성하기 위한 문화적 동원 체제를 치밀하게 조직했다. 무솔리니를 정점으로 했던 파시즘 체제역시 사회의 균등화와 조직된 동원 체제를 통해 문화적 동원 체제를 확고하게 구축하였다. 여기에 동원된 지식인과 국민들은 당대의 지배계급의 논리와 구조화에 상당한 정당성을 부여했고, 이는 오늘날까지도 파시즘이나 박정희 체제가 살아 숨 쉬고 부활할 수 있는 근거와 동인이 되는 것이다.

이탈리아 파시즘 체제의 문화적 헤게모니 구축은 몇 가지 영역과 부문에서 동시다발적으로 진행되고 실행되었다. 새로운 파시즘 체제에 적합한 인간을 육성하기 위하여 교육 시스템을 정비하고, 이를 위해 파시즘의 경제 체제에 적합한 노동자를 양성하기 위하여 전술한 대로 일련의 조치들이 시행되었다. 라테란 조약에 의해 가톨릭을 파시즘 체제 안으로 끌어들인 뒤 파시즘 문화 정책의 목표는 체제 홍보와 파시즘 정신의 확산이 되었다. 영화와 미디어를 통한 선전과 홍보가 파시즘 체제가 선택한 주요 수단이었다.

문화와 사회의 파시스트화를 위한 체제 차원의 오래된 구상은 구체화되었다. 1925년 6월에 파시스트당의 주도로 '이탈리아 문화'와 '파시스트 이상'을 보호하고 확산하려는 목적을 가진 이탈리아 파시스트 문화연구소가 설립되었다. 연구소 소장으로는 파시즘 체제의 기반을 제공하는 데 커다란 기여를 한 젠틸레가 임명되었다. 파시스트 문화연구소와 함께 외국에서 활동하면서 파시스트 체제를 옹호하고 홍보했던 단체는 언어와 문화 영역에서 연구를 진행하고 있던 단테 알리기에리Dante Alighieri 학회였다.

문화계는 '파시스트 법률'이 시행되면 이탈리아 고유의 문화는 그 본질 자체가 심하게 변할 것이라 예상했고, 그 변화의 폭과 내용은 예상을 뛰어넘었다. 수많은 민족주의와 극우 보수주의 계열의 잡지가 그러한 파시스트 문화 운동의 확산에 첨병 역할을 하였다. 주요한 당대의 잡지와 신문을 비롯한 매체로는 다음과 같은 것들이 있었다. 젠틸레가 운영하던 《이탈리아 철학 비평신문Giornale critico della filosofia italiana》, 우고 스피리토와 아르날도 볼피첼리Arnaldo Volpicelli가 운영하던 《권리, 경제 정치에 대한 새로운 연구Nuovi studi di diritto, economi e politica》, 크로체 등이 주도하던 《비평La Critica》, 무솔리니가 개인적으로 운영했던 잡지 《계층Gerarchia》 등이 눈에 띄는 역할을 하였다.

이와 같은 잡지들 외에도 저명하고 지도적인 위치에 있던 많은 지식인들이 지속적으로 자신들의 활동을 보장받기 위해 파시즘 체제로 편입되었다. 파시즘 체제에 동의하는 문화적인 실천 수단의 현실적 조직화와 지식인들의 동의를 구하는 데는 보타이가 결정적인 역할을 했다. 특히 보타이가 운영하는 잡지 《파시스트 비평Critica fascista》은 무엇보다 파시즘을 지적으로 성숙한 사상으로 발전시키는 데 핵심적 역할을 한 저널로, 파시즘에 직접적으로 관여하고 있지 않은 지식인들 사이에 파시즘에 대한 이론적이고 사상적인 논의를 제공한 실질적인 공간이었다.

보타이 외에도 주요한 철학자로 조아키노 볼페Gioacchino Volpe가 있었다. 그는 이탈리아 학술원Academia d'Italia의 사무총장(1929~1936)이었고, 1926년에는 전국적 문화기관 고등Alta을 창설했으며, 근현대사학연구회의 회장(1924~1943)과 《이탈리아 백과사전》의 역사 분야 책임자였다. 자신의 저작 《발전 중인 이탈리아L'Italia in cammino》(1927)에서는 리소르지멘토라는 역사 과정에서 나타난 파시즘의 구성 요인과 전제조건들을 따로 떼어내어 파시즘 발전 과정의 역사적 당위성을 역설했다.

또한 역사 및 역사학 방법론 분야에서 1930년대에는 데 베키De Vecchi의 영향력이 두드러진다. 데 베키는 이탈리아 리소르지멘토사 연구원의 원장이었으며, 1935년부터는 교육부 장관을 역임했다. 그는 《리소르지멘토사 논평Rassegna storica del Risorgimento》을 통해 사보이 왕국 중심의 역사 서술 방법론을 원용함으로써 1,000년이 넘는 통일의 공백 시기를 로마제국과 파시스트 로마로 연결시키기도 했다.

문화계를 통한 파시즘의 집요한 동원과 순화 작업은 특히 문학계에서 두드러지게 나타났다. 쿠르지오 말라파르테의 개인적 경험이나 미노 마카리Mino Maccari(1924~43)의 《야만인Il selvaggio》과 같은 집합적인 경험들은 1920년대에 확산되었던 '향토파Strapaese' 운동의 문학적 결과물들이었다. 향토파는 농촌을 중요시하고 농촌의 중요성을 알리는 문학 분파로서 도시에 대한 농촌의 도덕적이고 미학적인 우위를 주장하는 문학 유파였다. 이러한 흐름 이면에 자리하고 있던 또 다른 분파로는 '20세기'파의 마시모 본템펠리Massimo Bontempelli와 같은 이들이 있었다. 그는 예술가들과 문학가들 사이의 관계 개선과 파시즘이 시행하고 있는 정치적 개혁 사이의 긴밀한 연관성을 주창했다. 이외에도 파시즘과 타협한 문학가들 중에는 노벨 문학상을 수상했던 루이지 피란델로

Pirandello가 있다. 마테오티 암살 사건이 일어난 직후 파시스트당에 입당한 그는《산위의 거인들I giganti della montagna》과 같은 작품에서 새로운 이탈리아인에 대한 수사적 고양을 통해 파시즘을 묘사하였다.

언론에 대한 파시즘화는 이미 1920년대에 완성되었다. 특히 이미 오래전부터 저널리즘의 위력을 몸소 깨닫고 체험한 무솔리니는 누구보다 선전과 홍보의 중요성을 알고 있었다. 이에 따라 1922년에 이미 총리실 산하에 언론실이 창설되었고, 스테파니Stefani 공보국장[70]에 의해 파시스트화가 이미 시작되었으며, 1930년대에는 본격적인 언론 통제가 완성되었다. 그는 선전(영화, 음악, 연극 검열 책임자) 및 언론 담당 차관보로 승진했고, 1935년에는 장관이 되었다. 1937년에는 인민문화부가 창설되었는데, 도서검열위원회(1938년에 유태인 작가들에게 타격을 주기 위해 설립된 기구임)를 통한 언론 검열이 자행되었고, 파시스트에 우호적인 작가들과 지식인들에게 재정적 지원을 하였다.

파시즘 체제에서 특이한 선전 매체로 새롭게 등장한 것은 라디오 방송과 영화였다. 최초의 라디오 방송이 전파를 타게 된 것은 1924년이었지만, 본격화된 것은 1927년 비로소 민간 자본이 함께 투입되고 국가가 주도하는 이탈리아라디오방송공사(EIAR)가 창설되면서부터였다. 라디오 방송은 그 홍보 효과와 위력에서 다른 언론 매체를 월등하게 앞섰기 때문에 무솔리니는 이를 적극적으로 지원했다. 로마나 밀라노의 대도시 광장에서 벌어지는 대규모의 파시스트 집회를 생중계로 들을 때는 멀리 지방이나 벽촌에 사는 국민들도 동시에 대중 집회에 참여하고 있다는 느낌을 받을 수 있었다.

라디오 방송이 국가의 홍보 수단이었다면, 영화는 무솔리니가 개인적으로 선호한 주요 선전 수단이었다. "영화는 가장 강력한 무기이다"라는 무솔리니의 말처럼, 1937년 설립한 루체Luce 영화연구소 출범식에서 무솔리니의 영화에 대한 사랑을 부각시키기까지 했다. 이탈리아 영화 산업은 1930년대에 새롭게 출범하였으며, 영화 산업 증진책을 위해 파시즘 체제는 치네구프Cineguf, 아들 비토리오 무솔리니가 관여한《치네마Cinema》(1936년~1956년)라는 잡지, 영화제작실험센터(1936년), 1937년 개관한 치네치타Cinecittà라는 영화연구소까지 여러 관련 기관과 연구소를 출범시켰다.

이와 더불어 사진, 그림, 건축, 조각 등도 파시즘 체제 선전의 목적으로 활용되었다. 파시즘 체제와 관련된 최초의 공식 전시회는 1931년 로마의 박람회장에서 열렸는데(당시에는 2년마다 열리는 베네치아 영화제에 이어, 4년마다 열리는 로마 영화제, 그리고 1933년에는 3년마다 열리는 밀라노 영화제 등이 있었다), 파시즘 체제는 사진, 건축, 벽화, 모자이크 등을 활용하여 체제를 홍보하는 데도 상당한 노력과 힘을 쏟았다. 파시스트 혁명 전시회(파시스트 진군 10주년 기념한 전시회로 1932년 10월 28일 개최)에서 현대적 건축가와 미래주의Futurismo[71] 예술가들, 아달베르토 리베라Adalberto Libera와 같은 나치스트, 20세기 전위 예술가들과 마리오 시로니 같은 예술가들의 작품이 전시된 것도 이러한 노력의 일환이었다.

이러한 예술가들과 그들의 작품을 활용하는 방식을 선택한 파시즘 정부는 자신들의 사상과 이념을 문화계와 예술사조들을 통해 전방위적으로 확산하고자 했으며, 이는 무솔리니와 파시스트 정부가 철학적이고 사상적인 확산을 위해 문화계를 적극 활용하는 구체적 방식을 선택했다는 사실을 의미한다. 특히 젠틸레를 통한 교육 체계의 정비와 미래주의로 대표되는 파시즘 예술의 구현은 문화적 동원 체제의 이론적이고 실제적인 형태를 보여준다.

박정희의 개발독재 체제 역시 문화에 대한 중요성을 강조하고 문화 정책의 우선성을 국가 정책이나 다양한 국민 연설 등에서 드러냈다. 박정희는 국가 발전의 정신적 지주이자 국력 신장의 원동력이 문화와 예술이라는 점을 자주 언급했다. 쿠데타의 공약으로 내세운 신문화관이나 민족문화 창달의 의미를 강조하고 있는 연설문 역시 이러한 새로운 문화와 예술에 대한 박정희의 강조였다. "봉건적 전근대성과 맹목적인 사대 관념을 철저히 배격하고, 우리의 과거와 현재에서 외래 사조의 장점을 취택하여 민족의 고유성, 전통, 주체 의식을 토대로 신한국관, 신민족문화를 확립하게 한다. 새로운 문화관을 창조하고 새로운 사회 풍조를 이룩하여 '우리 것'을 형성 견지하게 하고 자랑할 것이다."[72]라고 박정희는 쿠데타의 공약에서 밝히고 있다.

이후 박정희는 민족문화의 창달과 국민 계몽 및 정신문화의 고양이라는 축약된 구호가 말해주듯, 문화를 창달 가능한 것으로, 그리고 새로운 사회 풍조는 이룩하는 것이라는 단편적 사고를 즉각적으로 실행하여, 국가가 주도하는 문화와 예술 관련 기구와 협회를 다양하게 조직한다. 특히 공보부가 중심이 되어 열 개 분야의 예술협회를 결성하였으며, 지방 문화원에까지 재정 지원을 명시하는 '지방문화사업조성법'을 1965년에 제정하였다. 1966년에는 한국예술문화윤리위원회의 설립을 시작으로 국민교육헌장과 국민표준오락 등을 국가가 주도하여 국민에게 확산시켰다. 이어 1968년에는 공보부를 문화공보부로 확대 개편하여 정부 주도 문화 정책의 틀과 내용을 더욱 강화하였다.

그러나 실제로 국가가 주도하는 문화 예술의 진흥이라는 것은 군사정권의 정책 홍보와 문화예술계에 대한 통제를 강화하기 위한 지원에 지나지 않는 것이었다. 유신체제가 들어선 1972년에도 문화 예술에 대한 통제는 지속적으로 강화되었다. 1972년 문화예술진흥법이 제정되었고, 문화진흥 5개년계획이 수립된 것도 그 뒤의 일이었다. 이 5개년계획에 의해 설정된 문화예술 진흥의 세 가지 목표는 다음과 같았다. 첫째는 올바른 민족사관을 정립하고 새로운 민족예술을 창조하며, 둘째는 예술의 생활화와 대중화로 국민의 문화 수준을 높이며, 셋째는 문화예술의 적극적인 국제 교류를 통하여 문화 한국의 국위를 선양한다는 것이다.

박정희 체제는 민족주의의 고양을 위해 국민 정신을 개조하고 개인의 영달이나 권리보다 집단과 사회 나아가 민족 전체의 이익을 우선시하는 전체주의적 의식을 다양한 문화 체계와 교육을 통해 강제하고 통제하였다. 국난을 극복한 이순신이나 세종대왕 같은 영웅을 중시하고, 멸사봉공의 정신을 추앙하고, 충효와 상명하복의 군대식 문화와 정신을 강조한 것은 독재 권력에 봉사하고 유신체제를 지지할 수 있는 국민이 필요했기 때문이다. 따라서 박정희 시대의 문화나 예술은 이러한 국가 정신과 국가 정책을 홍보하고 전파하기 위한 하나의 수단에 불과했고, 군사 문화의 확산과 반공 이데올로기의 정착을 위한 도구에 지나지 않았다.

실제로 이 시기 가장 많이 대중 작품으로 나타난 것 중 하나는 역사 속에서 이민족의 침입을 저지하거나 맞서 싸운 위대한 장군들의 동상이나 한국전쟁과 관련된 많은 전쟁담과 전설적인 전투에 대한 영웅화와 유적지화 등이었다. 군국주의적이고 심지어 국수주의적이라고 할 수 있는 장군이나 군인에 대한 동상 건립은 병영국가의 이미지를 강화하고, 5·16 군사 쿠데타의 정당성을 부여하고자 하는 박정희를 정점으로 하는 군부 세력의 노력이었다.

신분 질서를 강조하는 권위주의적이고 병영적인 사회 분위기는 단지 학교나 직장 등에서만 적용된 것이 아니었다. 사회의 가장 하부 단위인 개인과 가정에 대한 통제와 조직화는 박정희 지배 기간 내내 지속적이고 끊임없이 시도되었다. 주민등록증 제도의 도입이나 향토예비군의 창설 등은 개인의 의식을 국가와 민족 안에 가두어 놓고, 개인의 희생이나 인권을 국가와 민족을 위해 유예 가능하고 희생이 필요한 영역으로 만들었다. 개인과 개인이 만나 이루게 되는 가정 역시 이러한 통제적이고 조직화된 개인의 연장선에서 피지배 단위였다.

박정희 체제에서 가정을 통제의 대상으로 설정하는 데 가장 주요한 법적 근거가 된 것은 1969년 제정된 '가정의례준칙에 관한 법률'이었다. 이는 전통적으로 한국 사회의 가장 근본이 되는 예식인 혼인과 장례를 비롯한 혼상제례문화를 규정하고, 나아가 구체적인 지침까지 제시하고 있다.[73] 당대의 현실에 비추어 지나치게 호사스럽고 오랫동안 치러지는 혼상을 적절하게 규제할 필요성은 존재했지만, 법률에 따라 사회의 근간이 되는 가정의 풍속까지 통제하고 지배한다는 것은 국가 권력의 남용이자 사회 조직화 수준을 적나라하게 드러낸 것이었다.

그러나 가정의례준칙 등의 시행령은 단순히 관혼상제의 한국적 전통을 국가의 통제에 두려고 하는 전략만으로 이해할 수 없는 몇 가지 함의를 내포하고 있다. 첫째는 국가의 동원 체제 구조화가 가정에까지 침투할 수 있다는 점을 보여주는 적절한 사례라는 점이다. 둘째는 가정에 대한 통제는 순응과 동원을 자연스럽게 받아들이면서 피지배 계층의 동의를 구하는 적절한 전략의 일환이었다는 점이다. 셋째는 전통과 악습, 모범적이고 규범적인 것과 일탈과 허례허식에 대한 가치 판단의 기준을 국가가 제시함으로써, 국가 정책의 정당성과 합리성에 대한 대응과 일반 국민들의 자연스러운 용인을 끌어낼 수 있었다는 점이다.

결국 가정의례준칙을 제정함으로써 박정희 체제가 지향하고자 했던 바는 크게 보아 두 가지 정도로 집약할 수 있다. 하나는 근대화와 산업화에 필요한 일상화 수준이었으며, 가정의례준칙을 통하여 이를 국가의 요구에 적합한 가정 안에서 실현하고자 했다. 둘째는 가정의례준칙을 토대로 규격화되고 조직화된 일상의 동원 체제를 구축하고자 한 것이다. 실제로 1968년 전후로 시행되었던 수많은 가정 단위의 운동들, 예를 들면 혼식의 권장, 근검절약 정신의 강조, '잘살아 보세' 등의 구호나 운동을 가정을 국가 통제와 주도의 가장 중요한 기반으로 삼으려고 했던 박정희 체제의 특징을 보여주고 있다.

의례를 통해 근검과 절약을 일상화하고자 했던 것은 산업화와 근대화에 따라 급속히 나타난 현상이었던 개인주의적·경제적 가치 추구에 대한 욕망을 적절히 통제하기 위한 것이었다. 근대화와 산업화 이전에 소비 지향의 사회, 상업화된 사회의 출현을 막고, 체제 유지에 안정적이며 통제 가능한 산업 역군들이 필요했던 박정희 체제에서는 가정의 검소함과 절약 정신은 체제 안정의 주요한 출발점이었다. 그러나 가정의례준칙을 통한 이러한 국가의 의도는 서서히 붕괴하기 시작했다. 그 분열과 붕괴의 전조가 되었던 것은 강제 조항과 처벌 규정이 삽입된 1973년의 법 개정이었다.

처벌 조항이라는 강제 규정에도 불구하고 오히려 그 효과는 미미했다고 볼 수 있다. 때마침 전개되기 시작한 새마을운동과 함께 대대적인 국민 운동이 전개되어 가정의례준칙이 모든 가정 생활의 규범이자 기준이 되었음에도 실제로 이를 준수하는 사람들의 수는 점점 줄어들었다. 게다가 많은 가정에서 이에 대한 불만이 고조되고 있었는데, 일반 국민들의 소박하고 전통적인 일상의 풍습이 허례와 허식으로 매도되어 고유의 미풍양속이 사라지는 상황이 발생하였고, 기득권을 가진 지배계급과 신흥 자본가 계층에서는 지나치게 강제적인 생활 규범과 의례의 간소화를 불합리하고 부당한 것으로 여겼기 때문이다.

결국 일상 수준에서 가정을 통하여 국민의 의식과 생활을 통제하고 강제하려고 했던 의도와는 달리 근대화의 의미에 따른 자유주의적 현상과 시장의 작동에 따른 변질된 현상들이 나타나면서 개인과 가정을 통한 조직화와 동원의 구조화에는 실패하였다. 박정희 체제의 강제적인 동원의 양상들이 보다 견고하고 연속성을 갖지 못했던 것은 문화적인 수준에서 보자면 체제의 안정성을 담보해줄 헤게모니의 구축에 실패했기 때문으로 평가할 수 있다. 초기에 다양한 집단과 계층을 근대화와 산업화라는 목적으로 묶어두는 데 성공했지만, 군부와 정권에 기생했던 몇몇 재벌과 행정 관료 외에는 박정희 체제가 추구하고자 했던 산업화와 근대화에 대한 근본적인 동질성이나 동의를 계속해서 유지하게 하는 데 실패한 것으로 평가할 수 있는 것이다.

5
한국의 지배계급
형성 과정을 통해 본
그람시 이론의 적용 가능성

한국 지배계급의 구조

한국 지배계급 형성의 특징[1]

지금까지 전개한 다양한 논의는 그람시의 역사적 블록 개념에 대한 한국적 적용을 한국 지배계급에 대한 이론화에 접목시키기 위해서였다. 연구의 시작이나 분석의 초점 등에 대한 긴 서론과 사전 작업들은 그만큼 한국 사회구성체론과 지배계급 이론이 갖는 난해함과 복잡함을 수반한다는 점을 분명하게 보여준다. 특히 지배계급의 의미를 사회학이나 정치경제학적 의미에서 해석하지 않는다는 학문적 전통에 따른다면, 지배계급이란 국가 권력의 정점에서 국민을 지배하고 통제하는 위정자와 그러한 권력을 나눠 가진 양반들이라는 매우 한정적이고 봉건적인 사고에 머무르고 있다.

그러나 사회 계층social stratification 속에서 사회적으로 형성된 동질의 정치·경제·사회·문화적 집단을 하나의 계급으로 상정하고자 할 때는 보다 분명하고 명확한 분류 기준과 동질적 특징을 통해 과학적으로 분석할 필요가 있다. 한국이라는 정치·사회적 공간 속에서 지배ruling라고 하는 속성으로 분류될 수 있는 계급적 특징을 어떻게 정의하고 논의할 것인가의 문제에도 이와 같은 과학적이고 분명한 기준과 분석이 필요할 것이다. 한국 사회를 구성하는 여러 계층과 계급 속에서 지배계급의 의미는, 그러한 측면에서 본다면, 몇 가지 중요한 동질적 요소와 속성을 통해 분류 가능할 것이다.[2]

사회과학적인 측면에서 보면 한국의 경우 계급의 구분 자체가 사회학이나 정치경제학에서 언급하고 있는 계급과는 다소 다른 전통에 서 있다. 마르크스가 규정한 대로 자본가와 노동자라는 이분법적 구분에 의해 계급을 구분할 수도 없을 뿐 아니라, 다렌도르프Dahrendorf가 강조하는 권위 관계에 의해 구분하거나, 시장에서 점하고 있는 경제적 위치에 의해 계급을 결정하는 베버Weber의 기준만으로 사회 계급을 결정하는 데에는 한계가 있기 때문이다. 그러나 이와 같은 복잡한 기준은 오히려 박정희 체제를 지나면서 전통적으로 분류되던 계급 개념에서 탈피하면서 보다 단순하고 분류가 간단해지는 경향을 나타내고 있다.

지배와 피지배라는 이분법적인 계급 구분은 원래 정치권력의 유무를 둘러싼 고대와 중세의 유물이라고 보아야 할 것이다. 그러나 부르주아가 탄생하면서 정치권력에 경제력의 소유 유무가 중요한 기준이 되면서 정치와 경제 권력을 소유하고 있는 계급을 지배계급으로 분류하고 있다. 한국에도 이와 같은 기준이 적용될 것인지에 대해서는 부연 설명이 필요하지만, 계급의 기준을 직무 분류나 직업적인 측면에서 접근한다면 실질적인 지배계급의 분류가 어려운 것이 사실이다. 특히 한국의 경우 해방 이후에 비로소 근대적 산업화가 시작되었고, 직업적인 분류 역시

계급 구분	1960년대	1970년대	1975년대	1980년대
중상 계급	0.9	1.3	1.2	1.8
신중상 계급	6.6	14.2	15.7	17.7
구중상 계급	13	14.8	14.5	20.8
근로 계급	8.9	16.9	19.9	22.6
도시 하류 계급	9.6	8	7.5	5.9
독립 자영 계급	40	28	28.2	23.2
농촌 하류 계급	24	16.7	12.9	8.1
합계	100	100	100	100
(N)	5,210,137	59,322	61,715	154,630

〈표3〉 한국 계급 구조의 변화 (단위 : %). 출처: 홍두승(1983), p.82

이 시기 이후에 나타났고, 단순히 부를 가지고 사회 계급을 분류하기에는 불명확한 문제들이 존재하는 것이다.

위의 〈표3〉에서도 알 수 있듯이, 계급을 지역이나 직군(혹은 직업)으로 분류하는 데는 불명확한 측면이 많으며, 이를 경제적이고 정치적인 권력 소유 여부로 다시 재편하는 것은 거의 불가능한 일이다. 결국 한국 사회에서 지배계급을 규정하기 위해서는 직업적 분류나 지역, 직무 등에 따른 분류보다는 전통적인 분류에 따라 정치권력을 소유한 소수의 고위 정치인 혹은 직업적 관료이거나, 기업가나 토지를 소유한 전통적인 지주와 양반 계층의 후손으로 규정해야 할 것이다.

전통적으로 정치권력 소유 여부에 더 큰 평가와 가치 개념을 두고 있는 한국적 상황에서, 관료 아닌 기업가와 경제인에게 유사한 의미의 가치와 개념을 부여하기 시작한 때는 본격적인 근대화와 산업화가 시작되었던 시기라고 볼 수 있다. 따라서 자본가와 정부 최고위층의 지배계급 구조는 역사적으로 청산되지 않았던 이들이 주체가 되어 형성되었으며, 이는 이승만 정부의 탄생과 그 이후 정치권력 구조의 연장선에서 지속될 수 있었던 근거이자 변치 않은 지배계급의 주요 구성원들이었다.

이와 같은 지배계급의 구조와 구성에 분명한 영향을 미친 것은 정치권력 중심의 새로운 계층과 직업군의 등장이었다. 바로 군부와 엘리트임을 자처하는 군인 세력이었다. 박정희 체제가 시작된 것도 그들에 의해서였고, 군부와 군인 세력이야말로 대한민국 지배 권력 구조에 새로운 변화와 조정을 이끈 세력이었다. 한국 역사의 특수성을 이해한다면 이들 군인 계급이 기존의 정치권력을 대신하여 새로운 지배계급으로 떠오를 수 있었던 것은 분단이라는 한반도의 독특한 정치 지형과 이를 뒷받침하고 있는 미국과의 관계 덕이다. 더군다나 고려 말 발생했던 일련의 무신정변 이후 조선이나 일제 식민지 시기까지만 해도 무관이나 군인이 국가의 정점에서 국가 권력을 휘둘렀던 역사적 경험은 거의 존재하지 않는다.

결국 현대 한국 지배계급의 역사는 왕조 시대의 왕족과 사대부, 양반과 같은 세습 신분들이 새로운 직업군과 사회 계층으로 바뀌면서, 기존의 지배계급 분류나 유형화와는 상당한 차이를 보이는 식으로 진행되었다. 이는 한국 계급 모델에 대한 분석이 전통적인 분류 방식과는 다소 차이가 있다는 점을 의미한다.[3] 특히 대개의 경우 계급이 갖는 사회적 자원이나 권력의 소유 여부보다는 한국에서는 실제로 규정하고 소유하고 있는 사회적 권력이나 자원의 양 이면에 감추어진 비정형의 권력 크기에 좀 더 주목하고, 전통적으로 이어져온 정치적이고 경제적인 자산 가치에 입각하여 구분하는 것이 일반적이다. 다시 말해 사회적으로 규정되고 드러난 보수나 경제적 소득의 크기 등이 아니라 사회적 지위와

		1963	1966	1971	1975	1980
경제 활동 인구 구성	경제 활동 인구	8,343	9,071	10,542	12,340	14,454
	경제 활동 참가자	55.3	55.4	55.5	56.5	57.1
	취업자	7,662	8,423	10,066	11,830	13,706
자본가 계급	행정·관리직 종사자	0.7	0.7	0.6	0.6	1.2
프티부르주아	프티부르주아 총합	62.9	61.8	58.0	56.6	48.9
	농촌 프티부르주아	49.6	46.4	38.9	38.5	28.4
	도시 프티부르주아	12.9	15.0	18.2	17.6	19.8
	중 무급 가족 종사자	2.9	3.6	4.5	4.1	4.6
	전문·기술직 종사자	0.4	0.4	0.9	0.5	0.7
노동자 계급	노동자 계급 총합	36.4	37.4	41.4	42.8	49.9
	샐러리맨층	5.1	6.1	9.5	8.2	11.6
	생산적 노동자층	18.9	19.4	20.7	24.3	26.6
	불생산적 노동자층	4.2	4.7	6.7	6.2	6.5
	실업자	8.2	7.1	4.5	4.1	5.2
합계		100	99.9	100	100	100

〈표4〉 한국 사회 계급 구성(경제활동인구조사 결과) (단위: 1,000명, %) 공제욱, 〈현대 한국 계급 연구의 현황과 쟁점〉, 《한국 사회의 계급연구》, 한울, 1995, 35쪽.

전통적으로 이어져내려온 부의 가치 그리고 사회적 자원의 통제 여부에 의해 분류 기준이 좌우된다는 것이다.

이러한 지배계급의 형성 과정에 주목할 만한 계기와 전환을 가져온 다양한 요인들과 사건들이 있겠지만, 여기서 주목하는 것은 박정희 체제 하의 지배계급 구성과 특징이다. 박정희 체제 18년간 지속되었던 지배계급의 구조는 이전과는 분명히 다른 계층과 계급 구조를 보여주고 있다. 직업군이나 분야별 종사자 수에 따른 외형적인 측면의 변화에서는 그다지 큰 특이 사항이나 수치상의 변화가 두드러지지 않지만, 드러나지 않은 내형적인 측면의 변화는 분명히 있다. 1960년대부터 본격적으로 시작된 인구통계와 경제활동인구조사 결과를 보면 어느 정도 변화

의 흐름을 추론할 수 있다.(표3 참조)

특히 이 시기 주목할 만한 흐름의 하나는 중간 계급으로서 중상 계층의 증가인데, 특히 관료제가 확충되면서 크게 늘어난 행정 관리직의 증가를 들 수 있을 것이다. 흔히 상류 지배 계층에 속하는 비율이 총 1.9퍼센트(중상계급 1.8퍼센트와 상류계급 0.1퍼센트로 추정됨)라는 것은 한국 사회의 계급 구성이 다이아몬드 형에 가까우며, 이는 산업화와 자본주의 사회로의 본격적인 전환을 의미한다고 할 수 있다.[4] 그러나 이 시기 계급 구조의 전환에서 특이한 점은 상공업에 종사하는 이들과 전문 관료들이 증가하면서 지배계급 구조가 이전보다 안정화되고, 직업적인 분화와 소수의 상층 계급이 확산할 수 있는 구조적 도입기에 들어선 것이라고 평가할 수 있다.

여기서는 이와 같은 변화와 추세를 본격적으로 논의하고, 그러한 변화의 흐름을 초래하게 된 결정적이고 확정적인 시기로서 박정희 개발독재 체제를 논의하고자 한다. 산업화와 근대화의 의미 속에서 지배계급 구조와 새로운 지배 계층의 형성이 어떤 측면에서 전개되었는지를 돌아보고, 그것이 갖는 정치적이고 사회구성체적 의미를 분석함으로써 한국 지배계급 블록의 형성과 발전이 어떤 양상을 띠고 전개되었으며, 이를 그람시의 개념인 역사적 블록으로 재구성하고 재해석할 수 있도록 기반을 제공하고자 하는 것이다.

이러한 분석과 내용은 지배계급의 변천과 그 성격을 부여하는 데도 매우 유용할 것이다. 특히 한국 지배계급의 구조가 1970년대까지와 그 이후가 조금 다른 방식으로 전개되었다는 측면에서, 기초적인 한국 지배계급 구조를 이해하는 것은 매우 중요한 이론적 출발점이다. 더군다나 1970년대까지 한국에서는 하층 계급이나 프롤레타리아도 자신이 가진 재능과 능력을 통해 그리 어렵지 않게 상류층이나 지배계급으로 편입할 수 있었다. 또한 개발독재 시기는 경제적인 부를 쉽게 획득할 수 있었던 구조적인 요인, 다시 말해 개발 지역의 지가 상승에 의한 갑작스러운 부의 획득이 가능했던 시절이었기에, 보다 다양한 계층을 흡수하면서 시시각각 양적으로 팽창했다.

지배계급의 다양성과 양적인 성장에 대한 구조적인 요인이나 내용은 추후 다른 장에서 설명하겠지만, 더욱 중요한 것은 이러한 지배계급의 확산과 양적인 증가가 서구 주요 국가들에서 나타났던 현상이나 요인들과는 다른 방향에서 전개되었다는 사실과 그것이 주로 갑작스러운 부의 증가나 비민주주의적인 경로와 과정을 통해 이루어졌다는 점에서 한국 사회의 성격과도 관련이 깊다는 점이다. 이는 결국 한국의 지배계급 구조나 내용이 서구에서 이야기하는 지배계급과는 성격이 다르며, 역사적으로 형성되어온 과정이나 내용 역시 기존 국가들과는 충분히 다른 경로를 거쳤다는 사실을 의미한다. 따라서 그람시의 이론적 대입을 통해 추구하고자 하는 이론화 과정은 기존 논의와는 다른 방식으로 접근해야 하며, 이 때문에 역사적인 맥락에서 형성된 지식이나 한국이라는 국가의 자본주의 발전 단계 등을 정확히 이해해야 한다.

그러나 실제로 1980년대 이후의 지배계급이 1970년대까지 개발독재 체제와 다른 경로와 내용을 가지고 있는지에 대해서는 논란의 여지가 존재한다. 특히 새로이 편입한 계층이 기존의 지배계급과 다른 성격이나 특징을 가진 계층인가의 문제일 것이다. 5·16 군사 쿠데타 이후 등장한 군부 세력, 이 기간 동안 개발독재에 편승하여 정경유착에 의해 성장한 재벌들, 그리고 개발독재의 미명 아래 부동산 개발 붐을 타고 등장한 신흥 졸부들, 여기에 국가 정책을 입안하고 국가에 기생하여 성장한 관료들이 이러한 새로운 계층을 구성하고 있다. 중요한 점은 이들이 기존 친일이나 친미 계층과 어떠한 상관성과 관계를 가지고 있는지다.

이에 대한 분석은 본서의 집필 의도나 목적에는 부합하지 않겠지만, 적어도 이들 신흥 지배 계층 편입 세력이 보여주고 있는 행태가 기존 지배계급의 기본적인 성격을 벗어나지 못하고 있다는 점에서 한국 지배계급의 기본 성격을 잘 이해할 수 있을 것이다. 그러면 이러한 지배계급의 기본적인 성격을 결정짓는 구조적인 요인은 어떤 것들이 있을 것인가를 다음 장에서 좀 더 자세하게 살펴보겠다.

한국 지배계급의 구조적 요인[5]

한국 사회에서 지배계급 문제는 학문적으로나 실질적으로 그리 오랜 역사를 가진 것은 아니다. 더군다나 근대 대한민국 역사에서도 사회 구조 자체가 서구의 선진국이나 기타 자본주의 국가의 발전 단계에서 나타난 경로를 그대로 답습하지도 않았을 뿐 아니라, 근대로의 진입 과정에서부터 얽히고설킨 수많은 사건과 계기들이 뒤죽박죽 뒤엉켜 있다는 사실 또한 한국의 지배계급 문제에 대한 올바른 학문적 접근을 어렵게 하고 있다. 실제로 한국 사회와 한국의 지배계급에 대한 구조적 접근의 가능성을 묻는 문제는 구조structure라는 개념이 전제된 극히 분석적이고 의도적인 학문적 작업이다.

그럼에도 한국 사회를 분석하고 지배계급의 구조적 요인을 이야기한다는 것은 적어도 한국의 지배계급이 영속적이고 고착화된 메커니즘에는 어떤 기제와 요인에 의한 구조성이 분명 존재한다는 점을 의미한다. 유사한 가치 체계와 이데올로기, 사회적 자본의 소유 정도 그리고 정치·경제 권력을 대부분 장악한 일군의 집단과 계층이 분명 존재하고 있고, 이들은 하나의 네트워크로 연결되어 있는 집단의식을 가진 계급으로 충분한 존재감이 있다. 하나의 계급으로서 지배계급은 객관적인 사회 지위의 차이와 그 분배 및 변동을 충분히 규명하고 분석할 수 있기 때문에 블라우Blau 등이 이야기하는 사회 구조로서 파악이 가능한 것이다.[6]

한국 사회에서 전통적으로 권력을 소유하고 경제적 지배를 강화하던 이들은 역사적 변천과 정치적 변동에도 불구하고 여전히 정치권력을 손에 쥐고 사회적 자본을 확산했으며, 산업화 과정을 거치며 경제력까지도 획득하였다. 경제력이 중요한 기준이 되면서 부동산과 물질적인 부—특히 땅을 매개로 한 부동산 자산가들을 포함하는 부동산 소유자들—를 소유했다는 사실만으로도 지배계급으로 편입될 수 있는 가능성이 높아졌다. 이와 같은 빠른 속도의 물질적 부의 증가로도 사회 계급에서 최상위 층에 편입될 수 있는 전형적인 후진적 양상이 나타나게 된 것은 박정희 체제의 산물과 유산으로 볼 수 있다. 한국에서의 지배계급을 형성하고 유지하기 위한 구조적 요인은 그런 측면에서 직군이나 직업으로 분류할 수도 없으며, 실제로 지배계급에 대한 접근을 위한 절대적이고 필수적인 고려 사항은 아닌 것이다. 다만 상황이나 여건에 따라 제기되거나 취할 수 있는 선택 사항인 것이다.

이와 같은 한국 사회의 계급 구조를 이해하고 분석하려면 다음 네 가지 문제의식을 고려해야 할 것이다.[7] 첫째, '사회 계급 전체의 특성'을 드러낼 수 있어야 한다. 둘째, 사회 계급 구조의 양면성, 즉 '지속성과 변화'를 파악할 수 있어야 한다. 셋째, 균형과 불균형을 '지배하는 원리'를 규명할 수 있어야 한다. 계급 지배의 근본적인 원리 규명이 핵심이라는 의미이다. 넷째, '역사성'이다. 지배계급이 형성되고 발전하는 단계와 과정을 이해하고 인간 행위가 구조에 반영되는 결과로서 지배계급의 형성과 발전이 초래되었다고 하는 역사적 경로와 발전에 주목할 필요가 있는 것이다.

가장 먼저 거론할 수 있는 이데올로기적 요인은 유교적 이념에 의해 분류되어 항상 최상위층을 차지하고 있던 권력을 가진 양반, 그중에서도 유력한 가문 중심의 전통적 계층에 속하는 이들이다. 이들은 산업화와 근대화 이후에도 족보와 집안의 내력을 내세우며, 일반 국민이나 시민과는 다른 권위주의적이고 배타적인 귀족성을 여전히 내포하고 있었다. 특히 이들 명문 가문들은—물론 일제에 반대하거나 일본의 식민지 통치에 저항했던 명문 가문도 있었지만 대개의 토착 양반 계급들은 토착지에서 지주의 신분을 유지한 채 일본 지배에 협조한 것이 일반적이라 할 수 있다—일본 지배 하에서도 친일 세력으로서 일본의 식민지 지배에 기생함으로써 새로운 자본가 혹은 기업가로서 지배계급의 핵심 세력이 되었다. 그러나 이들 지배계급은 해방과 한국전쟁 이후 점차 주도권을 상실하게 되었다.[8]

두 번째의 이데올로기적 요인은 사대주의 이데올로기이다. 이는 주로 일본이나 미국 등에서 유학을 하거나 거주 경험을 가진 신지식인들에 의해 확립되었는데, 자신들의 유학 국가나 거주 국가에 우호적이거나 맹신적인 사대주의 사상을 가졌다. 대한제국 말 한반도가 많은 외국 세력의 각축장이었을 때 이들은 주로 자신들의 세력 확장을 위해 외국 세력을 등에 업고 외국 세력의 비호 아래 조선을 통치하고자 획책했다. 흔히 개화파라고 하는 해외 지식인들이나 이완용, 이근택 등도 이러한 외국 세력을 통해 자신들의 정치적 이해관계를 유지하려고 했으며, 결국 한일강제합방을 이끌어낸 명분 역시 이러한 사대주의적 발상의 일부분으로 판단할 수 있다. 게다가 초기 이승만의 독립운동 목표가 미국에 의한 신탁통치 제안이었으며, 실제로 이승만이 정치권력을 획득하게 된데 이승만의 주장에 대한 미국의 선택이 있었다는 점에서, 지도층과 지식인으로 구성된 지배계급의 사대주의는 오랜 한국 지배계급의 역사적 전통이라고 볼 수 있다.

세 번째 이데올로기는 친미-반공 이데올로기의 결합이었다. 주지하다시피 일제강점기가 끝나고 해방이 되면서 좌우의 수많은 이데올로기 분파들이 해방 정국의 정치적 주도권을 획득하기 위해 치열한 정치 투쟁을 벌였다. 그러나 종국에는 우파, 특히 이승만이 주도하는 미군정에 우호적인 세력과 청산되지 않고 살아남은 친일 세력들이 정치권력을 획득하면서 친미-반공 이데올로기가 지배계급의 가장 강력한 주류 사상으로 떠올랐다. 또한 독특하게도 이 시기 이후부터 전통적인 자본가와 지주 계급들이 서서히 이들 새로운 정치 세력들에게 주도권을 빼앗기기 시작하였으며, 토지개혁과 한국전쟁은 결정적인 국면 전환을 초래한 사건이 되었다.

네 번째는 정치권력과 신흥 자본가 계급의 정경유착에 따른 독점적이고 배타적인 자본주의 세력의 성장이다. 이승만 정부의 등장과 함께 시작된 정경유착은 토지개혁과 한국전쟁으로 등장한 신흥 자본가 계급이 정부와의 특혜, 귀속 재산의 불하, 원조물자의 독점적 획득 등의 방법을 통해 시작되었다. 그러나 이러한 형태는 1960년대 이후 산업화와 근대화가 본격적으로 시작되는 지점에서 근본적인 변화를 맞게 된다. 특히 박정희 체제의 등장과 더불어 시작된 신군부와의 유착과 군부를 배경으로 하는 새로운 기업가의 출현은 대한민국 자본주의의 성격과 틀을 이전과는 다른 형태와 내용으로 바꾸어 놓았다.

바로 이 지점이 지배계급 구성과 특징의 전환기적 시점으로 평가할 수 있다. 박정희 체제의 등장과 발전 과정에서 나타난 새로운 자본가 계급과 기존의 지배계급 구성에도 변화가 초래된 이 시점이야말로 한국 지배계급의 성격과 특징을 결정짓는 중대한 전환기였고, 이 시기 이후 지배계급의 구성이나 특징이 큰 변동 없이 세습이나 승계 등을 통해 자연스럽게 이어지는 계기를 마련했다고 보는 것이다. 결국 부르주아는 최초 형성기를 지나면서부터는 세습을 통해서, 또는 유사한 상류계급 등으로부터 폐쇄적으로 충원되어가고 있는 것으로 보인다.[9]

자본주의적 맥락에서 대기업가나 자본가 계급의 형성이 다른 나라들과 다른 양상을 나타낼 수밖에 없었던 것은 박정희 체제의 특수성일 것이다. 주지하다시피 박정희 체제는 4·19 민주혁명이라는 시민혁명 수준의 정치적 개혁 이후 깨어나려고 하는 대한민국의 민주주의를 누르고 반공 이데올로기와 개발을 통한 성장과 발전이라는 '개발 동원 체제'의 결합을 통해 집권한 군부 중심의 새로운 정치 세력이었다. 적어도 자본주의 체제에 대한 상식에서 보자면 자본을 통해 성장한 자본가들과 이에 편승한 자유주의를 신봉하는 정치가들이 지배계급을 구성한다는 통념이나 상식을 뛰어 넘는 기기묘묘한 결합으로 볼 수 있는 것이다.

따라서 한국 사회의 구성체론이나 지배계급에 대한 현대적 의미의 분석이나 연구는 박정희를 정점으로 하는 개발독재 체제를 기점으로 그 본질을 정확하게 분석하지 않는다면 한계에 부딪칠 수밖에 없다. 물론 박정희 정부를 비롯한 조선 이후 모든 대한민국 정부 체제의 성격 규명이 모두 필요하고, 정치권력이나 경제 권력의 연속성 분석을 위해서도 이러한 순차적 작업은 분명 중요하다. 그러나 대한민국 지배계급의 발전 과정에서 나타난 가장 중요한 계기와 전환점을 마련한 것은 분명 박정희 개발독재 체제라는 점에서는 그다지 큰 이견이 없는 것 같다. 다만 본서에서 논의하고자 하는 것은 그러한 지배계급의 특징과 성격을 이론적으로 어떻게 뒷받침할 것이며, 이를 어떤 개념으로 한국화하는 데 성공할 것인가의 문제라는 점이다.

그람시의 역사적 블록 개념은 이와 같은 박정희 개발독재 체제 이후 고착화되고 안정화되었던 한국의 근현대 지배계급을 설명하는 데 중요한 함의와 시사점을 제공해주고 있다. 역사적으로 구축되어 발전된 계급과 계층이 비록 외형적인 모습을 바꾼다 할지라도 여전히 연속적이고 안정화되는 데는 구조적인 측면에서 개입되는 여러 요인들과 속성들이 있다. 여기서는 이를 한국 지배계급 분석에도 응용하여 적용하고자 한다. 더군다나 새롭게 편입된 계층들에 의해 한국 사회의 성격과 구조가 변경되기 시작한 것도 눈여겨볼 사항이다.

기존의 계층과 계급이 확산되는 과정에서 구조적인 변형이나 지배계급 성격의 전환이 발생한 원인과 내용에 대해 적절한 분석이 필요한 것은 한국의 지배계급 구조와 성격이 그람시의 이론을 통해 규명 가능한 것인가를 판단하는 데 중요하다. 지배계급의 헤게모니가 작동해야만 변하지 않는 지배계급의 구조와 한국적인 이론화가 가능하기 때문이다. 그런 측면에서 보자면 박정희 개발독재 체제 이후의 모습과 현재의 한국 지배계급 구조 역시 중요한 의미를 지니고 있다. 다음 장에서는 개발독재 체제를 아우르는 기간 동안 지배계급들은 어떻게 그들의 구조화를 진행해왔으며, 어떤 헤게모니가 작동되었는지를 그람시의 역사적 블록 개념으로 확인하고자 한다.

개발독재 체제와 한국 지배계급의 구조[10]

개발독재 체제 안에서 지배계급의 성격: 역사적 블록 개념을 통한 지배 블록의 구성과 특징

개발독재 시대의 지배계급에 대한 연구는 크게 두 가지 쟁점으로 구성될 수 있을 것이다. 하나는 개발독재 시대 지배계급을 구성했던 이들이 누구였는가의 문제와 두 번째는 그러한 지배계급이 유지되고 작동할 수 있는 메커니즘은 어떤 것이었는가의 문제이다. 이를 통해 개발독재 시대 지배계급의 성격을 가늠할 수 있으며, 종국에는 이 시기의 체제를 떠받치는 협력과 강제 그리고 동의의 정치적 구조를 돌아보는 데 중요한 정치적 계기와 해결점을 도출할 수 있을 것이다.

개발독재 시대에 대한 평가는 앞서 이야기했듯이 두 가지의 극단적인 평가와 그 사이의 중간적인 평가라는 세 가지 방향에서 지속적으로 전개되고 있다. 근대화론과 발전국가론으로 설명하고 있는 방향은 박정희를 정점으로 하는 개발독재 체제의 경제적 공과를 좀 더 높이 평가하고 있으며, 그 반대는 정치적인 측면에서 민주주의를 왜곡하여 정치적 억압과 비민주주의적 체제를 유지했다는 쪽으로, 개발독재론과 관료적 권위주의론이라는 부정적인 입장이다. 셋째는 양자의 입장을 적절하게 수용하여 중립적인 입장에서 개발독재 체제를 평가한다. 이는 정치와 경제의 병행 가능성을 주장하는 병행발전론으로 대표되는 입장이다.[11]

한국 사회를 관통하는 지배계급의 형성은 이미 조선 후기와 일제강점기를 거치면서 그 시작과 성격을 상당 부분 결정짓고 있었다. 제2차 세계대전의 결과로 해방을 맞았지만 남과 북이 분단되었는데, 이는 대한민국의 자체적인 역사 발전 과정에서 얻어진 것이 아니었기에 지배계급의 전환이나 새로운 성격을 만들어가는 데는 한계를 지닐 수밖에 없었다. 이 과정에서 등장한 이승만 정권과 박정희 정권은 지배계급의 구조적인 단절과 함께 연속성이 강조되는 다소 기이한 이중적 변화가 동시에 수반된 시기였다. 특히 이전까지 지배계급의 구조 속에서 비교적 그 영향력이나 수가 많지 않았던 군부와 군인이라는 제3세계 지배계급에서 중요한 비중을 차지하고 있는 계층의 등장은 한국 지배계급 형성과 발전 과정에 새로운 의미를 부여했다.

이승만 자유당 정권의 몰락은 주지하다시피 부정부패와 부정선거에 직접적으로 기인한 바가 컸다. 그러나 이승만 정권의 혼란을 수습하고 새로운 국가로 나아가야 할 정치 세력들은 여전히 국정의 방향을 잡지 못하고 있었다. 장면 내각이 등장하였지만, 사회적 혼란에 따른 또 다른 전쟁의 가능성을 낳았고, 기득권층의 불만을 수습하고 통치체제를 구축하는 데 실패하였다. 혼란스럽고 부패한 사회의 질서를 바로잡는 새로운 정치권력의 핵으로 떠오른 박정희와 군부는 이러한 정치·사회적 배경에서 시작된 것이었다.

5·16 군사 쿠데타는 4·19 민주혁명으로 시작된 아래로부터의 민주주의와 역사적 전통성 회복의 명분과 요구를 잠재운 군부 정치 개입의 출발점이었다. 이는 오랫동안 지배계급에 속해 있지 않았던 박정희를 정점으로 하는 군부가 총과 탱크를 앞세우고 지배계급으로 편입했던 전환기적 사건이었다. 이들 군부는 하나의 사회 집단이 다른 사회 집단과 그들이 속해 있는 사회를 지배하고 지도하기 위한 방편으로 쿠데타라는 수단을 사용했다. 대중의 참여 없이 진행된 이러한 정치적 격변을 그람시의 표현을 빌자면 수동적 혁명passive revolution이라 할 수 있다.

군사 쿠데타라고 하는 수동적 혁명을 통해 지배계급으로 편입한 박정희와 군부는 자신들의 이해관계와 국가 권력을 동일시하면서 자신들의 정치적 정체성을 국가를 통해 실현하고자 했다. 그런 의미에서 그람시의 다음과 같은 표현은 의미심장한 것이다. "지배계급들의 역사적 통일성은 국가를 통해서 실현된다. 그리고 그들의 역사는 본질적으로 국가들의 역사이며, 국가들로 이루어진 집단들의 역사이다. 그러나 이러한 통일성이 단지 법적이고 정치적인 것이라고 생각한다면(물론 그러한 유형의 통일성도 순수한 형식적인 의미 이상의 중요성을 지니고 있지만), 그것은 잘못이다. 근본적인 역사적 통일성은 구체적으로는 국가 혹은 정치 사회political society와 '시민 사회' 사이의 유기적인 관계에서 비롯되는 것이기 때문이다."¹² 박정희와 군부가 쿠데타라는 무력을 사용하여 국가 권력을 쟁취하였지만, 역사적 통일성을 위해 군부가 아닌 다른 집단과 손을 잡을 수밖에 없었던 것은 정치사회와 시민사회 사이의 유기적 관계를 위한 것이었다.

이 지점에서 박정희와 군부는 체제를 수립하고 안정적으로 유지하기 위하여 새로운 자본가 계급 및 전문 관료들과 손을 잡게 되었다. 한 나라에서 지배계급이 어떻게 형성되고 발전되어왔는지를 돌아보기 위해서는 국가와 특정 집단과의 유기적 관계를 돌아볼 필요가 있다. 박정희와 군부가 지배계급으로 편입되어 지배계급을 형성했다는 역사적 사실을 확인하고 증명하기 위해서는 국가와 군의 문제를 정치·사회와 시민사회의 유기적 관계 속에서 분석해야 한다. 따라서 박정희 체제의 지배계급 연구에서 군부에 대한 문제를 풀려면, 군부가 쿠데타를 통해 형성하고 유지하였던 대한민국 사회에서 항상 주류의 입장에 서 있던 기업이나 관료, 또 사회의 중심에 있는 지식인들을 어떻게 이용했는지를 살펴야 한다.

사회의 발전 과정과 전환 시기에 나타나는 계급적 분화와 지배계급의 행동과 반응에 대한 그람시의 아래 글은 많은 부분을 시사한다. 자본주의 발전 과정과 파시즘 체제 등장 시기를 전후하여 이탈리아 사회 계급에 대한 분석의 문제점과 연구 필요 부문에 대하여 지적하고 있는 이 글은 체제의 전환기와 정치권력 안정화를 위한 계급 정치의 틀과 과정 그리고 이원화된 계급 간 정책과 대응을 잘 묘사하고 있다. 이는 또한 박정희 체제의 등장과 이를 전후로 하는 지배계급의 발전과 확산에 중요한 의미와 시사점을 제시하고 있다. 그람시는 여섯 가지 수준과 문제에서 지배계급과 하위 계급 그리고 이들 간의 관계에 대하여《옥중수고》에서 다음과 같이 서술하고 있다.[13]

하위 사회집단들은 경제 생산 분야에서 일어나는 발전과 변화에 의해 객관적으로 형성된다. 이들은 기존 사회 집단들 속에 내재되어 있던 이들 중에서 형성되며, 그 속에서 양적으로 확산되면서 기존 집단의 정서와 이데올로기 및 목표를 한동안 계속적으로 공유하고 보유한다. 그러나 일정 시기가 지나면 이들은 지배적 정치 조직들에 적극적으로든 수동적으로든 합류한다. 그렇게 하여 자신들의 주장을 관철시키기 위해 이들 조직의 진로에 영향을 미치려는 시도를 하게 된다. 이러한 시도는 그 조직의 해체, 혁신, 혹은 새로운 형성을 결정하는 과정에 일정한 영향을 미친다. 그러면 지배 집단들이 새로운 정당들을 만들어내어 하위 집단들의 동의를 확보하고 그들을 계속해서 통제하려고 한다. 하위 집단들은 자신들이 내건 제한적이지만 부분적인 요구들을 관철시키기 위해 자신들의 조직들을 새로이 만든다. 이 새로운 조직들은 낡은 틀 안에서이지만 하위 집단들의 자율성을 주장한다. 이후 새로운 조직들에 대한 완전한 자율성을 주장한다.

지배계급의 유지와 형성을 설명해주는 그람시의 언급은 박정희와 군부의 등장 이후 한국 사회 지배계급의 형성과 유지를 이해하고 설명하는 데 중요한 동인과 의미를 전달한다. 박정희와 군부 역시 5·16 군사쿠데타 이후 군인의 신분이 아닌 민간인으로 대통령 선거에 출마하고 정치권력을 장악한 뒤 체제와 권력 유지를 위한 정당의 건설 그리고 하부 조직의 창설까지 무솔리니와 유사한 과정과 경로를 거쳤다. 국가를 효율적으로 통치하기 위한 것이라기보다는 정당성을 얻기 위해, 한편에서는 강제를 동원하고 한편에서는 동의를 조직하는 과정을 반복한 것이다. 그것이 국가 위기에 임한 자신들의 쿠데타가 얼마나 정당했던가를 주장하는 근거였고, 자신들이 계속 국가 권력과 통치 체제를 유지해야하는 이유였던 것이다.

박정희 체제를 지탱했던 주요 기구와 하부조직들이 공화당을 비롯하여 중앙정보부 등의 비밀정보기관 및 수많은 직간접적 권력 기구들이었다는 사실은 이미 충분히 서술하였으며, 이는 일반적으로 인정되고 있는 상식의 문제이다. 그러나 이번 장에서 논의해야 할 보다 핵심적인 문제는 이러한 정치권력을 통치하기 위해 권력 기관과 유무형의 관계를 맺고 지배계급 수준에서 박정희 체제를 뒷받침했던 구성 주체들에 대한 평가와 분석이다. 박정희 체제 이전의 사회지배계급과는 다소 차이가 있으면서도 그 내용과 구성원들의 변화를 초래하였던 박정희 체제의 지배계급을 어떻게 설명하고 분석할 것인가의 문제가 이번 항에서 서술할 주 내용이다. 실제로 쿠데타 당시 박정희의 계급은 소장이었고, 이는 당시 군부 내에서도 절대적인 위상이나 상층부를 차지하고 있지도 않은 위치였다. 그러나 쿠데타 이후 박정희는 자신보다 높은 계급의 군인들 중 일부는 강제력을 동원해 숙청하거나 강제 전역시켰고, 일부는 회유와 암묵적인 동의를 구하는 이중 전략을 사용하였다.

조선이라는 봉건적 질서의 연장선에서 지주와 토지에 근거를 둔 자본가와 전통적인 귀족 계급으로서 양반의 유효성은 일제강점기를 거치면서 다소 변형된 모습을 갖추게 되었다는 점은 앞에서 서술하였다. 19세기말 서구 열강을 비롯한 많은 나라들의 각축장이었던 한반도의 최종 승자는 일본이었다. 이 과정에서 친일 세력들은 자신들의 정치권력과 기득권 유지를 위해 일본 제국주의에 근대를 지향하고자 했던 조선을 팔아넘기는 매국의 행위를 정당화하였다. 일본의 오랜 지배는 친일의 정당성과 공고화를 구조적으로 보장하는 중요한 계기를 제공하였다.

해방 이후 3년간의 미군정을 뒤로 하고 탄생한 이승만 정권은 출발부터 민족적 정통성에 걸 맞는 정치 세력은 아니었다. 미국에서 유학하고 생활하였던 그였지만, 조언이나 충고를 그리 달갑게 생각하지 않았던 성격과 미국에 대한 지나친 의존은 처음부터 민주적인 절차를 존중하거나 민주주의적 통치를 기대하기 어려운 측면이 있었다. 더군다나 미군정에 의해 자본주의 시장경제의 도입과 토지개혁, 보통교육의 실시, 보통선거권의 도입 등이 이미 이루어졌기 때문에, 이승만 정권이 새로 취할 수 있는 민주주의의 제도가 많지 않았다는 점도 이승만 정권이 민주주의적 방식의 통치 강화보다는 안정적인 체제 공고화를 위해 노력할 수 있었던 이유였다. 따라서 이 시기 역시 현대성을 담보할 수 있는 근대 한국은 거의 실현되지 않은 채, 이승만과 그의 정치권력에 기생하는 친일 잔존 세력과 미국의 원조 경제에 기생하는 독점적 매판 자본가들이 주로 지배계급을 구성하게 되었다.

특히 이 시기는 이승만 정권이 추구하고 있던 지나친 미국 의존적 성향과 정치권력을 유지하는 방식과 통치 과정에서의 정치적 정통성의 문제가 해결되지 않은 상태였다. 더군다나 남한 단독 정부에서는 미숙한 자본주의의 발전과 민주주의의 도입 및 근대화의 진전이 동시다발적으로 이루어진 데다 청산해야 할 친일 세력의 잔존이라는 미완의 과업이 남아 있어 정상적인 현대 국가로의 전환이 힘든 상황이었다. 또한 대한민국 정부 수립 2년여 만에 발생한 동족상잔의 비극인 한국전쟁은 국가 전체에 회복하기 어려운 타격을 주었다. 자본주의의 산업화가 이루어지기 이전에 민주적 제도가 도입되었다는 점에서 당시 한국의 민주주의는 '조숙한 민주주의premature democracy'라고 할 수 있다.[14] 결국 이러한 조숙한 민주주의의 요건과 모습들은 시간의 경과에 따라 숙성되거나 풍성한 수확의 결실을 맺는 것이 아니라 익기도 전에 떨어지거나 썩어버리는 사회적 현상을 초래했다. 이와 같은 상황에서 비정상적으로 몇몇 기업에게 집중되고 소수의 정치권력에게 집중된 지배적 지위와 계급적 우월성은 기형적이고 민주적인 과정에 의해 형성된 것이 아니었음은 자명한 것이었다. 따라서 이승만 정권의 부패와 부정을 참지 못한 국민들이 시위와 궐기를 통해 이룩한 4·19 민주혁명은 이미 충분한 정치적 명분을 획득할 수 있었다.

4·19 민주혁명에 의해 등장한 장면 정권 역시 이러한 외형적이고 내부적인 조건의 변화 없이 등장한 정치권력이었다. 부패하고 쇠락한 정권이 저지른 부정선거에 항의하기 위해 시작된 4·19 민주혁명은 대통령제에서 의회중심제라는 정치권력 시스템의 변화를 초래하기는 했지만, 기존의 부패하고 무능한 집권 세력을 대체하고 새로운 국가적 정통성과 실질적인 민주주의를 보장하는 수준으로까지 나아가지 못했다. 통일 문제에 대한 국민적 관심의 전환과 국민에 대한 계몽 운동이나 신생활 운동과 같은 새로운 방향성을 제시하기는 했지만[15] 오히려 정치권력 시스템의 변화가 초래한 정치적 무능과 혼란이 전임 정권보다 심각해지는 양상을 띠면서, 정치권력이 국민에게서 군에게로 넘어가는 상황이 발생했다. 결국 제2 공화국의 장면은 민주성과 도덕성은 과시했으나 문제 해결의 창의성과 위기 관리의 효율성을 발휘하지 못했기 때문에 5·16 군사 쿠데타를 막지 못한 채 좌절의 늪에 빠지게 되었다.[16]

5·16 군사 쿠데타로 집권한 군부 세력은 박정희를 주축으로 부패한 정치 세력을 대체할 수 있는 정치 세력으로 자리 잡았다. 부정부패한 정치 세력에게 실망한 군부가 한국 사회를 대표하는 새로운 정치권력으로 부상했다는 사실은 이후 한국 정부에서의 권위주의적 성격을 결정적으로 확정하는 것이었다. 더군다나 군대식 문화에 젖은 상명하복식 관료주의는 오랫동안 한국형 정치문화에 큰 영향을 끼쳤다. 그럼에도 최근의 박정희 정권에 대한 평가는 양극단으로 흐르고 있다.[17] 한국 사회에

서 군인 출신 세력이 지배계급으로 편입하는 것은 기존 지배계급 구조에 상당한 변화를 수반하였다.

부정부패한 사회 질서를 바로잡고 진정한 국가의 변혁과 개혁을 위해 군부와 박정희는 엘리트 의식에 기반 하여 한국 사회를 새로운 사회로 이끄는 자코뱅 세력임을 자처하고자 했다. 새로운 정치 세력으로서 일반 국민들에게 희망을 제시하고 국가와 민족을 위해 선구자로서 사회의 부정부패를 일소할 유일한 세력으로 국민 앞에 서고자 했던 박정희와 군부는 파시스트 체제가 정치권력을 잡기 위해 펼쳤던 초기의 노력과 시도를 동일하게 전개했다. 공화당의 창당과 중앙정보부 등 강제를 담보할 수 있는 정치권력 기구를 창설한 것은 새로운 계급의 형성과 질서 구축을 위한 자체적인 노력이었다. 그러나 그 이상의 새로운 계급 질서 창조나 재구성, 혹은 기존 질서를 뒤엎는 혁명적 질서의 수립에는 실패하고 그들만의 정치권력을 연장하고 공고화하는 방향으로 흐르고 말았다. 이 시기와 과정에서 군부와 일부 군인 출신 엘리트들은 지배계급으로 자연스럽게 편입되었다.

결국 박정희 체제의 등장은 자코뱅적이었지만, 사회 변혁의 중요한 전환기적 사건으로서 아래로부터의 혁명이나 새로운 영역과 주체를 대상으로 하는 의식과 문화의 혁명을 수반하지는 못했다. 더욱이 기존 기득권을 제도적으로나 정치적으로 보장해주고 새로운 지배계급을 확장하며 하위 계급을 적절하게 통제하고 지도하면서 한국 사회의 계급 구조를 현재와 같은 수준으로 구조화하는 데 성공하였다고 평가할 수 있다. 이는 박정희 체제가 기존 지배계급 구조에 안정적이고 지속 가능한 새로운 계층과 집단을 유입시킴으로써 역사적으로 이미 형성되어 발전해오던 기존 지배계급의 공고화가 가속화되었다고 볼 수 있는 것이다.

이와 같은 지배계급의 공고화와 가속화는 두 가지 수준에서 함께 진행되었다. 하나는 군부와 재벌의 지배계급 편입을 통한 확장과 공고화 과정이며, 다른 하나는 중산계급과 하위 계급을 분리하고 격리하는 고립 정책이었다. 박정희 체제는 노동자 계급을 중산층이라는 사무직과 관료 및 전문직 등과 철저히 분리하는 과정을 통해 계급 동맹의 틀을 깨뜨리면서 이데올로기적 유대와 연대의 구조화가 진행될 수 없도록 국가의 하부조직과 정치·사회를 움직였다. 그렇다면 이와 같은 한국 사회 지배계급의 형성이 어떤 역사적 경로를 따라 형성되었고, 어떤 집단들과의 결합을 통해 공고해졌는지를 그람시의 역사적 블록을 적용하여 본격적으로 살펴보도록 하겠다.

역사적으로 형성된 블록으로서 한국 지배계급

그람시의 역사적 블록 이론이 한국 사회 지배계급 구성과 분석에 갖는 유용성은 앞에서 지적했듯이 역사적 경로를 통해 형성된 사회적-경제적 조건이 박정희 체제라는 정치적 구조화와 맞물리면서 한국 사회 구조의 독특한 지배계급 블록을 형성했다는 식으로 분석할 수 있는 이론적 토대를 제공했다는 데 있다. 오랜 세월 친일이라는 정치적이고 사회인 계급적 토대 위에 군부와 재벌이라는 정치경제적 토대가 결합되면서 이탈리아나 남아메리카 같은 제3세계의 경우와는 다른 한국적 지배계급의 형성과 구조화가 진행되었다.

이러한 역사적 발전 경로 속에서 한국 지배계급의 유형과 구조는 어떻게 설명할 수 있으며, 이탈리아에서와 같이 역사적으로 형성된 블록으로서 충분한 이론적 함의와 논의가 가능한 것인가? 이 질문에 대한 답은 먼저 한국 사회에서 역사적으로 형성되어온 지배계급이 역사적 전환기와 정치적 변화기에도 여전히 지배계급의 위상과 위치를 점하고 있었던가를 검토하는 것으로 시작해야 할 것이다. 조선 이후 지배계급 구조에 수많은 변화가 수반되기는 했지만 서구 사회와 같은 내부 동력에 의한 변화를 맛보지 못한 한국 사회에서, 지배계급은 일반적으로 외부적 요인에 의해 형성되었다고 볼 수 있다.

그람시의 연구대로, 이탈리아 지배계급의 형성 과정에 나타난 외부적 개입에 의한 역사적 블록의 형성이 우리의 역사 속에서도 그대로 적용될 가능성이 매우 높다는 것은 한국의 지배계급 블록 역시 역사적으로 외부 요인의 접목과 개입에 의해 형성되었음을 의미한다. 양반이라는 사대부 계급 이후 친일 세력과 자본가 계급의 성장이 그러했으며, 친미와 부정부패 정치인 그룹, 박정희를 정점으로 하는 군부 엘리트의 지배계급화, 재벌이라고 부르는 대상 역시 국가로부터 경제적 혜택과 군부나 정치권력과의 유착을 통해 성장한 지배계급으로 볼 수 있기 때문에 역사적으로 형성된 블록이라고 할 수 있는 것이다.

역사적으로 발전되고 형성된 이들 지배계급의 역사적 의식과 이데올로기적 대표성을 어떻게 정의할 것인가라는 사회과학적 규명은 한국 지배계급의 성격과 특징을 분석하는 데 매우 중요한 학문적 의미를 지닌다. 역사적인 관점에서 보면 한국의 지배계급이 형성되는 과정에서 두드러지게 개입하고 작용한 몇 가지 이데올로기들이 존재한다. 친일, 반공, 친미, 개발과 성장, 기독교, 보수주의, 권위주의, 민족제일주의, 엘리트주의, 경제제일주의, 전체주의적 성향, 유사 파시즘 경향 등의 특징과 이데올로기들은 근대 한국 사회를 관통하는 주요 키워드였다. 이들 키워드는 근대 국가 전환 과정에서 흔히 볼 수 있는 특징의 하나인 전체주의 경향과 독재 체제가 한국의 독특한 역사적 지형과 만나면서 형성된 것으로, 박정희 체제를 거치면서 본격적인 근대 국가로 진입하기 시작한 한국의 정치경제적 환경을 결정했다고 볼 수 있다.

근대 국가 전환 과정에서 나타나는 몇 가지 주요 특징에 대하여 그람시 역시 당대의 파시즘 체제를 들어 다음과 같은 이야기를 하고 있다. "근대 국가는 사회집단들의 기계적인 연합체를 폐지하고 그 집단들을 지배적이고 지도적인 집단의 능동적 헤게모니에 종속시킨다. 그리하여 위와 같은 식의 자율성은 분쇄되지만, 자율성은 다른 형태, 예컨대 노동조합이나 정당이나 문화 단체 등의 형태로 되살아난다. 현재의 독재체제는 이러한 새로운 형태의 자율성까지도 분쇄하여 그것을 모두 국가 활동 속으로 편입시키고자 한다. 전 국민 생활을 지배 집단의 수중으로 합법적으로 집중하는 것은 이제 '전체주의적totalitarian'으로 된다."[18]

그람시의 표현을 한국의 박정희 체제에 적용하면, 박정희 체제를 움직이고 작동했던 기제와 원리 들이 결국에는 지배 집단의 유지를 위한 전체주의적 성격을 그대로 드러냈다고 할 수 있다. 국가의 모든 활동 속으로 모든 집단의 자율성을 귀속시키고 국민 생활을 지배 집단의 수중으로 합법적인 절차와 과정을 통해 집중시키는 전체주의 국가의 모습을 지적하고 있는 것이다. 파시즘 체제를 설명하고 있는 이 말에서 우리는 박정희 체제 역시 유사한 모습으로 국가를 형성하고 발전시키고자 했다는 것을 알 수 있다. 결국 박정희 체제까지의 국가 발전의 모습은 전체주의 체제의 연장선에서 볼 수 있는 것이며, 그것이 개발독재론이든 병행발전론이든 혹은 절충적 입장이든 적어도 외형적인 측면에서 전체주의의 모습을 감출 수는 없다.

이 과정에서 우리가 주목하고 있는 역사적으로 형성된 지배 블록의 성격과 특징은 그와 같은 체제론이나 국가론과 따로 떼어 놓고 평가하거나 분석할 수 없는 전제조건이자 상수의 의미와 기능을 하는 것이다. 대한제국의 성립, 일본에 의한 강제합병과 곧 이은 일제강점기, 해방과 미군정 그리고 이승만 정부의 출범, 한국전쟁과 휴전선, 3·15 부정선거와 4·19 민주혁명, 5·16 군사 쿠데타와 박정희 체제의 등장, 유신체제와 박정희의 비극적 결말인 10·26 사태, 5·18 광주민주화운동과 군사 쿠데타와 같은 전두환 정부의 수립, 87년 민주화 항쟁과 3김의 분열 및 그에 따른 반사적 이익의 결과로서 나타난 노태우 정부의 수립, 3당 합당과 김영삼 정부의 수립, IMF 위기와 김대중 정부의 수립, 노무현 정부를 거쳐 이명박 정부의 등장까지 한국 사회를 관통하는 수많은 역사적 사건은 대한민국을 규명하는 것이 쉽지 않음을 단편적으로 보여준다.

더군다나 이러한 변화 과정과 사건 속에서도 여전히 그 지속성을 이어가고 있다고 판단되는 지배계급을 분석한다는 것이 얼마나 지난한 작업일지는 쉽게 예상할 수 있다. 봉건 시대나 왕조 시대 지배계급의 역사나 성격을 비교적 다양한 물적 토대나 상부구조를 굳이 분석하지 않더라도 규명할 수 있었다는 것에 비추어 보면 참으로 복잡다단하고 어려운 작업이다. 어느 국가에서나 지배계급이 유지되고 공고할 수 있었던 것은 사회의 구조적 조건뿐 아니라 정치경제적으로 지배ruling와 지도 leading를 적절히 사용함으로써 헤게모니적 지위를 유지할 수 있었기 때문이다.

한국의 경우에도 수많은 역사적 전환기에도 지배계급이 지배와 지도의 이중적인 수단을 활용하면서 계급으로서 헤게모니적 지위를 잃지 않았던 결정적인 요인, 혹은 이데올로기 또는 그 메커니즘은 무엇이었을까? 이러한 의문이 이번 장에서 논의할 핵심적인 내용이다. 한국 지배계급이 독자적인 계층과 집단만으로 형성된 것인지, 외부적 요인과 그 어떤 동인이 작용하여 형성된 것인지 등에 대해서는 보다 정교한 분석이 필요하다. 한국의 역사적 블록으로서 지배계급의 이론화는 이러한 내용과 분석의 결과물이 될 것이다. 따라서 한국의 역사적 지배 블록에 대한 분석의 틀을 전개하기 위한 전제와 기준점 역시 역사적 블록 개념을 이론화시킨 그람시의 분석 과정에 따라야 할 것이다.

그람시가 제기하여 발전시킨 역사적 블록 개념은 하나의 국가나 체제를 세 가지 차원에서 분석하고 있다는 점에서 개념적 중요성이 있다.[19] 첫째, 상부구조와 토대 간의 관계를 분석하면서 이를 매개하는 일정한 계층, 즉 전체로서 지식인의 역할을 강조하고 있다는 점이다. 이는 지배계급의 헤게모니 유지와 재창출의 이론적 토양이 된다는 점에서 주요한 기준이 된다. 둘째, 그람시가 제시하고 있는 역사적 블록 개념은 개념 유지 원리로서 제시되고 있는 헤게모니 개념 차원에서 분석하고 있다는 점이다. 이는 그람시가 하나의 사회체계 내에서 제시하고 문화적이고 사회적인 가치들을 공고히하기 위한 틀로써 헤게모니를 제시하고 있다는 사실에서 알 수 있으며, 이를 담당하는 지식인 계층에 의해 제시된 헤게모니가 지배 계층의 통치 이데올로기로서 작용한다고 설명할 수 있게 하는 근거이다. 셋째, 이와 같은 지배계급의 헤게모니가 공고하게 구축되면 새로운 경제 시스템이 구축되고, 그럼으로써 새로운 역사적 블록이 탄생한다는 것이다.

이러한 관점에서 한국의 지배계급의 구성과 구조화를 대응시켜본다면 몇 가지 측면에서 의미 있는 유사점이 발견된다. 한국 사회에서 지식인들은 일반적으로 지배계급의 편에서 지배 이데올로기를 창출하는 데 항상 앞장서 왔다는 점이다. 특히 친일과 친미 등의 사대주의적 논리와 남북 분단의 정치적 상황을 이용하는 반공주의가 가장 중요한 지배계급의 논리였다는 점에서 지식인들의 변절과 기회주의적 행태는 시대에 따른 지배계급의 헤게모니를 유지하는 커다란 힘이자 기반이 되었다.

박정희 체제는 이처럼 변절의 경험과 역사적 경로가 뚜렷한 한국 사회 지식인들을 지배계급으로 포섭함과 동시에 지식인과 노동자들의 구별을 뚜렷하게 하였다. 대한민국이라는 근대 국가의 출발과 발전 과정에서 나타난 지배계급의 역사적 형성 과정에서 우리가 주목해야 할 다른 쟁점은 노동자와 하층 계급의 철저한 배제가 오랫동안 이루어져왔다는 사실이다. 이는 지식인이 자본가 계급 그리고 지배계급의 기득권을 나누어주거나 정치·경제적 권리를 공유하고자 했던 중간 계급과 하층 민들을 위해 활동할 수 있는 정치·경제적 기반이나 토대의 구축이 전혀 형성되지 못했다는 환경적인 요건도 있고, 무엇보다 국가 권력, 특히 정치권력에 의한 의도적 배제라는 점이 두드러진다.

전통적으로 친일과 친미 그리고 반공 이데올로기로 투철하게 무장한 자유보수주의 지식인들만이 국가 권력과 손을 잡고, 노동자의 계급성을 유교적 방식으로 재무장하고, 노동의 계급성보다는 국가를 위해 봉사하고, 민족을 위해 희생하는 근로자를 양성하는 방향으로 노력과 학문적 봉사를 하였다. 이러한 점은 한국 사회의 변혁과 사회를 개혁할 수 있는 (그람시가 이야기하는) 유기적 지식인의 부족과 지식인에 의해 지도되는 중간 계급과 하층민을 부족하게 함으로써, 국가와 민족에 충성하고 희생하는 국민으로서 중간 계급과 하층 계급만이 존재하게 하는 주요 원인이 되었다.

유기적으로 사회를 변혁하거나 새로운 근대 국가로 발전시킬 수 있는 새로운 독립적인 근대적 지식인이 존재하지 않았던 한국 사회에서 기득권을 가진 지배계급은 쉽게 자신들의 권리를 유지하고 공고히했으며, 무력에 의한 외부적 요인(쿠데타와 같은 군부 계급의 등장)을 쉽게 용인하고 흡수할 수 있는 기반을 마련했다. 오히려 이전의 기득권을 공고화하고 확산시키는 데 그러한 군부를 활용했다. 박정희 체제를 특징짓는 군부와 재벌의 등장을 이와 같은 정치적 변혁기에 쉽게 볼 수 있는 지배계급의 형성 과정에서 나타나는 새로운 집단과 계층의 확산으로 볼 수 있는 것도 이러한 이유다.

박정희 체제가 이처럼 지식인들을 독립적이고 자생적인 유기적 지식인 집단으로 발전하지 못하도록 한 것은 허약한 지식인들의 사회적 성격(혈연, 지연, 학연, 사회적 신분상승의 기대감, 경제적 가치의 제공 등)을 충분히 활용하고, 스스로 일본군 장교 출신이라는 결함과 과過를 대체하는 데 적어도 통치 기간 동안에는 유리했기 때문이다. "즉 사회 전체를 진정으로 진지하게 하며, 자기 집단의 실존적 요구를 충족시킬 뿐 아니라 집단의 기간 요원들로 하여금 끊임없이 한층 더 새로운 경제적·생산적 활동 영역을 정복하라고 고무하는 이러한 현상이 자연스럽게 나타난다. 그러나 지배적인 사회 집단이 그 기능을 다하자마자 이 이념적인 블록은 무너지기 시작하며, '자생성'은 '강제'로 바뀌고 강제는 갈수록 노골적이고 직접적인 형태를 띠어가다가 드디어는 공공연한 경찰 개입과 쿠데타에 이르게 된다."[20]

결국 전통적인 지식인들에 의해 형성되고 지도된 지배 이데올로기는 어느 순간 보다 강력하고 변화의 필요성이 감지되는 전환기에 또 다른 무력과 국가 권력에 의해 대체되는 식으로 한국 사회 지배계급의 속성에 중요한 내용을 구성하고 있는 것이다. 박정희 체제가 이전과는 다른 발전론을 앞세웠던 1960년대의 대한민국은 이전과는 전혀 다른 경제적이고 정치적인 기반을 갖게 되었고, 이는 새로운 지배계급에 의한 역사적 블록의 재탄생이라고 볼 수 있다. 이렇게 하여 역사적 블록은 그 모습을 바꾸는 한이 있어도 끊임없이 변형하면서 역사 속에서 지속적으로 공고해지고 재등장하는 것이다.

역사적 블록으로서 '친일반공지배발전연합'

박정희 체제를 거치면서 형성된 새로운 지배계급을 어떻게 한국화시켜 이론적으로 정립할 것인가의 문제, 아니 정립 가능한 것인가의 문제가 이번 항에서 논의하고자 하는 가장 중요한 결론이 될 것이다. 이론화에 필요한 수많은 사례에 대한 사회과학적 규명이 분명 필요함에도 그람시의 역사적 블록을 박정희 체제를 통해 형성되고 발전된 지배계급에 적용하려면, 다음과 같은 전제조건을 통해 한국적인 이론화가 가능할 것이다.

먼저 한국에서 생성되고 유지되는 지배 블록의 성격을 함축적이고 특징적으로 규정할 때 제시될 수 있는 명칭의 문제를 보자. 이 부분은 일제강점기를 거쳐 박정희 체제에서 완성된 역사적 블록의 성격을 가장 함축적이면서도 분명하게 전달하는 핵심적 내용이자 개념의 문제이다. 여기서 우리가 그동안의 연구 결과를 통해 검토해볼 수 있는 몇 가지 용어들은 다음과 같다. 첫째 정해구 교수 등이 제기한 '반공-개발 역사 블록'이다.[21] 이 개념과 용어에 따르면, 한국의 지배계급은 이승만 정부 수립 이후 남북한의 분단이라는 정치적 상황을 이용하고자 했던 정치 세력과 그에 따라 경제적 기반을 조성하고 확립했던 자본가 계급의 결합이라는 성격을 가진다.

그러나 이 개념으로 한국 지배계급의 성격을 정확하게 드러내기에는 몇 가지 부족한 부분이 있는 것도 사실이다. 무엇보다 친일 세력과 여전히 청산되지 않은 잔존 세력을 어떻게 분류하고 특징지을 것인가의 문제가 남는다. 더군다나 반공과 개발의 두 개념으로 설명 가능한 동원 체제라 해도 이들을 모두 지배계급으로 포섭할 수 없다는 한계도 있다. 더군다나 '반공-개발 역사 블록'을 한국의 지배계급을 위한 용어나 개념으로 확대하여 연구하지 않은 점도 고려해야 할 것이다.

이와 더불어 고려해야 할 개념이 초기 그람시 연구의 선구자이자 그람시 이론을 한국 사회에 가장 먼저 소개한 최장집 교수 등이 제기한 '발전주의 연합developmental coalition' 개념이다. 다시 말해 산업화를 매개로 지배계급의 입장에서 중산계층과 노동자 등의 하층민까지를 포함하는 포괄적인 합의 지배 구조가 만들어졌으며, 이것이 발전주의 연합이라는 것이다.

그러나 이 개념만으로는 충분하고 분명하게 한국 지배계급의 특징과 내용을 대표하기에는 무리가 있다. 이는 계급 간 필요에 의한 합의 지배 구조를 의미하는 것이지, 그것이 진정으로 이야기하는 지배계급으로 보기에는 구조나 내용에서 분명 부족한 부분이 있다. 그런 의미에서 볼 때 오히려 전술한 정해구의 '반공-개발 블록'과 결합하여 통합된 개념으로 정리한다면, 한국 사회 지배계급의 성격을 어느 정도 적절하게 나타낸다고 볼 수 있다. 다시 말해 '반공-개발 발전 연합'이나 '반공-개발 발전 블록'이라고 하면 한국 지배계급의 성격을 훨씬 정확하고 적절하게 나타낼 수 있을 것이다.

두 번째로 거론할 수 있는 개념은 '근대화-발전 국가 지배 블록'(가칭)일 것인데, 한국의 급속한 경제 발전 이론을 결합하여 이를 확장시킨 개념으로 이야기할 수 있는 개념이다.[22] 실제로 한국의 근대화 과정에서 근대화 개발론자를 중심으로 산업 자본가와 경제 관료 및 기타 지배 계층 등이 결합된 근대적 성격의 지배계급을 의미할 수 있다. 그러나 이 경우 쿠데타에 의해 결합한 군부와 기존 지배계급에 대한 설명이 불충분하다는 점에서 온전하게 박정희 체제의 지배계급을 나타내는 개념으로 보기에는 다소 무리가 있다.

세 번째는 박정희 체제의 군부 쿠데타와 그에 따른 강압적이고 권위적인 관료들 및 자본가 계급을 결합시킨 '개발독재-권위주의 지배 블록'(가칭) 개념이다.[23] 이 개념에 의하면 박정희 체제의 성격에서 드러난 군부 쿠데타와 이후 형성된 권위주의 관료 계급 및 재벌 등의 산업 자본가를 지배계급으로 분류하여 한국 사회의 주류 계급으로 설명할 수 있다. 그러나 이 개념 역시 박정희 체제 시기에 형성된 계급에 주로 초점을 맞추고 있으며, 정치적 변동에 따라 변화된 지배계급의 성격을 충분히 설명하지 못한다는 단점이 존재한다. 더군다나 재벌이라는 독특한 산업 자본가에 대한 설명이 부족한 측면과 박정희를 비롯한 군부와 경제 관료들이 어떤 방식과 이데올로기로 결합되었는지에 대해 충분한 설명을 하지 못한다는 단점도 있다.

이와 같은 이론적이고 개념적인 한계와 내용을 고려한다면 해방 이후 한국 사회와 박정희 체제의 지배계급에 대해 이야기하려면 이데올로기적 기반, 경제적 토대, 정치적 기반의 주체와 과정, 전환기적 사건과 결정 요인들, 이들을 묶어주는 공통된 네트워크나 공유 틀에 대한 좀 더 정교하고 상세한 설명과 뒷받침이 필요하다. 따라서 이를 위해 박정희 체제를 거치면서 완성된 지배 블록은 몇 가지 이데올로기의 통시적인 결합과 주요한 전환기적 사건의 발생에 따라 새롭게 추가되는 지배 그룹들의 연합으로 형성되고 독재 체제에 의해 안정화와 공고화 과정을 거치게 된 지배 블록 유형으로 정의할 수 있을 것이다.

이러한 의미에서 보다 광범위하고 포괄적인 지배 블록을 설명하기 위한 개념과 이론적 논의는 '친일반공지배발전연합'이라는 개념과 용어로 설명하고자 한다. '친일반공지배발전연합'이라는 개념 안에서 주목할 내용과 기반을 몇 가지로 구분하여 종합적으로 살펴보자. 친일반공지배발전연합이라는 용어 안에는 몇 가지 키워드가 함께 연결되어 의미를 표현하고 있다. 이를 좀 더 정교하고 자세하게 범주화시켜 단어와 영역을 결합시켜본다면 다음과 같은 가정과 조건을 규정할 수 있을 것이다.

첫째, '반공'은 친일반공지배발전연합을 관통하는 가장 중요한 이데올로기적 기반으로 볼 수 있다. 한국 사회에서 반공주의를 규정하는 문제는 쉽지 않다. 특히 남과 북이 서로 다른 체제로 분단되어 있는 상황에서 반공의 의미는 단순한 이데올로기 이상의 것으로, 심지어 이데올로기라고 부르기에도 적절치 않은 비이성적인 이념으로 폄하되기도 한다. 반공의 의미가 현재까지 유용한 것인가의 문제는 제쳐두고라도 적어도 초기 이승만 정부가 박정희 체제보다 더 강력하고 무력적인 승공과 멸공의 반공주의를 주창했던 것은 사실이다. 박정희 체제에서는 한국전쟁의 상처에다 권력욕과 탐욕 그리고 생존 욕구 등 인간 본능이 겹치면서 이데올로기적으로 몹시 왜곡되고 증폭되었으며, 세뇌 작업을 통해 남한의 보수주의자들과 희생자에게 내면화되기에 이르렀다.

친일 세력들에게 한반도 분단 상황이 생존을 위한 최상의 정치적 조건들을 제공하면서, 친일 세력들은 반공주의를 자신들의 과오를 덮는 효율적인 이데올로기로 손쉽게 활용했다. '죽기 아니면 까무러치기'라는 의미가 가장 잘 어울리는 상황이 바로 이러한 친일 세력들이 친미를 주창하면서 선점한 반공주의였다. 반공이 국가 정책과 방향의 제일선에 놓이면서 한국 사회는 적과 아군을 가르듯 감시와 통제의 명분을 만들었으며, 수많은 사상범을 양산하게 되었다. 이는 노동 계급성이 이데올로기를 사전에 차단하는 효과를 주었을 뿐 아니라 국가적 이해관계를 개인의 존엄이나 인권보다 우선하는 가치로 만드는 데 직접적인 공헌을 하였다.

이러한 정치적 지형과 조건 덕에 자연스럽게 노동자와 농민을 비롯한 도시 빈민들이 격리되어 조선 왕조와 유사한 유교적인 사회적 가치가 지켜질 수 있었다. 반공의 의미가 단지 대한민국의 국시만이 아니라 정치·경제·사회·문화 등의 거의 모든 분야의 기준이 되었고, 심지어 생활과 윤리의 원칙이 되었다. 초등학교에서부터 대학까지 교육 기관의 중심적인 내용 중 하나는 반공 교육이었고 수시로 이를 고취하기 위한 다양한 행사가 실시되었다. 이와 같은 반공 중심의 사회 구조는 취업이나 사회생활에서도 여전했고, 반공주의의 원칙에 어긋나는 어떠한 행동과 언어 그리고 사상까지도 통제하는 사회로 구조화되었다.

둘째, 반공주의라는 국가 체계의 기본 이데올로기는 일제강점기에 일본에 부역하거나 동조했던 친일 세력들과 해방 이후 미군정의 선택을 받은 일부 정치가와 귀속재산 불하를 통해 성장한 몇몇 독점 기업, 그리고 박정희를 정점으로 하는 군부 세력 등을 사회의 지배계급으로 만들었다. 이들 집단과 계층 들은 서로 다른 분야에서 종사하고 있었지만 사회의 상위 계층으로서 기득권을 유지하고 정치·경제적으로 자신들의 이해관계를 유지하기 위한 단일하고 공통적인 목적을 가지고 있었다.

이들은 이전부터 유지하고 있던 기득권을 고착화하고 구조화하기 위하여 계급적인 연대와 유대를 유지하였다.

역사적으로 형성된 사회 계층의 변화와 구성은 한반도의 정치·사회적 조건에 의해 결정되었는데, 친일을 기점으로 5·16 군사 쿠데타에 이르기까지 일정한 패턴과 양식을 나타내고 있다. 수많은 외국 세력 중에서 궁극적으로 일본이 한반도를 강점하게 되면서 일본에 직접적으로 협력했던 매국 가문과 세력 들은 일본의 한반도 통치에 협력하고, 더 나아가 조선의 국민들을 전쟁터로 이끌고 노동력을 제공하도록 하는 일에 협력하였다. 이들은 식민지 국민을 일본 제국주의에 희생양으로 제공함으로써 자신들의 정치적·경제적인 이익과 권력을 유지하였다.

전쟁 종결에 따른 해방은 이와 같은 친일파를 해체하고, 근대 국가로서 새로운 국민국가로 출발할 수 있는 계층적 토대를 갖출 기회였다. 그러나 스스로의 힘으로 이룩하지 않은 해방은 일본을 대신한 미국에게 한반도와 남한의 운명을 맡기는 또 다른 비극으로 이어졌다. 미국은 3년 반의 군정을 위해 통치와 행정에 필요하고 실무에 능통한 기존 친일 부역 세력들을 그대로 하위 관료나 인력으로 존속시켰고, 영어에 능통한 친미 세력들을 협력 계급으로 삼았다. 결국 친일 세력은 일본을 대신하여 협력의 대상만을 바꾸었을 뿐 청산되지 않은 과거의 기득권 세력으로서 한국 사회의 지배계급을 구성하게 되었다.

실제로 미군정 이양 이후 남한에서는 신탁과 반탁의 혼란스러운 과정을 뒤로 하고 남한만의 단독 정부를 선택하였고, 미국이 선택한 이승만을 대통령으로 하는 친일파와 친미세력 등의 보다 확장된 세력이 한국의 지배계급을 구성하였다. 이승만 정권은 토지개혁을 단행하고 새로운 지배 세력을 형성하였지만, 모든 친일파가 청산이나 단죄를 받은 것은 아니었고, 오히려 토지를 기반으로 어느 정도 남한의 농업 생산성을 책임지고 있던 지주와 토지 소유자들만 몰락했다. 토지가 불법적이고 정치적인 불하를 통해 기존 중하위 친일 관료들에게 귀속되면서, 가장 악랄하고 청산되어야 할 집단이 사회의 정점에 서는 변화를 겪게 되었다.

이와 더불어 미군정의 귀속 재산과 원조 물자를 독점적으로 불하받은 기업들이 늘어나면서 이승만 정권의 지배계급은 정치·경제적 전환기에 새로이 보다 광범위하게 형성된 이들 독점적 불하 기업들과 친일 잔재 세력 및 정치적 권력을 직접적으로 행사하고 소유하게 된 집단을 중심으로 재편되었다고 볼 수 있다. 이들은 부정부패와 독재를 통해 기득권을 유지하고, 한국 사회를 전쟁의 참화 속에서 좀처럼 헤어나지 못하게 만든 무능한 세력이었다. 그럼에도 이승만 정권이 지속될 수 있었던 데는 남한 내부의 문제만이 아닌 한반도를 둘러싼 국제 정세 등 여러 복합적인 요인이 작용했다.

부패하고 무능한 이승만 정부는 국민들의 요구에 눈을 감았고, 국민들의 사회 개혁에 대한 열망을 뒤로 한 채 정권 유지에만 골몰하였다. 3·15 부정선거를 계기로 부마항쟁 그리고 4·19 민주혁명이 발발하게 된 것은 이러한 요구와 민주주의 그리고 독재 정부가 아닌 정상적인 민주 국가에 대한 열망의 결과였다. 더군다나 그런 부패한 정권에 기생하여 특권을 누리고 있는 친일 잔재세력을 청산하고자 하는 국민들의 기대는 반민특위를 구성하게 하는 원동력이었고, 실제로 친일파를 청산하기 위한 국가적 작업이 실행되었다. 그러나 더 이상의 기적이나 실질적인 친일 청산은 진행되지도 실현되지도 않았다.

청산되지 않은 역사 탓에 지배계급의 와해나 청산 역시 진행되지도 실현되지도 않은 채 새로운 지배계급의 형성과 확산만이 발생했다. 5·

16 군사 쿠데타의 성공은 4·19 민주혁명의 좌절이라는 의미만이 아니라 부정하고 부패한 기득권자들의 지위와 위상을 고착화하고 강화시켰다는 사회학적 의미를 함께 가진다. 불행한 과거를 청산하고 국민이 주인이 되는 새로운 시대에 대한 구상은 군부의 무력 개입에 의해 좌절되었고, 이후 국가의 성격 역시 변질되고 왜곡되어 제대로 된 국가 정립도 어려운 상황이 되었다. 이와 같은 변질과 왜곡 과정은 역사적으로 결정된 경로를 따라 지속적으로 반복될 가능성을 항상 잔존케 하였으며, 박정희 군부 독재 체제가 끝난 뒤에도 반복적으로 이러한 현상이 나타나는 원인이 되었다.

박정희 체제 지배계급 양상의 새로운 내용은 군부와 함께 수출 지향의 국가 주도 경제개발계획의 수혜를 받은 재벌의 안정적인 구조화와 확산이 두드러지게 나타났다는 것이다. 이와 아울러 경제 부문 전문 관료들이 대거 상층 지배계급으로 편입되었다는 점도 꼽을 수 있다. 정치 권력을 쿠데타라는 불법적 방법으로 획득한 박정희와 군부는 자신들의 불법성과 비정상적인 권력 사용을 최대한 절제하면서, 민족과 국가를 위한 엘리트적인 구국의 발상으로 쿠데타를 정당화하였다. 이 과정에서 박정희 정권은 경제개발과 국가 정책을 일정 부분 대기업과 수출 주력 기업에게 분담케 하고 정경유착을 통한 국가 통치를 정당화하려고 하였다. 경제 전문 관료들은 이러한 군부와 기업 간의 적절한 매개체와 교량 역할을 맡았으며, 세 개의 사회 집단이 기존의 기득권층과 함께 당대 한국 사회의 지배계급을 구성하였다.

셋째, 반공주의라는 이데올로기와 친일을 정점으로 하는 다양한 집단의 연합으로 구성된 사회적 기반은 '개발과 성장'이라는 경제 정책을 세우고 다양한 경제개발 운동을 벌여 지배계급의 블록화를 공고히 하였다. 새로운 사회 계급 구조를 갖추게 된 한국의 지배 블록은 경제적 토대를 구축하기 위한 몇 가지 주요한 운동을 추구하였고, 박정희 체제가 내걸었던 경제개발과 민족 중흥을 위한 경제 성장 정책은 대내외적 당위성을 부여하기에 충분했다. 경제개발5개년계획이라는 국가가 주도하는 시스템으로 국가를 조직하고, 여기에 상층부의 기득권을 가진 정치가, 군인 그리고 미국의 자유주의 시장경제 체제에 익숙한 전문 경제 관료들이 결합한 경제적 토대를 구성하였다.

이를 위해 조직된 수많은 단체와 경제 정책 그리고 새마을운동과 전술한 수많은 경제 관련 단체와 운동은 박정희 시대의 개발 체제를 안정화하기 위한 경제적 토대와 구체적인 세부 계획의 역할을 충분히 수행했다. '잘 살아 보세'라는 구호가 이야기하듯 국가의 개발과 성장을 통해 대한민국 사회를 자본주의와 시장경제 체제 속에서 공업화와 근대화를 통한 서구식 근대 국가로 변화시키고자 한다는 의미를 국민들에게 분명하게 전달했다. 이는 경제적 가치와 목표만이 국가와 민족의 절대 절명의 가치라고 믿게끔 국민들을 호도하여, 민주주의의 가치나 인간으로서의 권리와 가치 그리고 근대화라는 것이 서구 국가들과 같은 경제적 풍요를 의미하는 것으로 한정시키는 우민화 정책으로 이어졌다.

한 가지 유념할 점은 여기서 성장률이나 통계 수치에 집착하여 1960년대와 1970년대를 경제적인 측면에서 고도로 발전하고 성장한 시기라고 규정한다면, 외형적인 측면에서 근대화되고 서구화된 모습을 가진 왜곡되고 한정된 대한민국을 그릴 수밖에 없다. 박정희 체제가 지속적으로 추구했던 개발을 통한 고성장 경제 정책은 주로 두 가지의 기본 틀과 구도를 통해 실시되었다. 하나는 새마을운동이었고, 다른 하나는 중화학 공업을 담당한 대기업 중심의 수출 주도 정책이었다.

중화학공업 위주의 경제 정책과 재벌이라고 하는 대기업 중심의 경제 정책은 실제로 국민 모두에게 그 혜택이 귀속되지 않았다. 박정희 체제 역시 이를 잘 알고 있었고, 이러한 국민적 불만을 잠재우고 경제 혜택과 성장의 열매가 국민들에게 공유되고 귀속된다는 점을 알리기 위한 장치가 필요했다. 새마을운동은 그와 같은 필요에 적절한 것이었다. 특히 새마을운동은 박정희 체제의 지배 블록을 강화하면서, 하위 계층인 농민에게 지배계급과의 유대감과 연대감을 느낄 수 있게 하는 데 상당한 효과를 본 국민 운동이었다.

특히 농민과 농업 분야에서 먼저 출발했지만, 1970년대 중반에 들어서면서 국민을 대상으로 한 일종의 경제 구조 개조 운동의 성격과 지역 사회 개발 운동의 성격을 함께 갖게 되었다. 특히 지배 블록 형성을 위한 밑으로부터의 동맹 블록과 협력 동맹 구축을 위한 중요한 경제적 기반 확장 운동으로서 새마을운동을 평가할 수 있다. 수출주도형 국가 정책과 중공업과 중화학 중심의 산업 발전의 성장과 개발 방향은 결국 농촌의 황폐화를 초래했고, 농촌 인구 감소 등이 겹치면서 심각한 사회 문제로 발전하였다. 새마을운동을 통해 농촌의 농민들을 정권 유지와 지배계급 안정화를 위한 정치권력, 산업자본 및 지배계급과 농촌을 연결하여 하나의 지지 블록으로 구성하기 위한 전술적이고 전략적인 전환이라고 할 수 있었다.

그러나 새마을운동만으로는 국가 전체의 경제적 토대를 바꾸는 데 한계가 있었다. 따라서 보다 분명한 구조적 토대를 형성하기 위한 경제적 기반의 확충과 안정이 필요했다. 이 과정에서 노동자와 농민에 의한 충분한 노동력을 바탕으로 정경유착을 통해 성장한 재벌 중심의 경제 체제는 수출 중심의 경제 체제로 변화되었다. 재벌이라는 한국적인 기업 형태는 박정희 체제의 경제 구조와 지배계급 구성의 중요한 계층적 기반이자 물적 토대를 제공하는 집단이었다.

그러나 개발과 성장이라는 경제적 토대의 목적을 위해 국가가 주도하고 개입하면서 국가 경제 구조는 더더욱 외국, 특히 미국의 자본주의 구조 속으로 편입되었다. 국가 발전의 원동력이 되는 자본을 차관과 외자 유치라는 명목으로 끊임없이 들여오는 바람에 국가를 성장시킨다는 경제 정책은 자립 경제 구조의 기반을 허물어뜨리고 외국 자본에 대한 종속도를 심화시키는 결과를 가져왔다. 물론 이 시기 경제 자립도나 경제 발전 정책 평가에서 와자 유치나 차관 경제가 필요악이었다는 강변과 주장을 전혀 이해하지 못하는 것은 아니지만, 외국 자본을 통해 육성한 중화학 공업은 국민경제의 체질 개선이나 국가 경쟁력 강화에 그리 도움이 되지는 못했다. 더군다나 이 시기 국내의 경제적 기반 확충과 구조에 결정적으로 영향을 미쳤다고 평가되는 몇 가지 국제 정치·경제적 요인에 대한 유기적인 분석도 중요한 사항이다.

당시의 주요 국제 정치·경제적 요인으로는 베트남 전쟁, 중동 특수, 일본과의 외교 관계 복원과 대일 청구권 문제, 미국의 굳건한 군사적 지원과 개입 등을 들 수 있는데, 이 같은 요인들이 복합적으로 작용하여 한국의 경제 기반과 구조 형성에 상당한 영향을 미쳤다. 결국 차관 외교와 일본과의 관계 복원 및 베트남 참전 등의 국제적 요인들이 박정희 체제가 지향했던 경제 정책의 발전 방향을 결정하는 요소들이었으며, 이러한 외부적 요인들은 한국 경제의 자립성이나 내적인 잠재력이 약화되는 원인으로 작용했다. 이는 외형적인 놀라운 성장에도 불구하고 그 한계가 뚜렷한 결과를 낳았다.[24] 더군다나 미국 등의 서구 강대국은 박정희 체제가 수립한 경제개발계획안에 대하여 지나친 수치 위주의 성장

정책 기조라는 점과 공장 중심의 건설 계획이라는 점 등을 들어서 부정적인 입장을 표명했으며, 제2차 경제개발계획을 수립할 때는 자국의 경제학자들을 참여시킴으로써 자유시장주의와 개방경제 정책을 공고화하는 데 간여하기도 했다.[25]

노동자의 희생을 통한 값싼 임금, 수출 주도형 기업 육성, 국가가 육성하는 중화학 기업, 국가의 지원과 혜택에 의한 성장과 발전, 국가에 의한 금융 통제, 정부 주도형 국가 개발 전략(흔히 경제개발 5개년계획으로 설명할 수 있는) 등은 박정희 체제의 경제적 토대가 국가가 주도하는 국가 독점 자본주의의 일반적 현상이라는 점을 의미한다. 특히 노동 탄압과 농촌 인구의 도시 유입 등을 통해 형성된 값싼 노동력 덕에 성장한 몇몇 대기업 중심의 국가 주도 산업은 결국 상층부만을 위한 지배 전략의 일환이었을 뿐, 대한민국을 근대화하고 현대적인 의미의 국민국가로 전환하기 위한 과정이나 시기로 볼 수 없는 이유이다.

박정희 체제의 상부구조를 반공과 친일을 매개로 하는 사회 계층으로 구성된 근대 한국의 정치·사회·문화적 결사체가 주도하는 경제 발전과 서구식의 근대화를 통한 외형적 성장이라는 물적 토대의 양자 결합이라는 측면에서 본다면, 이는 분명 일제강점기 이후 발전되고 형성된 독특한 성격의 지배 블록의 의미를 가진다. 특히 한국의 경우 이미 분단 상황을 이용한 친일 반공 세력의 기득권 유지를 위한 이데올로기적 기반이 상당 부분 진행된 상태였고, 박정희의 등장은 이를 구조적으로 고착화하고 여기에 완전한 물적 토대까지 제공하는 방향으로 발전하게 된 경우였다.

넷째, 한국 사회 지배계급 구조를 이와 같이 형성시킨 상부구조와 물적 토대를 연결하고 구성하는 방식의 문제이다. 이는 반공주의라는 이데올로기적 기반을 통해 구성된 친일을 공통점으로 하는 사회의 지배계층 그리고 개발과 성장이라는 목적을 위해 수출 중심의 무역 국가로 전환해 근대화와 서구화라는 경제적 토대의 구축을 추구했던 이들 한국의 지배계급을 연결하는 시스템을 규정하는 방식에 관한 문제다. 이러한 지배계급의 연결 시스템을 '연합'이라고 명명할 수 있는 데는 다음과 같은 몇 가지 요인이 존재한다.

가장 먼저 거론할 수 있는 요인은 '연합'의 구조와 내용에 대한 것이다. 통상적으로 연합의 정치학적 의미는 주로 정치역학적인 측면에서 정치권력 획득을 위해 임시적 혹은 일시적으로 두 개 이상의 서로 다른 정치 혹은 사회 세력이 하나의 조직이나 구성체를 만들어 정치적 제휴를 하거나 권력을 공유하는 형태라고 정의된다. 이와 같은 의미에서 보자면 친일과 반공 그리고 친미 세력들과 국가로부터 혜택과 지원을 통해 성장한 몇몇 독점 재벌 및 군부를 비롯한 전문 관료 집단은 사회적으로나 경제적으로 기득권을 유지하기 위하여 독재 체제와 비민주적 사회를 용인하고 오히려 조장하였다는 점에서 연합이라는 용어로 충분히 설명할 수 있다.

특히 전통적으로 한국 사회의 특징이라고 할 수 있는 혈연, 지연, 학연, 종교 등의 비정치적 요소들은 이러한 상층부 지배계급을 묶어두기에 적합한 요소들이었다. 이들은 영호남 지역주의를 조장하고, 노동자를 계급적 특징을 통한 유대나 연대보다는 직장과 소득 수준에 따라 분류하며, 농민과 빈곤층에게 정치적 권리나 내용보다는 부에 대한 열망을 심어주고, 자유, 평등, 연대 등의 민주적 가치보다는 민족과 국가 등을 더 가치 있는 것으로 교육하는 우민화 정책을 실시했다.

사회 계급의 측면에서 본다면, 지배 블록의 의미로서 연합이라는 지배계급 내의 구조적 성격과 네트워크의 유형을 느슨한 연결망 구조나 사회적 네트워크의 관점에 따라 이야기할 수 있다. 특히 지배 집단 간의 연결 고리가 앞서 이야기한 몇 가지 키워드와 계층으로 특징지어지는 한국 사회의 지배계급 구조는 오랜 시간에 걸쳐 형성되어왔으며, 제도적인 수준에서 뒷받침을 받고 난 뒤에는 다시 한국 사회 특유의 비정치적 요소에 의해 고정되고 안정화됐다는 특징이 있다. 따라서 한국 사회 지배계급의 성격을 규정하는 '역사적으로 형성된 지배 블록'은 근대화 과정에서 나타난 다양한 과정과 경로에 주로 의존하는 '경로 의존성path dependency'를 통해 형성되었다고 볼 수 있다.

한국 지배계급의 경로 의존적 성격은 다음과 같은 도식과 내용으로 보다 분명하게 표현할 수 있다. 조선 말기 이후 형성된 한국의 근대화 과정을 박정희 체제와 제5공화국 설립 전까지를 포함하여 하나의 일정한 패턴을 가진 주기로 설정한다면, 이와 같은 한국 사회 지배계급의 경로 의존적 성격은 충분히 논의될 수 있을 것이다. 한국 사회에서 형성된 지배계급의 역사가 이미 개화기와 일제강점기를 거쳤고, 비록 모든 친일파와 지주가 해방 이후 한국 사회의 지배계급으로 전환되지 않았을지라도 일정한 패턴과 제도를 통해 지배계급은 지속적으로 기득권을 유지할 수 있었다.

연구의 방법론적 측면에서 경로 의존성 개념을 여기서 자세하게 논의하는 것은 한계가 있겠지만, 한국 사회의 발전 과정이라는 '시간적 순서'를 바탕으로 이전 단계가 이후 단계에 끼친 영향과 인과관계를 충분히 설명할 수 있다고 본다면 슈얼Sewell의 경로 의존성 이론은 충분한 이론적 함의를 갖는다.[26] 더군다나 경로 의존성 개념은 한국 사회 지배계급의 형성과 구조화의 특징과 그 과정을 역사적인 측면에서 잘 설명하고 있다. 한국의 경우 근대화와 산업화의 과정 속에서 오래전에 구조적으로 시작된 친일과 반공의 메커니즘이 이후의 정치·사회적 구조 속에 여전히 지속적으로 영향을 미치게 되었으며, 지배계급의 구조나 속성 및 구성 주체들 역시 이와 같은 초기의 우연한 사건성에 기반하여 이후의 지배계급 구조와 내용에 영향을 미침으로써 박정희 체제의 지배계급이 갖는 역사적인 의미를 정확하게 지적하고 있는 것이다. 이는 한국 사회에서 친일 세력과 반공 세력들이 현재까지 기득권을 유지하면서 정치·경제적 헤게모니를 잃지 않은 이유에 대한 답이 될 수 있으며, '친일반공지배발전연합'의 구조적 메커니즘을 해석하는 기준이 된다.

경로 의존성에 대한 또 다른 해석은 협의의 의미로서 해석하는 경우로, 이미 제도적으로나 특정한 방향으로 국가나 한 지역이 일단 일정한 경로나 과정에 진입하게 되면 복원이나 환원에 필요한 비용과 구조적 어려움 탓에 처음으로 돌아가기가 어렵다는 것이다.[27] 이러한 관점과 개념 이외에도 한 국가나 지역에서 이미 결정된 제도나 과정은 현재의 문제 해결에 그다지 유효하지도 효율적이지도 않다고 보고, 변화나 변경의 가능성이 높지 않으면 계속하여 결정된 경로를 선택할 수밖에 없다는 시각도 존재한다.[28]

따라서 경로 의존성에 대한 세 가지 개념과 시각 모두 한국 사회의 지배 블록 형성을 설명하는 데 적절할 뿐 아니라, 박정희 체제에서 형성된 지배계급이 이미 오래전부터 지속되어온 친일파나 반공주의 지배 집단의 연장선으로 볼 수 있는 근거가 된다. 이와 같은 관점에서 본다면 박정희 체제는 정치적으로 중요한 변환기이자 전환점이었지만, 결국 역사적 우연성에 불과한 사건이며. 지배계급의 전환이나 구조적 변화를 초래하지도 못하였다고 평가할 수 있는 것이다. 다만 지배계급의 외연 확장과 안정화에 결정적인 계기를 제공함으로써, 지속적으로 지배계급이 한국 사회의 기득권을 유지하는 데 커다란 기여를 하였다고 볼 수 있다.

'친일반공지배발전연합'의 유지와 지속의 메커니즘

한국 사회에서 친일의 흔적과 잔재의 문제는 1945년 해방 이후에도 여전히 논란의 중심에 있다. 최근에 논란이 되고 있는 역사 교과서 문제나 아베 정권의 군사 대국화 문제 등은 친일의 문제가 여전히 우리 사회의 중요한 쟁점이 될 수밖에 없는 구조적인 한계를 그대로 보여주고 있다. 그런 의미에서 보자면 '친일반공지배발전연합'이 어떻게 오랜 기간 동안 지속될 수 있고, 그들이 기득권을 유지할 수 있었는지가 한국 사회 지배계급을 이해하고 설명하는 중요한 출발점일 것이다.

그렇다면 친일반공지배발전연합이 유지되고 지속될 수 있었던 메커니즘과 체계는 어떤 것들로 설명할 수 있을 것이고, 어떻게 그것을 이해할 수 있을까? 가장 먼저 그들은 해방 이후 자신들의 정치적인 세력과 기반을 확충하기 위하여 또 다른 외부 세력과 공조하고 협력하는 방식을 취하였다. 그것은 정치적인 지배 체제의 공고화라는 방식이었다. 개발독재 체제는 이를 실행하기 위하여 몇 가지 방법과 제도를 만들어 구조화하였다. 그것은 대개 세 가지 방향에서 결정되어 실행되었는데, 정리하면 다음과 같다.

첫째, 정치적인 방향에서 시행된 국가 강제력의 직접적이고 제도적인 구조화 방식이다. 이는 주로 공권력이라는 이름으로 행해지는 수많은 법과 제도 그리고 다양한 방식의 정치적인 강제동원 방식이라고 할 수 있다. 법적인 측면에서는 '국가보안법'이나 'ㅇㅇ금지법', 혹은 국가가 통제할 수 있는 다양한 영역의 법들(예를 들면 '집회와 시위에 관한 법률', '통행금지법', '미풍양속법', '경범죄 처벌에 관한 법' 등)을 통해 국민 개개인의 자유와 인권을 제한함으로써 국가 공권력의 강제성에 대한 국민들의 암묵적인 복종과 순응성을 양성하는 방식이다. 실제로 1970년대까지는 이러한 합법적인 법률에 의한 '공포정치'가 횡행했고, 사석에서 건넨 이야기나 대화를 빌미로 구속되거나 재판을 받는 일이 빈번하게 발생하였다.

둘째, 경제적인 방향에서 국민들로부터 자발적인 동의와 복종을 이끌어내기 위한 간접적인 방식이다. 이는 주로 다양한 '운동'의 방식으로 전개되거나, 잘 참여하거나 적극적인 동조의 의지를 보이는 경우 포상이나 상장 등의 방법을 통해 경제적인 이익을 보장하고 장려하는 방식을 따른다. 굳이 예를 들지 않더라도 이러한 운동과 보상의 방식은 너무나 많다. 새마을운동을 필두로 '허례허식 줄이기 운동', '가정의례준칙', '아들딸 구별 말고 둘만 낳아 잘 기르기', '근검절약 운동' 등 수많은 운동이 이 시기 국민들의 의식에 각인되었다. 훈장이나 보상금 등으로 포상을 하거나 각종 국제대회나 경연대회에서 입상한 이들에게는 상당액의 부상이 국가로부터 주어졌다. 게다가 비안간적인 고발과 비난의 상황이 경제적 보상이라는 미명 아래 수없이 자행되었다.

세 번째는 사회문화적인 방향에서 가장 간접적인 방식인데, 국가가 아닌 시민사회나 관변단체에 의해 국민의 동의를 구하는 구조화 방식이다. 애국과 애족을 필두로 개인의 자유나 인권의 차원에서 국민 개개인의 행복 추구권을 강조하기보다는 국가, 민족, 공동체, 단체 그리고 상명하복의 위계질서를 중시하는 사회적 분위기 조성을 위해 법과 질서 그리고 권위를 강조하는 방식이었다. 그것은 단지 군대나 몇몇 국가의 공권력이 미치는 집단과 단체에만 한정된 것은 아니었다. 고등학교와 대학교의 교련 교육이나 여러 관변 단체를 앞세워 전 국민을 하나의 목표나 지향점을 향해 나아가게 하는 일이 일상적으로 벌어졌다. 더군다나 국가가 제시하는 운동이나 지령을 거부하거나 제대로 이행하지 못하는 사람들에게 정부와 정치권력이 부여했던 모욕과 불명예는 상상을 초월하는 것이었다. 또한 국민들을 정치로부터 멀리 떨어뜨리게 하기 위하여 여러 종류의 경연과 이벤트를 만들고 시행하였던 일들은 대한민국 국민들의 판단을 흐리게 하는 데 도움을 주었고, 이는 우민화에 상당한 공헌을 하였다.

지금까지 살펴 본 지배계급의 세 가지 구조화 방식과 방향은 우리에게 좀 더 많은 생각과 고민을 불러일으킨다. 그것은 우리가 그람시를 통해 알고 있는 지배계급의 헤게모니가 유지되고 공고해지는 경로가 한국 사회에서도 고스란히 재현되고 있다는 점과 역사적으로 확산되고 강화되고 있는 지배계급의 이데올로기와 헤게모니가 한국 사회에서는 분명한 과정과 경로를 따라 진행되고 있다는 사실이다. 특히 이 과정에서 눈에 띄게 두드러지는 것은 대항 헤게모니를 만들어낼 일반 대중이나 노동자, 농민 같은 하위 계급의 정체성과 집단의지가 갈수록 약화되고 있다는 점이다. 이는 다음 장에서 살펴볼 지식인의 역할과 한국 자본주의 체제의 기형적인 성격에서 기인한 바가 크다는 점에서 이탈리아의 상황이나 조건과는 다르다. 따라서 다음 장에서는 한국 사회를 관통하고 있는 역사적인 형성 경로와 그 경로 속에서 가장 중요한 역할을 해온 지식인 및 친일반공지배발전연합의 구조적 고착화를 위해 시행된 다양한 제도와 정책들을 중심으로 전개하고자 한다.

6
'친일반공지배발전연합'의
이론적 함의

개요

 지리적으로 공간적으로 그리고 문화적으로도 너무나 다른 두 국가의
비교 자체가 쉽지 않은 상황에서, 게다가 정치적으로도 동떨어진 시대
상황을 비교하는 작업은 더더욱 어려울 것이다. 이탈리아의 역사를 기
반으로 자신의 독특한 이론으로 발전시킨 '역사적 블록'이라는 그람시
의 개념을 한국 사회의 지배계급 분석에 적용시켜 지배 블록으로서 '친
일반공지배발전연합'이라는 개념과 이론으로 한국적인 해석을 도식화
하고 구조화한다는 작업 역시 더욱 어려운 일임은 자명하다.

 역사적 실례로서 이탈리아의 파시즘 체제와 한국의 개발독재 체제는
외형적으로나 내부적으로 당대의 정치적 상황과는 다른 구조와 내용을
담고 있어야 했다. 그것은 새로운 지배 체제와 제도였고, 그를 통해 체
제 유지와 새로운 권력에 대한 정당성을 부여하고자 했기 때문이다. 그
런 측면에서 그람시가 파시즘을 분석하면서 사용한 개념들을 원용한다
는 것이 중요한 의미를 가질 수 있다. 마찬가지로 파시즘 체제와의 유사

성을 가진 한국 사회가 그람시의 이론적 개념과 논의 틀로 분석되고 연구될 수 있다는 사실은 충분한 함의를 가질 수 있다.

'친일반공지배발전연합'이라는 한국 지배계급에 대한 이론적 논의는 그람시의 '역사적 블록' 개념으로 접근할 수 있으며, 이를 역사적으로 형성된 경로 의존성 개념의 접목을 통해 분명하게 설명할 수 있다.

특히 한국 사회의 지배계급이 다양한 역사적 요인과 사건 및 전환기의 여러 요소가 복합적으로 작용해 형성된 결과물이었고, 이것이 물리적 요소의 가감과 변형 등에 의해 이루어졌음을 감안하면, 한국 지배계급의 항구성과 지속성을 파악하고 분석하기 유리할 것이다. 한국 사회 지배계급 구조가 단순히 친일, 반공, 지배, 발전, 연합이라는 다섯 가지 요소로만 구성되었다고 볼 수만은 없지만, 이 개념은 적어도 한국의 지배계급이 형성되어온 역사적 과정과 경로에 대한 충분한 설명이 될 수 있을 것이다.

이탈리아는 오랜 분열과 외세 지배의 역사적 굴레를 벗어던지고 통일의 대업을 이루었지만, 역사적으로 형성되고 발전한 부르주아와 가톨릭 세력 때문에 유럽의 다른 강대국과는 다른 형태로 성장했다. 이러한 역사적 특징과 변형된 모습 탓에 열강들과의 경쟁에서 뒤처질 수밖에 없었고, 결국 그 돌파구를 파시즘에서 찾고자 했다. 변형된 지배계급으로서 파시즘 정치권력은 그람시가 적절하게 예측하고 규명한 대로, 이탈리아의 새로운 힘과 추진체가 아닌 구체제와 기존 질서를 공고히 해준 퇴행적 역사의 산물로 인식할 수밖에 없었다. 이는 '역사적 블록'이라는 개념으로 설명할 수 있는데, 이를 통하면 오랫동안 이탈리아를 지배한 헤게모니가 하나의 구조적 구성체이자 계급 블록의 성격을 띤 이유가 명확히 밝혀질 것이다.

한국 지배계급의 형성 과정과 구성의 역사 역시 이러한 이탈리아와 그리 많이 다르지 않다고 볼 수 있다. 비록 시기적·외형적 조건과 환경의 차이가 존재하지만, 오랜 중세의 멍에에서 벗어나지 못한 상태에서 외부적 요인이라 할 수 있는 강대국의 영향과 개입은 굴절된 역사와 변형된 기득권 세력의 보존을 용이하게 하였다. 더군다나 이후 전개된 이탈리아 내부와 외부의 정치적 상황은 이탈리아 자본주의 체제의 허약성을 그대로 보여주었다. 이를 재빨리 간파했던 자유주의 정부와 지배계급은 파시즘이라는 전체주의적이고 반민주주적인 세력을 끌어들여 자본주의 체제를 연장하고 지배계급의 헤게모니를 공고화하였다. 결국 파시즘 체제의 존속은 이탈리아 통일 이후 지속적으로 노정되었던 통일국가의 통합성을 강화시킴과 동시에 이탈리아 자본주의 체제를 유지하는 데 상당한 기여를 하였다.

파시즘 체제가 현재까지 이어지지는 않았지만 청산되지 않은 파시즘 잔재 세력들은 정당 활동을 통하여, 그리고 외형을 바꾼 다양한 방식으로 다시 한 번 통치의 기회를 노리고 있다. 한국의 개발독재 체제가 현재까지 이어지지 않았을 뿐 아니라 현재의 정부를 독재정부라고 이야기할 수는 없지만, 청산되지 않은 친일 세력들과 군부 및 자본가 계층이 지배계급에서 상당한 주류를 구성하고 있다는 측면에서 여전히 진행형이라고 할 수 있다. 한국의 지배계급은 분단이라는 외형적 조건과 환경을 통해, 지배계급 구조를 유지한 채 지속적으로 다양한 계층을 편입시키면서 더욱 공고하게 현재의 상태를 유지하고 있다. 따라서 한국 사회에서 역사적으로 형성된 다양한 사건과 체제를 분석할 때 그람시의 이론적 분석 틀과 개념을 적용한다면, 이는 시의적절하고 효과적인 기준이 될 것이다.

본서에서는 한국 지배계급의 구조를 그람시의 '역사적 블록' 개념을 빌어 분석하고자 했다. 하지만 이외에도 실제로 한국 사회를 분석하고 해석하는 데 적용할 수 있는 그람시의 개념과 이론은 다양하다. 예를 들면 이미 한국 사회를 해석하는 데 유용성을 인정받은 헤게모니와 시민 사회 개념 이외에도 그람시가 자신의 저서를 통해 제기했던 '수동적 혁명', '유기적 지식인'과 '전통적 지식인', '문화의 조직화', '진지전'과 '기동전', '상식'과 '민속', '현대의 군주', '대중사회론', 지역 문제로서 '남부 문제'의 의미 등은 한국의 정치·경제·사회·문화 부문의 속성과 특징을 잘 설명할 수 있는 계기와 분석의 틀을 제공할 수 있을 것이다.

이질적인 서구 사상이나 개념 및 이론의 한국화가 갖는 불합리성과 비효율성에 대해서는 그동안 많은 비평가와 전문가 들이 지적해왔다. 토대와 기본적 구조가 다른 서구 이론의 무분별한 이입과 적용이 갖는 폐해와 학문적 성과에 대한 비판 역시 많은 이들이 제기하고 있는 것도 사실이다. 그람시의 이론이나 개념이 꼭 한국 사회에 필요하며, 다양한 시도들이 얼마나 유용성을 가질 수 있을 것인가에 대해서도 문제를 제기할 수 있을 것이다. 그러나 적어도 이와 같은 시도들이 한국의 다양한 학문적 영역에서 드러나고 있는 발전의 장애물을 제거하고 연구의 실마리를 제공할 수 있다는 측면에서, 한국의 정치·경제·사회·문화적 조건과 상황에 적용할 수 있는 정교한 분석틀과 내용을 담보할 경우 유의미한 학문적 성과가 가능하다고 볼 수 있다.

따라서 본서에서 제기하고 분석한 그람시 역사적 블록 개념의 한국적 적용으로서 개발독재 체제의 지배계급 연구 사례는 어떤 방식과 논의 틀을 통해 한국적 개념과 이론화가 가능한가를 보여줄 수 있는 의미 있는 시도였다. 일제강점기 이후 주요한 정치적 변동과 사회적 전환기에서 친일 세력들과 반공주의를 신봉하는 세력들과 집단들이 청산되지 않고 기득권을 유지할 수 있었던 동인과 원인 등을 분석하면서, 결국 사회적 구조와 그 형성 과정이 갖는 비용과 시간적 제약 등은 기득권의 확장되고 변형된 형태와 개념을 낳을 개연성이 매우 높다는 측면을 확인할 수 있었다.

개발독재 체제 이후 현재까지도 구조적으로 발전되어온 '친일반공지배발전연합'의 이론적 의미를 짚어보고 분석하는 작업은 또 다른 연구의 지면이 필요하지만, 적어도 전두환 정권의 등장 이후부터 현 정부의 등장과 성격을 설명할 수 있는 중요한 실마리와 계기를 제공할 수 있다는 측면에서 여전히 발전 가능한 분석이자 이론화의 실례라고 평가할 수 있을 것이다. 그렇다면 이제 친일반공지배발전연합에 대한 구체적인 분석이 필요하다. 현재의 지배 구조와 계층, 그리고 구성 요인 등에 대한 보다 전반적인 분석이 필요할 것이다. 본서에서 제시할 수 있는 지면과 논의 틀의 한계 탓에 이를 본격적으로 분석하는 데는 어려움이 있겠지만 적어도 몇몇 요소들에 대한 기본적인 내용은 간략하게나마 서술할 필요가 있을 것이다. 다음 장에서는 친일반공지배발전연합의 주체들과 이들을 유지시키고 있는 다양한 제도와 요인에 대해 간략하게 알아볼 것이다.

친일반공지배발전연합의 주체들:
지배계급과 지식인 문제

지배계급과 지식인 문제

그람시도 지적했듯이 지배계급을 구성하는 가장 중요한 계층과 요소는 지식인이다. 이들이 역사 속에서 어떤 역할과 형태를 조성해왔느냐가 지배계급의 성격과 역사적으로 형성된 범주를 이해하는 데 중요한 요소이기 때문이다. 전통적인 지식인과 유기적인 지식인의 문제는 그람시 이론에서도 핵심적인 내용이지만, 지식인의 범주와 형태에 대한 분류는 학자들에 따라 다르다. 그러한 다양한 이론적 논의 중 본서에서는 그람시가 이야기하고 있는 두 가지 유형의 지식인 기준에 따라 논의를 전개하고자 한다. 그람시는 역사적으로 형성된 지식인 범주에서 다음의 두 가지 형태를 이야기하고 있다.[1]

지식인 범주의 이러한 형태들 가운데 가장 중요한 것은 다음의 두 가지이다. 첫째, 경제 부문의 생산 영역에서 가장 핵심적인 기능을 담당하는 모든 사회 집단은 독창적인 지형 위에 존재하는 스스로의 집단과 더불어 하나 혹은 그 이상의 지식인층을 유기적으로 창조한다. 그런데 이 지식인층은 해당 집단에 동질성을 부여하고 경제적 · 사회적 · 정치적 분야에서 해당 집단이 가져야 할 역할과 기능에 대한 자각을 불러일으키는 임무를 가진다. …(중략)… 모든 기업가가 그렇지 않을지라도 최소한 그들 가운데 지도적인 지위의 엘리트는 다음과 같은 자질을 지녀야 한다. 직접적으로는 국가 기관과 복잡한 서비스 기관까지를 포함하여 사회를 구성하고 있는 일반 대중을 조직할 수 있는 역량을 지녀야 한다. 이는 스스로의 계급 확장에 가장 유리한 조건을 창출할 수 있기 때문이다. 만약 그렇지 못한다면 최소한 그들은 일반적인 체계를 조직할 수 있고, 외적으로 이러한 활동을 대신하여 진행하고 수행할 수 있는 대리인들(전문화된 고용인들)을 정확하게 선택할 수 있는 능력을 지녀야 한다. 그 자신과 함께 창출하고 자신의 발전 과정 속에서 형성된 유기적 지식인들이 대개 새로운 계급으로 인해 만들어진 새로운 사회적 유형의 초기적 활동의 일정 부분을 수행하는 '전문화된 사람들'이기 때문이다.

둘째, 이전의 경제 구조로부터 시작된 이러한 구조의 발전 형태로서 역사에 등장하는 모든 '본질적인' 사회 집단(최소한 현재까지의 모든 역사에서)에는 이미 지식인 범주가 항상 존재했다. 이러한 지식인 범주는 매우 복합적이고도 급격한 정치 · 사회적 변화에 의해서도 중단되거나 해체되지 않는 역사적 연속성을 가진다. 이러한 범주에 속하는 지식인의 가장 전형적인 사례는 성직자다. 성직자들은 오랫동안 학교, 교육, 도덕, 정의, 자비, 선행 등을 포함하는 중요한 사회적 서비스를 제공하는 그 시대의 철학이며 과학인 종교적 이데올로기를 독점했다. 성직자들은 토지 소유 귀족과 유기적으로 결합된 지식인 범주라고 할 수 있다. 그들은 봉건적 토지 소유권 및 재산과 연관된 국가의 특권을 귀족과 공동으로 행사하면서, 법률적으로 귀족과 동등한 지위를 누렸다. 그러나 상부구조의 영역에서 성직자가 누린 독점은 제한적으로 행사되었다. 그리하여 다양한 형태로 또 다른 범주의 지식인들이 발생하였다. 이 범주들은 절대왕정 시대까지 이르는 군주의 중앙집권적 권력 강화에 따라 자신의 세력을 팽창하는 데 유리한 조건을 확보하면서 양적으로 확대될 수 있었다. 따라서 우리는 행정관 등의 관료, 인문학자, 과학자, 이론가, 철학자 등의 지식인들이 고유한 특권을 지닌 고귀한 신분noblesse de robe으로 형성되었다는 사실을 발견할 수 있다.

이와 같은 지식인 범주의 유형 분류와 설정은 한국의 경우에도 유사하거나 동일하게 나타난다. 특히 역사적인 과정에서 등장하는 지배계급의 유형화와 범주화는 그람시의 주장과 대동소이하다. 그람시가 주장하는 두 가지 범주의 지식인 유형을 한국 상황과 한국의 지배계급에 대입해보면 다음과 같은 논리와 내용으로 구성할 수 있다.

첫 번째 지식인 유형으로는 일제강점기 전후의 친일 세력과 해방 전후 시기의 친미 세력을 꼽을 수 있다. 이들은 사회의 주류로서 항상 기득권을 누릴 수 있던 계급으로, 시대와 환경에 따라 자신들의 입지와 위상을 적법하게 유지하였고, 변화된 시대 상황을 최적으로 활용할 줄 알았다. 친일 세력들은 해방 전후에 친미 세력으로 발 빠르게 둔갑했다. 그렇게 친일 세력은 집권 세력을 구성하면서 자신들에게 주어진 국가 권력을 최대한 활용하였으며, 그 제도를 통해 자신들을 대신할 수 있는 위임 세력들을 선택하여 지배계급의 지위를 지속적으로 누렸다. 그들의 정치·경제·사회·문화적 헤게모니는 국가 기관과 언론을 통하여 끊임없이 반복되었으며, 자신들의 흠결을 감추기 위해 새로운 이데올로기와 국정의 방향을 재생산하였다. 이들이 내걸었던 주요 이데올로기는 반공, 애국, 민족 등의 가치를 앞세운 국가중심주의적 이념이었다. 물론 이들이 경제 활동의 주체로서 자본주의 체제를 이끄는 핵심 세력이라고 이야기하기에는 곤란한 점이 있다. 그러나 한국의 근대 자본주의가 산업화나 산업혁명의 과정에서 중추적 역할을 했던 기업가나 자본가가 아니라 친일이라는 핵심적인 방향에서 결정되었고, 해방 이후에도 친미적인가 아닌가에 의해 기업의 성공 여부가 결정되었다는 측면에서 이들 친일 및 친미를 표방한 세력이야말로 한국 지배계급의 가장 중요한 지식인 범주에 포함될 수 있다.

두 번째 유형의 지식인 범주로 이야기할 수 있는 것은 군인과 행정관료 및 자본가 계급, 그리고 사법부를 구성하는 계층이라고 할 수 있을 것이다. 이들 중에도 역시 친일이나 친미의 전력을 가진 이들이 있었지만, 대개 개발독재 시대를 거치면서 국가의 지도층으로 인식되는 지배계급으로 고착화된 계층이었다. 특히 군인과 행정 관료들은 국가가 주도하는 개발과 성장 시대에 핵심적인 역할을 수행하면서 자신들만이 국가 개발과 국가 보존의 핵심적인 주체라고 생각하기도 했다. 이들 지식인 범주는 이승만 정권 이후부터 순차적이면서도 동시다발적으로 지배계급의 핵심적이고 독점적인 지위를 누리게 되는데, 이는 정치적 변동과 국내외적 상황 변화 등에 따라 이루어진 일이었다. 이들 지식인들은 때로는 상호 협력적으로 때로는 경쟁적으로 핵심적인 역할과 부수적인 역할을 상황에 맞게 수행하면서 지배계급의 주류로 편입되었다. 이들은 자신들의 행위와 역할을 정당화하기 위해 다양한 가치를 공유하면서 자신들만이 국가 발전의 중추이자 독점적인 엘리트라는 일방적인 논리를 전개하였다. 이들 계층이 자신들의 역할과 중요성을 전파하는 데 주로 활용한 방법은 국가 정책을 직접 입안하거나 시행하는 데 앞장서는 오피니언 리더의 역할을 맡는 것이었다. 또한 직접적인 지도자의 역할과 함께 교육 체계와 종교 등의 시민사회를 적극적으로 활용하면서 국민을 계몽하고 통치해야 한다는 우월적인 인식을 바탕으로 개발독재 기간 내내 자신들의 입지를 확고하게 다져왔다.

따라서 이들 두 가지 유형의 지식인들에게 일반 국민은 국가를 발전시키는 데 필요한 구성원에 불과했고, 사회의 지도층이나 리더의 자질이라는 것은 육체노동이나 국가를 위해 땀 흘려 일하는 일반 국민이 아닌 지식과 정책을 입안하는 자신들에게만 있었다. 이런 상황에서 노동자나 시민 혹은 개개인의 인권이 보장되는 자유로운 시민사회의 발전은 부차적일 수밖에 없었고, 그들은 그저 국가 발전에 이바지하는 산업의 역군이자 기업 활동에 종사하는 근로자로 그 역할이 한정되었다. 이들 지식인에게 일반 국민은 통치의 대상이자 자신들의 지배를 잘 수용해야만 하는 우매한 대중일 뿐이었다.

이러한 한국의 정치적인 상황은 그람시가 이야기하는 시민사회와 정치 사회의 구분과 역할이 전통적으로 분명하게 구별이 되지 않았기 때문에 발생한 것이다. 특히 한국은 시민사회의 역사가 서구에 비하여 매우 짧고 그 범위가 좁다. 이는 정치권력의 성격 여부에 따라 국가의 성격이 쉽게 변하는 이유이기도 하다. 그런 이유 때문에 쿠데타나 독재 체제에서도 이를 견제하고 원래의 성격으로 복원할 수 있는 힘이 매우 약하게 나타나는 것이다. 그람시는 이러한 시민사회와 국가와의 관계를 다음과 같이 이야기하고 있다.

> 시민사회라고 불리는 영역, 다시 말해 '사적'이라고 불리는 유기체들의 총합으로 불리는 것과 '정치 사회' 혹은 '국가'로 불리는 두 가지 영역이 있다. 이러한 두 가지 영역은 한편으로 지배 집단이 사회 구석구석에서 행사하는 '헤게모니' 기능과 다른 한편으로 국가와 '법률상의' 정부를 통해 행사되는 '직접적인 지배'나 통치 기능에 조응하면서 존재한다. 그런데 이 기능은 정확히 구조적이고 연관되어 작동한다. 이때 지식인은 사회적 헤게모니와 정치적 통치의 하위 기능을 수행하는 지배 집단의 '대리인'인 것이다. 이는 다음과 같은 의미를 함축한다. 첫째, 핵심적인 지배 집단이 사회생활에 끼치는 일반적인 지도에 대한 주민 대다수가 '자발적 동의'를 수용한다는 점이다. 이러한 동의는 지배 집단이 생산 영역에서 차지하고 있는 위상과 역할로 인해 위신(그리고 그 결과 얻게 되는 신임)에 의해 '역사적으로' 이루어진다. 이에 반해 국가 기구는 능동적으로든 수동적으로든 '동의하지' 않는 집단을 '합법적으로' 징계할 수 있는 강제력을 행사한다. 이러한 국가 기구는 자발적 동의를 얻어내는 데 실패했을 때, 다시 말해 지배와 지도가 위기에 빠진 순간에 대비하여 사회 전체에 걸쳐 행사될 수 있도록 상호 조응하여 작동하도록 구성되어 있다.[2]

이러한 의미에서 보자면, 한국 개발독재 체제에서 첫 번째 유형의 지식인과 두 번째 유형의 지식인들이 시민사회를 적절히 조정하면서 국가 기구의 강제력을 보다 쉽고 강제적으로 행사할 수 있었던 이유가 분명해진다. 만약 한국의 시민사회가 서구 국가들처럼 오랫동안 견고하고 광범위하게 확산되어 있었다면, 독재 체제나 군사 쿠데타에 의해 쉽게 붕괴되지 않았을 것이기 때문이다. 그러나 한국은 친일 세력과 미국이라는 외부적 요인에 의해 자생적인 시민사회나 유기적인 지식인들이 부족한 환경과 조건에 처해 있었다. 일반적으로 지식인들은 지적 기능의 수행을 위해 전문화된 범주로 구분되어 역사적으로 형성되는 과정을 거친다. 그러나 한국의 경우 그러한 역사적 경로에 의해 형성되기보다는 갑작스러운 정치적 환경 변화에 의해 핵심적인 지식인 계급에 편입되면서 그 세력을 확장해나가는 방법으로 만들어져왔다.

그럼에도 한국의 지식인들은 전통적인 지식인에 비하여 특정한 사회 집단(보통은 친일 혹은 친미 계층을 의미)과의 연관성을 갖고 형성되어왔다. 특히 더욱 중요하고 지배적인 사회 집단과 관련될수록 지속적이면서 광범위하게 형성되는 과정을 거쳤다. 이 과정에서 그람시의 표현대로 보다 확고한 지배력을 장악하기 위해 전통적 지식인을 '이데올로기적으로' 정복하고 그들을 융합시키기 위해 투쟁해왔다. 그러나 이러한 융합과 정복은 집단 내부에서 자신들과 연계된 유기적 지식인을 동시적으로 형성하는 데 성공할수록 더욱더 빠르고 효율적으로 이루어진다. 개발독재 시기 이러한 유기적 지식인들이 빠르게 친일 세력 및 군부 세력과 긴밀하게 연계하여 국가의 중심적이고 중추적인 주체로 성장한 것을 보면 더욱 명확해진다.

한국의 경우 이와 같은 시민사회의 층이 엷은 데다 유기적 지식인들이 빠르게 지배계급으로 편입되면서, 동의보다는 복종에 더욱 익숙한 순응적 지식인들이 만들어지고 있다. 친일과 친미로부터 시작된 지배 세력이 개발독재라는 체제를 유지하기 위하여 다양한 유기적 지식인들을 자신들의 편으로 끌어들이면서 지배계급의 외형을 확장시켰다. 기업인, 검사나 판사 같은 법조인, 의사나 교수와 같은 전문직 종사자, 고소득 자영업자, 기업의 중견관리자에까지 확산되던 지배계급은 자신들의 기득권 유지라는 기준에 따라서만 지식인 영역과 범주를 결정하였다. 그러나 이들 지식인은 외부적인 요건, 특히 경제적인 조건이나 환경 등에 의해 쉽게 분열되고 정체되었다. 결국 친일반공지배발전연합은 이와 같은 조건과 환경을 충분히 활용하여 항상 자신들에게 복종할 수 있는 지식인들을 경제적 조건에 더욱 종속될 수 있도록 성장과 개발의 논리를 지속적으로 유지하게 되고, 이는 정치권력의 성격과 밀접하게 관련되어 현재까지 이어지고 있다.

친일반공지배발전연합의
현재의 구조와 요소

역사적 블록 형성의 가장 주요한 수단으로서 교육 제도와 정책

그람시가 헤게모니 개념을 제기하면서 가장 중요하게 생각하였던 상부구조의 영역이 문화였다. 헤게모니가 작동하는 상부구조인 문화의 영역에서 구성원들에게 공식적으로 그리고 자연스럽게 헤게모니가 작동될 수 있는 분야의 하나가 교육 제도이다. 교육 제도는 지배계급의 이데올로기를 공식적으로 전파하여 확산할 수 있으며, 구성원들에게 체제의 소속감과 정체성을 부여할 수 있는 공식적인 제도이다. 이탈리아의 경우 파시즘 시기 가톨릭이라는 종교와 결합되어 교육 제도를 통해 체제의 안정화를 확실하게 가져왔다. 이런 점에서 거의 모든 국가와 체제는 교육 제도의 중요성을 강조하는 데 주저하지 않는다.

한국의 경우에도 이승만 독재 체제나 박정희 개발독재 시대에도 교육은 중요한 체제 안정화의 수단이었으며, 지배계급의 이데올로기를 전파하는 효율적인 방식이었다. '반공'을 국시로 채택하고 개발과 성장이라는 이데올로기를 국민들에게 각인시킨 것 역시 이러한 교육 제도였고, 어린 학생들에게 지배계급의 이데올로기를 자연스럽게 전파한 것도 교육 제도였다. '공산당이 싫어요'로 대표되는 일화나 〈똘이 장군〉이라는 반공 만화영화 시리즈는 교육 제도 안에서 공식적으로 허용할 수 있는 반공 이데올로기의 상징적인 수단이었다. 굳이 〈국민교육헌장〉을 들먹이지 않아도 교육 제도 안에 국가 이데올로기를 전파하는 것이 자연스러울 수 있었던 것은 국가와 정치권력이 교육 제도를 잘 활용하였다는 사실을 보여준다.

실제로 1960년대와 1970년대의 이러한 교육을 받고 자라난 현재의 50대와 60대들은 안보나 국방 문제에서 상당히 보수적인 입장을 견지하고 있으며, 교육을 통한 국가 이데올로기가 어떻게 국민들의 의식 속에 잠재되어 있는 것인지를 잘 보여주고 있다. 무의식중에 굳어진 국가 이데올로기가 어떻게 일반 국민들 속에 재현되고 반복되어 일상화되는지를 잘 보여주고 있는 사례이다. 최근에는 과거의 일이나 사례가 현재나 미래에 지속적으로 반복되고 동시에 발생할 수 있다는 것을 표현하는 '비동시성의 동시성'이라는 개념이 이를 증명해주기도 한다.

이러한 교육 제도의 지속성과 이데올로기의 항상성은 현재의 지배계급에게도 영향을 미치고, 지속적으로 편입할 수 있는 엘리트 계층을 확보하는 효과도 있다. 친일과 친미 그리고 군부가 결합된 핵심적인 지배계급으로부터 파생되어온 이들의 새로운 후속 세대인 뉴라이트나 극우 세력들이 새롭게 친일과 친미를 강조하고 종북 논란을 일으키고 있는 것은 이러한 교육의 효과가 후속 세대에 어떻게 전달되고 있는가를 잘 보여준다. 그러나 이러한 현재의 모습이 집중적으로 반복되는 것은 단순히 친일과 친미 혹은 반공을 중시하는 교육만으로 이루어진 것은 아니다. 그러한 교육적인 이데올로기를 대체한 것은 1980년대 개방화와 세계화 시대를 맞이한 새로운 교육 내용이었으며, 그것은 바로 '영어' 교육이었다.

영어 교육이 지배계급 이데올로기와 국가 정책의 기조로서 중요성을 갖는 이유에 대해서 의아할 수 있다. 영어가 갖는 경쟁력이나, 영어를 통해야만 세계화를 한다고 굳건하게 믿는 한국 사람들에게 이러한 주장은 생뚱맞은 것이거나, 아니면 황당한 주장처럼 보일 것이다. 그러나 영어는 한국 사람들에게 동경의 대상이자 신분 상승의 중요한 도구였다. 친일 세력들이 친미 세력으로 변신할 수 있었던 것도 영어를 하는 이들에게 국한되었던 문제였고, 이승만 정권 초기에도 영어를 해야만 쉽게 출세할 수 있었다. 이러한 사회적 배경에 따라 영어를 교육의 중심에 놓고 제도화를 조성했다.

영어라는 언어가 갖는 상징성은 한국에서는 대단한 것이었다. 한국전쟁의 은인이자 전쟁 이후 피폐해진 한국을 원조해준 최대 국가 역시 미국이었기 때문에, 미국의 언어인 영어를 한다는 것은 세계에서 제일 잘 사는 나라의 언어를 할 수 있다는 의미였다. 그것은 개인적으로는 사회적 신분 상승의 수많은 기회가 있는 것이었고, 가족의 입장에서는 가문의 영광과도 같은 것이었다. 그래서 국가가 영어를 중등 교육 체계 안에 필수과목으로 지정하면서 수많은 학생과 학부모가 영어를 위해 많은 시간을 투자했다. 그렇게 시작된 영어의 식민지화는 일제강점기 이후 일본어를 전 국민이 배웠던 것만큼의 열풍이 되어 또 다른 식민지화로 이어지게 된 것이다.

영어를 잘해야 출세할 수 있기에 재산의 유무에 따라 영어 교육에 대

한국 유학생 관련 지표(1980~2001)							
연도	1980	1985	1991	1993	1995	1999	2001
국가 수	35	46	52	61	66	71	72
유학생 수	13,302	24,315	53,875	84,765	106,458	120,170	149,933
2001년 유학생에 대한 국가별 분석도							
유학 국가	미국	캐나다	중국	일본	오스트 레일리아	프랑스	기타	합계
유학생 수	58,457	21,891	16,372	14,925	10,492	6,614	21,182	149,933
비율	39.0	14.6	10.9	10.0	7.0	4.4	14.1	100

〈표5〉한국 유학생 지표 및 유학 국가별 분석표(1980~2001) 출처: 교육부(http://www.moe.go.kr) 자료 중에서 저자 편집

한 투자액이 다를 수밖에 없었고, 이는 1980년대 국제화와 개방화 정책 이후 자연스럽게 영어 연수생이나 유학생의 기하급수적 증가로 이어졌다. 실제로 1980년 전체 유학생 수는 1만 3,302명에 불과했으나 2001년에는 11배가 늘었으며, 2001년 유학생 수 중에서 미국 유학생의 수가 5만 8,457명에 달했고, 같은 영어권 국가인 캐나다가 2만 1,891명, 오스트레일리아가 1만 492명이었다. 이는 우리나라의 전체 유학생 수 14만 9,933명 중에서 60퍼센트에 이르는 수이다. 전통적으로 유학을 많이 가던 일본과 최근 급격하게 증가하고 있는 중국을 제외한다면, 결국 서구국가들 중에서 미국이 차지하고 있는 비중은 절대적인 것이며, 그 이면에는 영어에 대한 막연하지만 분명한 선호와 중심주의 경향이 있다.

물론 영어에 대한 편견이나 선입견으로 치부할 수 있을지도 모르지만, 적어도 한국 사회가 간직하고 있는 욕망의 대상인 미국이라는 국가에 대한 지나친 선호가 분명하게 드러난다고 평가할 수 있다. 서구 중심주의에 대한 동의를 차지하고라도 한국 사회에서 이야기하는 서양은 곧 미국이며, 미국에 대한 동경과 숭배는 우리의 상식을 뛰어넘는 것임을 알 수 있다. 지배계급이나 친미론자들에게서 나타나는 이러한 비상식적

국가별 순위	국가명	2007/2008	2008/2009	증감율(%)	비율(%)
1	인도	94,563	103,206	9.2	15.4
2	중국	81,127	98,235	21.1	14.6
3	한국	69,124	75,065	8.6	11.2
4	캐나다	29,051	29,697	2.2	4.4
총합		623,805	671,616	7.7	100

〈표6〉 2007~2009 미국내 유학생 출신 국가별 순위 출처: Institute of International Education, *Open Door 2009*.

인 편향은 반미가 곧 친북이나 종북으로 치부되는 현실로 이어진다.

2008년과 2009년 미국 유학생 수가 7만 5,065명이라는 점에서 보면 2001년 이후 매년 10퍼센트 이상씩 증가하고 있다는 것을 알 수 있다. 게다가 2000년대 이후 조기 유학생이 급격하게 증가하고 있는데, 2008/2009년의 미국 내 유학생 수에서 한국은 7만 5,065명으로 3위 국가에 올랐다. 이는 미국 내 유학생을 보내는 국가 중 11.2퍼센트의 비중을 차지할 정도로 상당하다는 것을 보여준다. 또한 이러한 대학 유학생 비율에 가려진 조기 유학생 수는 더더욱 큰 비중과 양적인 확장을 가져오고 있다.

2000년대부터 본격적으로 시작된 조기 유학 붐과 함께 조기 영어 교육의 열풍도 몰아치면서 영어 유치원이 급격하게 늘었다는 사실 또한 영어 교육을 통한 식민지화가 지속적으로 이루어지고 있음을 보여준다. 영어 몰입 교육이라는 이름으로 진행된 이와 같은 영어의 제국주의 경향은 한국 국민들에게 어쨌든 영어를 해야 기회를 잡을 수 있고, 성공할 가능성이 높다는 인식을 심어주었다. 그런 이유로 모든 국민의 영어 대중화가 손쉽게 이루어졌고, 마치 영어를 못하면 경쟁에서 뒤지고 살아가는 데 어려움이 있다는 인식을 주게 되었다.

영어 교육과 더불어 수학 과목이 공식적인 교육 체계 안에서 핵심적인 교육이 되면서 어렸을 때부터 교육에 대한 과중한 부담과 함께 대학 입학을 위해서는 영어와 수학—공교육이든 사교육이든—에 집중하지 않으면 안 되는 순응적인 학생과 청년을 만들어내게 되었다. 학생들은 대학에 가기 위해서는 정해진 계획에 따라 공부만 하여야 했고, 경쟁에서 살아남기 위해서는 다른 것을 돌아볼 여유나 선택은 거의 불가능한 구조가 되어버렸다. 이는 한국 사회의 구조나 성격이 인간다운 삶을 보장하거나 새로운 변화나 급격한 개혁을 불가능하게 만드는 데 많은 영향을 미쳤다는 사실을 의미한다.

실제로 학생들이 가장 중요하게 생각하는 미래의 직업과 희망은 '돈 많이 벌고 안정적인 직업이나 직종'에 대한 선택으로 이어졌다. 공무원, 의사, 판사, 변호사 같은 법조인, 교사나 교수 등의 안정적이고 고수익이 보장되는 전문직이 미래 직업의 일순위로 선택되었다. 이를 위해 학생들은 자신들의 청소년기를 모두 희생할 수밖에 없었으며, 다양성을 키우거나 인성과 적성을 키우는 데 시간을 할애할 수 없는 분위기와 환경이 조성되었다. 이러한 분위기에서 학생들은 자신들의 문제나 사회적 문제 등에 관심을 갖거나 참여할 수 있는 사회적 분위기는 조성되지 못했다. 결국 이러한 환경은 체제 순응적인 세대를 양산하여 지배계급을 공고하게 유지할 수 있는 계기가 되었고, 적어도 지배계급인 친일반공지배발전연합의 유지를 위한 구조와 정책은 상당한 성과와 성공을 거두고 있다고 볼 수 있다.

지배계급의 체제 안정을 위한 제도와 정책

피지배계급의 대항헤게모니를 조성할 수 없도록 한국의 친일반공지배발전연합 지배계급은 교육 제도와 함께 다른 영역에서의 안정화 수단들을 고안해내기 시작했다. 1987년 민주화 운동 이후 민주주의에 대한 열망이 사회의 거의 모든 영역에서 분출되었고, 많은 부분이 개선되고 제도적으로 보장되는 일시적인 성과를 보이기도 했다. 그러나 친일반공지배발전연합의 태생적인 한계는 지배계급의 헤게모니를 지속적이고 보다 굳건하게 유지하기 위해 단순히 교육 제도만으로 목적을 달성할 수 없었다는 점이다. 비록 체제에 순응적인 세대를 지속적으로 길러낼 수 있는 교육 제도가 효율적으로 작동했고, 영어 몰입 교육 체계가 안정화되었지만, 시간이 흐를수록 이를 뒷받침할 수 있는 다양한 제도와 정책이 필요했다.

그러나 그러한 제도를 직접적으로 만들어낼 수는 없었다. 국민들의 높아진 눈높이와 민주주의가 무엇인지를 어느 정도 체험을 통해 알게된 일반 국민들에게 반민주적인 성격의 제도나 법률을 일방적으로 강제할 수는 없었다. 따라서 지배계급은 일반 국민이 공감하면서도 자연스럽게 순종할 수 있는 이데올로기의 제시와 그를 뒷받침하는 제도와 정책을 고안할 수밖에 없었고, 이러한 시도와 제안은 정부가 아닌 시민단체와 종교계 및 산학 분야 등을 통해 먼저 시작되었다. 그것은 주로 체제 순응적이거나 지배계급의 이데올로기를 통해서 달성할 수 있는 사회경제적인 목표와 신분의 제시였다.

또한 그러한 이데올로기와 제도 및 정책은 기득권을 충분히 누리고 있던 지배계급의 동의가 가능하고, 시행과 집행의 여력이 되는 범위에서 시행될 수 있어야 했다. 이러한 과정을 통해 가장 먼저 제시된 새로운 정책 방향과 국정 이데올로기는 성장과 개발에 대한 제시와 정책이었다. 대한민국이라는 국가의 내적인 성장과 개발을 위해서도 이러한 새로운 지역 중심의 개발 정책과 지역 발전은 중요한 문제였다. 정부는 바로 이러한 점을 국가 정책의 기조로 제시했다. 클라이브 해밀턴이 이야기한 '성장 숭배'의 이데올로기가 새로운 국정 방향으로 제시되었다고 할 수 있다.[3]

그렇게 하여 만들어진 것이 도시 외곽을 중심으로, 그리고 주요 부심지를 중심으로 만들어진 끊임없는 성장과 개발의 논리였다. 한강 이남에 대한 개발은 그런 취지에서 지속적으로 추진되었고, 이 과정에서 부동산 개발을 통한 졸부들과 관련 기업들이 성장하게 되었다. 개발은 곧 부의 획득이라는 환상이 심어졌고, 많은 관료와 지배계급은 이 과정에서 개발 정책 정보를 활용해 쉽게 부를 증식시켜나갈 수 있었다. 어제까지 시골 농부에 다름없던 이들이 개발정책을 통한 토지 수용과 그린벨트 해지 등으로 막대한 부동산 이익을 손에 넣기도 했다.

이제 민주주의의 문제보다는 개발과 성장을 통한 신화에 가까운 신념이 위정자들과 국민들에게 자연스럽게 스며들었다. 국가 경제 정책의 중심은 소득 증가를 통한 목표 GDP 달성과 수출을 통한 지속 성장이 되었으며, 국민은 그것이 대한민국의 미래를 위한 길이라고 믿었다. 수출과 고성장 기조 아래서는 당연히 영어를 잘하는 이들을 육성해야 했고, 항상 몇 퍼센트의 경제 성장률을 달성하고 연간 경제 성장률이 몇 퍼센트인가가 중요한 정책 성공의 기준이 되어갔다. 국민들은 서서히 성장이 곧 성공이고 발전이라는 인식을 갖게 되었고, 정치권력의 선택에서도 어떤 정당과 지도자가 이를 달성할 수 있을 것인가가 선택의 기준이 되었다.

성장에 대한 숭배와 절대 가치의 부여는 국가의 모든 개발 정책에 막연한 정당성을 부여하였다. 이는 생각보다 정책적인 효율성이 매우 높았다. 국민들은 국가가 발전하는 것이 곧 자신들의 발전과 부의 확대를 의미한다고 굳게 믿었고, 아니 믿고 싶었으며, 정치권력의 유능함과 무능함의 기준을 경제 성장률이나 1인당 국민소득으로 평가하는 우를 범하고야 말았다. 그러나 GDP의 대체지표라고 평가받는 GPI(참진보지수)는 발전이나 성장이 곧 행복을 담보하는 것은 아니라는 사실을 명확하게 보여주고 있다.[4]

미국에서 공부한 경제학자들이 성장과 발전이라는 패러다임을 통해 국가 정책의 방향을 제시하자, 이에 화답한 국가는 다양한 성장 정책을 제도화하였다. 개발이라는 명목으로 서울의 많은 지역을 지정하여 국가 개발의 기조를 세웠으며, 수출 우선 정책 역시 국가 성장과 발전의 가장 우선적 정책이 되었다. 여기에 내부적으로는 아파트라는 주거 형태를 통해 대한민국 건국 이래 새로운 주택 정책의 패러다임을 만들었다. 토지 개발 붐을 타고 시작된 이와 같은 아파트 건설 열풍은 한국을 '아파트 공화국'으로 만들었다.[5] 도시의 토지 활용성을 높이면서 빈민들의 주택난을 해결하기 위한 방편으로 시작된 아파트의 개념이 한국에서는 다른 의미를 갖게 된 것도 이 무렵이었다.

도시 외곽의 빈민 주거 시설이나 대규모 집단 거주지 정도의 의미를 갖고 있던 아파트가 도심 재개발의 핵심적인 부의 가치로서 성장과 개발의 아이콘이 된 것은 한국적인 사회 조건에 기인한 것이었다. 아파트에 대한 과대평가와 가치의 절대화에는 국가 정책이 그 중심에 있었다. 특히 정부가 아파트에 현대성과 재산 형성의 가치를 부여하면서, 아파트는 부의 증식과 더 나아가 투기의 대상이 되었다. 도시 재개발과 신시가지 계획을 위해 규제를 완화하고 부동산 투기를 방조한 국가는 비정상적인 부의 증식과 지배계급의 불법 투기와 탈세를 눈감아주었다. 주택 건설의 활성화를 위해 용적률을 높이는 것을 골자로 하는 도시계획법을 변경하여 도심 밀집화를 부추겼다.[6] 이는 결국 토목을 주종으로 하는 건설사들의 외형적 성장과 비정상적인 기업 운영에 대해서도 관대하고 정경유착이 가능한 토대와 방법이 가능하도록 하였다.

이렇게 시작된 성장과 발전 이데올로기 중심의 국가 정책은 재벌의 무한한 양적 성장과 확대를 초래했다. 질보다 양이 우선하던 시대의 가치는 양의 절대적 우위를 내세우는 시대가 되었고, 기업 역시 순이익이 아니라 매출액의 규모를 경쟁력의 척도로 삼았다. 이러한 기업과 산업구조 속에서 거대 기업의 육성은 국가 경쟁력 확보의 기준으로 작용하였고, 정부 역시 이러한 대기업 중심의 경제 정책에 동조하고 지원하기 시작하였다. 삼성, 현대, 대우, SK, 롯데 등의 재벌 기업이 한국 사회를 좌우했으며, 정부와 사용자 중심의 산업 정책과 경제 정책 덕분에 정경유착의 고리는 더욱 은밀하게 고착되었다.[7]

그리하여 수없이 많은 경제 목표가 성장과 개발이라는 프레임에 갇혀버렸다. 실제로 김대중 정부나 그 이후의 노무현 정부, 그리고 이명박 정부나 박근혜 정부까지 성장과 개발 어젠다에서 한 치도 벗어나지 않고 제시되었다. 각각의 정부마다 제시된 국정 목표는 주로 경제적인 수치나 소득 향상을 위한 것이었다. '외환위기 극복', '국민소득 2만불 시대', '747 경제 정책', '창조경제' 등등의 수많은 미사여구와도 같은 정책 목표는 대부분 소득 증가를 확보한 성장과 개발 위주의 이데올로기에서 벗어나지 못한 것이었다.

그러나 이러한 경제 정책 목표를 달성하기 위해 선택한 지배계급의 논리는 선성장과 후분배의 원칙이었다. 이러한 원칙은 결국 기득권을 가진 지배계급의 논리를 정당화시켜줌과 동시에 국민들의 희생을 강요하는 것이었다. 지배계급의 입장에서는 이러한 정책 목표를 제시해야 국민들의 동의를 이끌어내고 정책을 밀어붙일 수 있었다. 실제로 많은 국민이 이에 동조하였고, 이러한 목표 달성이 곧 자신들의 부를 늘릴 수 있을 것이라는 환상을 품게 되었다. 이러한 지배계급의 이데올로기가 효율적으로 국민들의 지지를 이끌어낼 수 있었던 것은 이미 오래전부터 존재하고 있던 개발독재의 무의식적인 일상화였다.

　오랜 기간 익숙해진 구호나 표현에 길들여져 있는 이들에게는 그것이 시간이 한참 지난 뒤에 등장한다 해도 충분히 가능하다고 생각하는 경향이 있다. 더군다나 민주주의보다 경제적 가치가 우선하였던 경험과 인식을 가지고 있는 한국 국민들에게 이들 정치권력이 내걸었던 목표치는 단순했지만 명확했고, 누구나 이해할 수 있는 가치였다. 한편으로 그러한 경제적 가치 상승과 부를 보장하겠다는 약속의 뒤에는 국민을 공포정치의 분위기로 몰아넣기 위한 국가의 공권력과 폭력이 있었다.

　민주화 이후 어느 정도 보장되었던 인권과 민주주의의 기본 가치는 경제적 부와 성장을 막는 방해물이었기에 이를 주장하거나 앞세우는 이들에게는 가차 없는 국가의 힘이 가해졌다. 공권력이라는 이름으로 가해지는 이러한 국가 폭력은 체제의 안정과 자유민주주의의 수호라는 미명 아래 다양한 실정법을 통하여 자행되었다. '국가보안법'이나 '집회 및 시위에 관한 법률' 등은 가장 대표적인 실정법이었고, 경찰과 검찰 등은 이러한 체제 수호의 중요한 권력기관이었다.

　결국 이와 같은 지배계급의 헤게모니는 성장과 발전이라는 이데올로기를 내세워 '아파트'와 '부동산'을 담보로 한 투기 자본가, 삼성이나 현대와 같은 족벌 재벌 체제 유지를 위한 국가 정책, 그러한 지배계급의 안정화를 보장하는 국가의 법률 체계와 그 하수인들, 그리고 지배계급을 지지하고 뒷받침하는 수구 정당과 조중동으로 대표되는 언론이 결합된 독특한 형태의 변종 집단에 의해 지배되는 대한민국을 만들었다. 친일반공지배발전연합의 외연 확장으로 인해 탄생한 이와 같은 '괴물'은 지방을 담보로 하는 토호 세력과 지속적으로 충원되고 있는 지식인들을 기반으로 하는 엘리트들이 충원되면서 행정부, 입법부, 사법부의 중앙권력과 기업 중심의 민간 권력이 결합하는 형태로 발전하였다.

이들 지배계급은 자신들과 동질적이고 동일한 이데올로기를 공유한 후속 세대를 충원하기 위하여 다양한 방법을 통해 부와 권력을 승계하기 위한 노력을 하게 된다. 그것은 공식적인 제도화를 통하여 진행되었는데, 먼저 교육 체계에서 부와 권력이 뒷받침되는 이들이 입학하고 공부하기에 유리한 특수 중고등학교를 만들고, 이를 통해 SKY로 대변되는 일류 대학의 졸업장을 획득하는 방식이었다. 단순히 졸업장을 획득하는 데 그치지 않고 스팩spec(specification의 약어)이라는 이름으로 영어나 제2외국어 또는 언어 연수나 해외 봉사 활동 등을 기본적인 자질로 상정하였다. 여기에 개인적인 능력이나 노력만으로 성공을 쉽게 이룰 수 있었던 과거의 제도를 없애고, 부나 권력으로도 세습이 자연스럽게 이루어질 수 있는 새로운 구조화 작업을 시행하였다.

이러한 작업의 가장 대표적인 것들이 사법고시 제도의 폐지, 로스쿨이나 의학전문 대학원의 도입, 입학사정관 제도를 통한 대입 제도의 변화, 입학 시험으로 정해졌던 대학 입학 자격 기준을 수시와 정시로 구분하여 시험 없이도 입학이 가능하도록 만든 200여 가지가 넘는 대학 입시 제도의 다양화 등이다. '개천에서 용 나지 않는 사회적 환경'은 부모의 부와 권력이 뒷받침 되지 않으면 좋은 일자리나 핵심적인 권력에 접근할 수 없도록 만들었다.

한때는 경기고나 서울고, 그리고 지방의 명문 고등학교들만이 누렸던 기득권을 이제는 특수고등학교 출신들이 대체하고 있으며, 이들 고등학교와 특수 학교만이 좋은 대학과 유학 등의 과정을 쉽게 거칠 수 있도록 재구조화하고 있는 것이다. 게다가 정규직과 비정규직 그리고 파트타임 노동자로 구분된 대학 졸업 이후의 취업 시장에서는 부모의 신분과 스펙의 수준에 의해 직종의 종류가 결정되는 일들이 자연스럽게 수용되고 있으며, 순응적인 교육 체제에서 자란 학생들은 사회 변혁이나 개혁보다는 체제를 뒷받침하는 무기력하고 무관심한 세대로 육성되고 있는 것이 현실이다.

친일반공지배발전연합은 이러한 상황을 적극적으로 활용할 뿐 아니라 끊임없이 새로운 이데올로기를 만들어 국민들을 조정하고 지배하고 있다. 자신들의 지배 구조에 균열을 가져오는 이들에게는 가차 없이 악의적인 프레임을 씌워 기득권을 유지하는 데 성공하고 있는 것은 이러한 사회적인 재구조화가 상당히 안정적이라는 사실을 역설적으로 보여주고 있다. 지배계급의 외연 확장과 안정화를 위해 국가를 동원하여 제도화하고 있는 이들에게 일반 국민들이 적절하고 효율적으로 대응할 수 있는 방법이나 수단이 부족한 것도 사실이다. 더군다나 보통의 일반 국민들은 지배계급이 씌워놓은 정치경제적 프레임 속에서 벗어나지 못하고 있는 상황이다.

부모들의 교육열을 이용하여 신분상승을 위한 몸부림에 매진하도록 하고, 아파트라는 부의 헛된 상징물을 부여잡도록 부당한 방식, 다시 말해 주로 대출이나 빚을 통해 떠받들고 살면서 정치나 사회를 돌아볼 틈을 주지 않은 방법을 통하여 보다 쉽게 지배계급의 기득권을 유지하고 있다. 그러면 이러한 상황에서 우리는 어떻게 해야 할까? 지금의 현실은 우리가 무엇을 해야 할 것인지를 더욱 치열하게 고민해야 하는 상황임을 보여주고 있다. 사회적 양극화의 심화와 지역주의를 볼모로 삼은 정치, 악화일로인 남북 상황, 한반도를 둘러싼 주변 강대국의 갈등 심화와 대결 국면의 진입이라는 불안한 환경 속에서 우리는 무엇을 어떻게 해야 하는가? 지금은 이 문제를 더 진지하게 고민하고 성찰해야 할 때인 것이다. 이러한 지배계급의 헤게모니 유지 메커니즘을 약화시키면서 국민이 진정으로 대한민국을 지배하는 사회로 만들기 위해서는 무엇이 필요한 것인지 진정한 고민이 필요하다.

친일반공지배발전연합의 현재와 미래

2008년 이명박 정부의 출범과 함께 대한민국은 예상치 못한 국가 정체성 논쟁에 휘말렸다. 이른바 건국과 광복 논쟁이었다. 1945년 광복을 대한민국의 출발로 보아왔던 기존의 주장을 부정하면서, 1948년 대한민국 수립부터 대한민국을 시작한 것으로 보아야 한다는 주장이 제기된 것이다. 일면 타당성이 있는 듯한 건국 논쟁은 이후 이명박 정부 내내 여러 학자들에 의해 제기되면서 대한민국의 역사와 정체성 문제에 대한 전 국민적 관심을 불러일으켰다.

그런데 이 논쟁이 발생하게 된 근본적인 쟁점과 이유는 무엇일까? 1948년 제헌헌법에 의해 출범한 민주공화국 대한민국이 출발점이 될 수 있다는 점에 많은 사람이 공감할 수도 있을 것이다. 그러나 대한민국의 헌법에서 제시하고 있는 법적인 정통성은 일제강점기 시절의 상해 임시정부에서 시작한다. 따라서 헌법에 의거하면 사실 이러한 논쟁 자체가 아무런 의미가 없는 것이다. 그럼에도 불구하고 이러한 논쟁을 일으킨 근본적이고 진정한 의도는 친일과 친미 세력이 갖는 정통성과 정체성의 취약함에 기인한 것이다.

청산되지 않은 친일 세력은 해방이라는 상황이 결코 자신들에게 유리하지 않다는 사실을 너무나 잘 알고 있었다. 남북 분단 상황을 활용해 그들이 내세운 이데올로기가 바로 반공이었고, 많은 친일 세력들이 반공을 열렬히 맹신하는 세력으로 돌아선 데는 그러한 이유가 있었다. 그러나 그러한 것만으로는 불안했다. 특히 이승만 체제의 몰락과 박정희 체제의 붕괴는 보다 안정적으로 국민이 동의할 자연스럽고 새로운 이데올로기 개발의 필요성을 제기했다.

지속적으로 새로운 이데올로기를 모색하던 이들에게 1980년대 군부의 등장은 조정기였으며, 1990년대 이후의 정치권력은 친일과는 거리가 멀었다는 점에서 좀 더 시간이 필요했다. 그러나 노무현 정부 이후 압도적인 국민적 지지를 통해 등장한 이명박 정부는 이들 친일과 친미 세력들이 활용하기에 최적의 정부였다. 실제로 이명박 정권이 등장할 수 있었던 배경에는 여러 곳에 포진해 있던 극우 보수주의자와 뉴라이트가 있었다.

이들 뉴라이트는 일제강점기가 한국의 근대화를 이루는 데 상당히 중요한 역할을 했다는 사실을 앞세웠고, 사회주의나 좌파 계열의 정치 단체와 사상은 대한민국의 정체성에서 배제해야 한다는 논리를 펼쳤다. 이런 논리 구조를 따라가다 보면, 가장 치열한 사회주의 논쟁 구도가 조성되었던 1945년부터 1947년까지 3년간의 해방정국은 대한민국의 역사에서 배제되어야 하며, 따라서 대한민국이 건국한 1948년이야말로 근대 한국의 출발점이라는 결론으로 이어진다.

이러한 논쟁의 등장을 어떻게 해석해야 할까? 그것은 어째서 이들이

60년이 지난 2008년에 이러한 논쟁과 주장을 하게 되었는지가 더 중요한 문제라는 의미이다. 1960년대와 1070년대도 아닌 21세기 한국에서 새롭게 시작된 건국 논쟁은 몇 가지 정치·사회적 의미를 가지고 있다.

첫째, 친일반공지배발전연합의 성립에 가장 큰 공헌을 했던 이데올로기인 반공과 개발이라는 개념이 새롭게 재편되고 재구조화하는 과정에서 국가적 논의가 필요했다는 점이다. 둘째, 대한민국의 정치·사회에서 북한과 미국이 상수라고 한다면, 친일의 약점이 있는 지배계급에게 북한이나 미국과 관련된 문제 제기는 여전히 유용하고 의미있는 접근 방식의 하나라는 점이다. 셋째, 경제적 이해관계와 이익에 민감한 일반 국민의 정서에 비추어 본다면, 경제 성장과 개발 논리를 앞세운 정치권력의 방향에 뉴라이트의 주장이 자연스럽게 수용될 수 있었다는 점이다. 넷째, 이명박은 박정희 체제 당시의 주류의 재등장을 용인하는 상징이었다. 그만큼 구시대 인물이자 성장과 개발의 상징성을 내세울 수 있는 인물이었던 것이다. 뉴라이트는 이런 점에서 당대의 이데올로기와 이념이 21세기에도 충분히 통할 수 있다는 자신감을 얻었을 것이다. 다섯째, 친일반공지배발전연합 지배계급 자체적으로 새로운 지배 이데올로기가 필요했을 만큼 정치·사회의 환경이 변화했다는 점이다.

이러한 사실에 따라 뉴라이트가 등장하고 새로운 지배계급의 이데올로기로서 대한민국 건국 논쟁이 제시되었으며, 이들은 다시 북한을 활용한 반공 이데올로기의 연장선에서 '종북 논쟁'을 제시하게 된다. 종북 논쟁은 반공 이데올로기의 연장선에서 제기한 변형된 반공 이데올로기이며, 한국 사회는 개발 논리와 경제적 이익에 매몰되어 있었기에 이러한 구태의 이데올로기를 쉽게 수용할 수 있었다. 게다가 이미 정치·경제·사회·문화의 모든 면에서 이러한 이데올로기를 수용하는 데 용이

한 조건과 환경이 구축되어 있었다.

이러한 상황과 조건을 보자면, 한국 사회에서 친일반공지배발전연합의 외연 확대와 더불어 더욱 굳건하게 굳어진 지배계급 구조는 쉽게 붕괴되거나 흐트러질 것 같지는 않아 보인다. 이러한 판단을 내린 것은 단지 내부적인 조건이나 환경 때문만은 아니다. 한국의 경우 내부적인 조건만큼이나 외부적인 조건에 따른 변화 가능성과 위기의 요소가 항상 잠재되어 있다. 특히 외부의 경제적 조건과 환경에 취약한 현실 앞에서, 한국 사회는 자연스럽게 각 방면에 걸친 양극화의 구조적 정착을 맞게 되었다.

지금까지 모든 정치권력의 특징 중 공통된 것이 하나 있다면, 자신들의 경제 정책 실패의 원인을 내부적인 무능이나 부패에 두지 않고, 외부의 조건과 환경으로 돌렸다는 것이다. 굳이 IMF 경제위기 상황을 거론하지 않더라도 거의 모든 정권이 경제 정책을 입안하고 시행하는 과정에서 목표 달성의 불가함에 대한 원인을 외부, 즉 세계 경제 위기나 어려움으로 돌리곤 했다. 결국 이러한 의제 제안과 구도는 경제 위기의 희생을 일반 국민들에게 요구하는 근거로 작용하였다. 따라서 친일반공지배발전연합의 입장에서 본다면, 내부적으로 언제든 조성할 수 있는 북한이라는 상수를 활용하고, 경제 정책의 실패를 용인하게 만드는 외부 경제 위기의 항상성은 자신들의 헤게모니를 지속시킬 수 있는 기본적인 조건과 환경인 것이다.

현재의 한국을 지배하고 있는 계층과 계급은 향후 더욱 정교하고 치밀한 전략을 통해 지배 구조를 안정화함과 동시에 끊임없는 재구조화를 시도하고 조성할 것이다. 그런 점 때문에 현재의 정치·사회적인 상황을 고려한다면, 어느 정치권력이 들어선다고 해도 별반 커다란 변화나 개혁이 불가능할지도 모른다는 우려가 나타날 수밖에 없다. 결국 그람시가 우려했던 파시즘 체제의 끊임없는 재생과 부활은 그 자체의 생명력과 공고함 때문이 아니라, 파시즘이 지배계급이 요구하는 체제 안정성과 자신들의 이익 보존에 가장 적합한 체제라는 특성이 작용하여 발생한 것이라는 사실을 확인할 수 있다.

그런 측면에서 2012년 등장한 박근혜 정부는 지금까지 진행되어온 한국의 지배계급 구조를 확실하게 안정화시킬 수 있는 최적화된 정치권력이다. 더군다나 박근혜는 박정희 개발독재 체제의 비민주적인 측면에는 관심이 없다. 오히려 현재의 성장과 개발 이데올로기의 안착에 박정희 체제가 필수 불가결했을 것이라는 믿음을 가지고 있을 것이다.

따라서 친일반공지배발전연합의 입장에서 보자면 이를 확실하게 뒷받침할 수 있는 새로운 이데올로기가 필요했고, 이러한 과정의 연장선에서 '친북 논쟁', '제2의 새마을운동', '역사 교과서 국정화 문제', '애국과 충성을 강조하는 국가주의의 재등장' 등이 지속적으로 제기되고 있는 것이다. 이를 위해 다시 한 번 국가의 모든 구조를 조정할 필요성이 있다고 판단하고 있는 박근혜 정부는 정치·경제·사회·문화의 전 영역에 걸쳐 개혁이라는 이름으로 온갖 제도를 정비하고 있는 것이다. 성장과 개발 논리와 가치를 뒷받침하기 위해서는 부동산 시장이나 주식 시장과 같은 투기성 자본이 활성화되어야 하며, 박정희 개발독재 시대를 떠올리는 국가중심주의 가치가 시대의 논리가 되어야 한다. 이런 점에서 현재의 한국 사회는 제2의 친일반공지배발전연합이 강력하게 구조화되고 있다고 볼 수 있다.

이러한 재구조화 과정에서 드러난 여러 폐해, 사회적 양극화의 심화, 중산층의 붕괴, 민주적 가치와 질서의 훼손, 역사적 왜곡을 일삼는 친일

망령의 재등장, 친미를 넘어선 종미從美의 프레임에 갇힌 한반도 등 상황은 더욱 악화되고 있다. 더군다나 지역주의를 볼모로 정치적인 분열이 지속되고 있으며, 훼손된 민주주의의 가치는 보수화되고 있는 사법적 가치로 인해 그 복원이 쉽지 않은 상태이다. 또 고령화 사회에 진입하는 과정에서 20대를 비롯한 거의 모든 세대들의 가치관이 보수화되고 성공을 지향하는 상황 등은 대중과 국민들 사이에서 대항 헤게모니를 형성하는 일조차 쉽지 않게 한다.

더군다나 침체에 빠진 많은 시민단체들은 새로운 프레임이나 패러다임을 제시하지 못하고 있다. 또한 야당을 비롯한 개혁적이고 선명성을 가진 이들조차 이러한 시대 상황에 맞추어 미래지향적인 패러다임을 제시하지 못한 채, 그저 성장과 개발의 긍정적인 효과를 극대화하는 목표와 정책을 제시하는 데 그치고 있다. 이러한 상황에서 새로운 패러다임과 대항 헤게모니를 만든다는 것은 분명 쉽지 않은 작업이 될 것이다. 그러나 친일반공지배발전연합이 갖는 태생적인 한계와 현재 한국 사회에서 나타나고 있는 생활과 삶의 질적 저하 문제, 미래를 위한 꿈과 희망을 포기하게끔 만드는 사회 구조의 문제, 대내외적으로 팽배한 구조적 모순의 폭발 가능성 등을 보자면 지금 이 순간이야말로 새로운 패러다임과 프레임을 제시할 때이다. 그것이 아래로부터의 작은 운동의 형식이든, 소소한 실천의 형태이든, 제3의 공간에 숨겨진 다양한 주체와 미디어 및 대안 언론 그리고 수많은 개인들의 노력을 아우르는 실천이 다시 필요한 때이다. 새로운 대항 헤게모니의 실천이 서서히 형성되길 희망하면서 본서를 마치고자 한다.

주석

1 왜 다시 그람시인가?

1   김종법, 2005. 〈발리에서 다시 태어난 그람시〉,《정치비평》(14호, 2005년 상반기; 한국
     정치연구회), 81.
2   여전히 진행 중인 이명박 정부나 박근혜 정부에 대한 평가는 (중략) 지난 이명박 정부
     의 성격을 규정하고자 한다. 더군다나 2012년 제 18대 대선에서 박근혜라는 인물의 당
     선으로 시작한 박근혜 체제의 도래는 박정희에 대한 분석틀이나 기준을 더욱 명확하게
     해줄 가능성이 매우 높다고 볼 수 있다.
3   Gramsci Antonio. 1975. *Quaderni del carcere*, a cura di Gerratana Valentino,
     Torino, Einaudi.; 김종법(2005).; 김종법, 2008. 〈구조주의: 정치적 해석과 전망〉, 한국
     정치학회 편.《정치학이해의 길잡이 : 정치이론과 방법론》, 법문사.; 김종법, 2009. 〈헤
     게모니론: 쟁점, 문제점, 그리고 한국화〉, 이정희·최연식,《현대정치사상과 한국적 수
     용》, 법문사.

2 그람시의 삶과 이론의 출발과 주요 개념

1   김종법, 2015.《그람시의 군주론》, 바다출판사.
2   이번 항목에서의 주요 내용들은 아래의 논문과 내용들을 참조하여 책의 취지에 맞게
     새롭게 재구성한 것이다. 김종법(2009).

3   김종법(2009): 김종법, 2012a. 〈'옥중수고'의 현대적 읽기〉, 《지중해지역연구》(2012, 제14권 제3호) 참조.

4   Giseppe Fiori, *Vita di Antonio Gramsci*,(Laterza, Bari, 1989), pp. 76-77.

5   Franco Lo Piparo, *Lingua, intellettuali, egemonia in Gramsci*,(Laterza, Roma-Bari, 1979).

6   *Ibid.* nota.

7   *Ibid.* p. 104.

8   *Ibid.* pp. 89~176. 내용 참조.

9   그람시 해석에 대한 문제는 이미 잘 알려졌듯이 다소 복잡한 양상을 띠고 있다. 각 국 가별로 상이한 해석의 기준이 존재하며, 어떤 주의를 기준으로 해석하느냐에 따라 차 이가 발생하고 있다. 가장 큰 기준은 두 가지인데, 하나는 그람시의 사상적 연원에 대 한 논쟁으로 그람시를 레닌주의의 맥락 속에서 이해하려는 입장과 이탈리아 관념론, 특히 크로체의 절대적 영향 하에 있는 것으로 해석하려는 입장이 대립하고 있다. 그 리고 두 번째는 그람시의 혁명 전략의 성격에 대한 논쟁으로 그의 혁명 전략을 통해 볼 때, 그가 사회민주주의자라는 해석과 혁명적 마르크스주의자라는 해석 사이의 논 쟁이 그것이다. 더욱이 최근에는 사회과학 각 영역에서 그람시를 원용하는 경향이 많 아져서 시원적 해석의 혼재 경향에 해당 학문의 이론적 방법론이 결합하고 있다. 여기 서는 간단하게 이탈리아에서 나타난 연구 성과물들의 방향과 저서들을 언급하는 것 으로 그람시에 대한 이탈리아의 연구 경향을 간략하게 알아보겠다. Savio Antonella, 2004, *Fascino e ambiguità di Gramsci*,(Prospettiva).; Frosini F., Liguori G. 2004, *Le parole di Gramsci. Per un lessico dei Quaderni del carcere*,(Roma, Carocci).; Frosini F., 2003, *Gramsci e la filosofia. Saggio sui quaderni del carcere*,(Roma, Carocci); Burgio Alberto, 2003, *Gramsci storico, Una lettura dei Quaderni del carcere*,(Roma-Bari, Laterza).; Ceradi Cosimo, 2002, *Gramsci e la costruzione egemonia*,(La Mongolfiera).; Vacca Giuseppe, 1999, *Appuntamenti con Gramsci*,(Roma, Carocci).; AAA. a cura di Vacca Giuseppe, 1999, *Gramsci e il Novecento I, II*,(Roma, Carocci). ecc. 이상의 저서들에서 나타나는 경향은 그동안 그람시 저작에서 다소 덜 다루었던 소주제들─예를 들면 교육이나 예술, 중세의 역사, 종교, 언어 등등의 주제들─을 다루면서 원전을 다시 읽는 방법론에 대하여도 새롭게 등장하고 있으며, 영미나 프랑스 및 독일 이외의 국가들에서 그람시를 해석하는 시각 등에 대한 저서들도 출간되고 있다.

10   Gramsci(1975), pp. 1602~1613. 내용 참조.

11   *Ibid.* pp. 801~802. 요약.

12 그람시는 처형이었던 타티아나와의 편지에서 자신이 옥중에서 집필하고자 하는 책의 내용과 목적 및 서술 방식 등을 밝히고 있다.

13 최장집 교수는 이를 다음과 같이 표현하고 있다. "그람시 사상은 좌로는 유로코뮤니즘의 극좌파로부터 우로는 페이비아니즘적 사회민주주의적 '개량주의'에 이르기까지 실로 광범위한 이데올로기적 스펙트럼 상에서 영향을 미치게 되었다. 알튀세르의 '이데올로기적 국가 아파라투수' 개념, 알튀세르, 풀란차스, 발리바르 등에 의해 대표되는 중층적 결정과 사회구성체론을 중심으로 한 구조주의적 마르크스주의 이론, 풀란차스의 시민사회에 대한 국가의 자율성을 중심으로 한 국가이론, 크라우스 오페, 제임스 오코너를 비롯한 자본축적과 정통성화의 이중적 기능에 관한 제이론, 아담 쉐보르스키와 마이클 왈러슈타인에 의해 대표되는 계급간 타협의 이론, 훼르난도 카르도소, 귀레르모 오도넬에 의한 제 3세계 국가이론에의 수용, 그리고 비정치적 아카데믹 마르크스주의라 불릴 수 있는 … 이론의 제변종 … 에 직접적이든 간접적이든 광범위한 영향을 끼쳤다." 최장집, 1984. 〈그람씨의 헤게모니 개념〉, 《한국정치학회보》(한국정치학회, 제 18집, 1984, pp. 19~40).

14 물론 그윈 윌리엄스 이전에도 루이스 마크스Louis Marks나 핸더슨H. Handerson 또는 홉스바움E. Hobsbawm 등에 의해 그람시가 읽혀지고 원용되었다. 특히 마크스는 *The Modern Prince and Other Writings*라는 책을 1957년 출간했다. 이 책은 그람시 사상의 정치적이고 체계적인 소개를 목적으로 했지만, 당시 영국의 반스탈린주의 경향과 맞물리면서 신좌파의 문화적 조류 안으로 편입되었다. 그러나 소수의 독자와 연구자만의 주목을 받았다. 이러한 상황에서 본격적으로 그람시 연구가 시작된 것은 레이몬드 윌리엄스와 톰슨 및 앤더슨과 네언 등이었다. G. Eley. 1984. 'Reading Gramsci in English: Observations on the Reception of Antonio Gramsci in the English-Speaking World 1957~1882', *European History Quarterly*. vol. 14. 참조.

15 Williams R., 1960. *Culture & Society 1780-1950*,(London, Doubleday & Company, Inc).

16 페리 앤더슨,칼 보그 외 지음, 김현우·신진욱·허준석 편역, 1995, 《안토니오 그람시의 단층들》. 갈무리, 262~263.

17 J. Camette, 1967. *Antonio Gramsci and the Origins of Italian Communism*,(Stanford Univ Pr.)

18 Martinelli A. 1968. 'In Defence of Revolution', *Berkeley Journal of Sociology*, vol. XIII. Merrington J. 1968. 'Theory and Practice in Gramsci's Marxism', *The Socialist Register*, London.

19 그람시가 후기 마르크스주의자로 분류된다는 의미뿐만이 아니라 실제로 그의 정치적

이데올로기를 전통 마르크스주의자 혹은 수정 마르크스주의자로 해석하는 것은 오랜 전통을 가진다. E. Hobsbawm이나 Williams 등에 의해 시작된 이러한 논의와 주장은 1970년대 이후 본격적으로 여러 학자들에 의해 주장되었다. Howard D./Klare(ed.) *The Unknown Dimension: European Marxism since Lenin*(New York; Basic Books, 1972); Markovic M. 'L'unita' di filosofia e politica nel Gramsci', in P. Rossi(ed.), *Gramsci e la cultura contemporanea*(Roma; Editori Riuniti, 1967); Marramao G. *Marxismo e revisionismo in Italia*(Bari; De Donato, 1971); Piccone P. 'Phenomenological Marxism', *Telos*, no. 9. Autumn 1971; Piccone P. 'Gramsci's Hegelian Marxism', *Political Theory*, Feb. 1974; Piccone P. 'From Spaventa to Gramsci', Telos, no. 31. Spring 1977; Long T. 'Marx and Western Marxism in the 1970's', *Berkeley Journal of Sociology*, vol. XXV. 1980) 등이 있다. 레닌이즘적 경향에 대한 연구는 주로 이탈리아에서 먼저 시작되었는데 제2차 세계대전 직후 톨리아티에 의해 지도되던 PCI에서는 레닌주의적 측면이 지나칠 정도로 강조되었다. 톨리아티 이외에도 그루피Gruppi, 마키오키Macchiocchi 및 데 조반니 De Giovanni 등을 중심으로 연구들이 이루어졌으며, 이를 비판하면서 레닌을 넘어선 그람시를 강조한 이들이 피코네와 보그스 등이다. 그러나 이들은 헤겔주의적 전통에 입각하여 그람시의 관념론적 마르크스주의에 경도된 후기 마르크스주의자로 해석하고 있는 한계를 나타냈다. 이에 대하여는 Piccone P. 'Gramsci's Marxism: Beyond Lenin and Togliatti', *Theory and Society*, no. 3. Winter 1976; Boggs C. *The Impasse of European Communism*(Boulder, Colo., Westview Press, 1982)를 참조하시오. 그람시에 대한 레닌이즘의 전통은 다시 유로코뮤니즘으로 연결되는데, 이는 레닌이즘의 전통에 섰던 학자들을 중심으로 연결되면서 1970년대 후반 카릴로Carillo 와 클라우딘Claudin 및 마르자니(Marzani) 등으로 이어졌다. 이에 대하여는 Carillo S. *Eurocommunism and the State*(London; Lawrence & Wishart, 1977); Claudin F. *Eurocommunism and Socialism*(London; New Left Books, 1978); Marzani C. The Promise of Eurocommunism(Westport, Conn.; Lowrence Hill and Co., 1980)을 참조하시오. 그람시에 대한 다원주의적 민주주의 경향의 해석은 전통적으로 1970년대 이후의 그람시 연구에 대한 이탈리아 PCI의 공식적인 입장의 하나였다. 그람시의 다원주의적 민주주주의적 경향에 대한 주요 연구로는 Cammett J. 'Socialism and Participatory Democracy', in G. Fischer(ed.), The Revibal of American Socialism(New York; Oxford University Press, 1971); Karabell, 'Revolutionary Contradiction: Antonio Gramsci and the Problem of Intellectuals', *Politics and Society*, vol. 6. no. 2, 1976.; Adamson W. *Hegemony and Revolution: A Study of Antonio Gramsci's Political and cultural Theory*(Berkeley and Los Angeles: University of California Press, 1980); Bobbio N. 'Gramsci and the Conception of Civil Society', in Mouffe C.(ed.) *Hegemony & Socialist Strategy,* (tran.) Moore W. & Cammack P. (London; Verso, 1985); Salvadori M. 'Gramsci and the PCI: Two Conceptions of Hegemony', in Mouffe C.(ed.) *Hegemony & Socialist Strategy,* (tran.) Moore W. & Cammack P. (London; Verso, 1985) 등이 있다.

20 Morton A. D., 2007. *Unravelling Gramsci: Hegemony and Passive Revolution in the Global Political Economy*(London; Pluto): Ives P., 2004. *Language And Hegemony In Gramsci*(London; Pluto): Crehan K. Gramsci, 2002. *Culture and Anthropology*(Califonia; University of California Press): Renate Holub. 1992. *Antonio Gramsci: Beyond Marxism and postmodernism*(London; Routledge).

21 Cox. R. W. 1981, "Social Forces, States and World Orders: Beyond International Theory", *Millennium: Journal of International Studies,* 10(2), 135-139; Cox. R. W. 1983, "Gramsci, Hegemony and International Relations: An Essay in Method," *Millennium: Journal of International Studies,* 12(2), 168-174; Cox. R. W. 1987, *Production, Power, and World Order: Social Forces in the Making of History.* (New York: Colombia University Press), 149-150 & 396-398.

22 Bieler A., 2000. *Current Politics and Economics of Europe,*(Nova Science Publishers, Incorporated); van Apeldoorn, 2002. *Transnational Capitalism and the Struggle Over European Integration,*(London, Routledge); Andreas Bieler and Adam D. Morton, 2001. "The Gordian Knot of Agency-Structure in International Relations: A Neo-Gramscian Perspective." *European Journal of International Relations,* vol. 7, no. 1.

23 1940년대 이탈리아에서 전개된 그람시 연구와 저작들은 이미 상당한 양이 축적되고 있었으며, 톨리아티 등의 PCI 지도부에 의해 당 차원의 연구 사업이 진행될 정도였다. 이에 대하여는 다음의 자료를 참고하시오. Fondazione Istituto Piemontese Antonio Gramsci. 1994. *Gramsci Nella Biblioteca Della Fondazione.* Regione Piemonte.

24 페리 앤더슨·칼 보그 외 지음, 김현우·신진욱·허준석 편역(1995), 211~254.

25 Spriano P. 1988. *Gramsci in carcere e il partito.*(Roma; Editori Riuniti).

26 Fondazione Istituto Piemontese Antonio Gramsci(1994)와 Fondazione Istituto Gramsci(2006) 참조.

27 Texier, J. 1966, *Gramsci,* Paris: Seghers.

28 Althusser L. 1992. *For Marx.* 고길환/이화숙 역.《마르크스를 위하여》. 백의.

29   Hugues Portelli, 1973. *Gramsci e il blocco storico*(Roma-Bari; Laterza), xi-xiii.

30   Buci-Glucksman, 1980. *Gramsci and the state*,(London : Lawrence and Wishart), 19.

31   Sassoon A. S. 1980. *Gramsci's Politics.*(New York: St. Martin's Press), 139-160.

32   상탈 무페 편/장상철·이기웅 저. 1992.《그람시와 마르크스주의 이론》. 녹두, 238.

33   Laclau E. & Mouffe C. 1992. *Hegemony and Socialist Strategy-Toward a Radical Democratic Politics.* 김성기 외 역.《사회변혁과 터》. 터.

34   Gramsci(1975), 1361.

3 그람시의 역사적 블록과 그 선결 이론과 문제들

1   지금까지 한국 사회에 소개된 헤게모니 이론에 대한 연구는 상당히 많다. 1984년 최장 집 교수가 처음 소개한 이래 헤게모니 이론과 시민사회 이론을 중심으로 꾸준히 발표 되었다. 이후 문화이론과 접목하거나 다양한 사회과학 분야들에서 원용되면서 그람시 에 대한 해석의 틀을 넓혔다. 최근 헤게모니 연구에 대한 지평은 문화인류학으로까지 그 범위가 확장된 상태이며, 한국의 사회학적 위기 상황이 지속될수록 그람시 이론에 대한 관심의 확산 가능성이 커지고 있다.

2   이번 항의 논쟁과 구성은 다음의 논문을 참조하여 재구성하였다. 김종법, 2010. 〈그람 시 역사적 블록 개념을 통해 본 한국지배계급 연구〉,《동서연구》,(2010, 제22권 2호), 139-189.

3   Hugues Portelli(1973).

4   또한 이에 덧붙여 유기적 위기crisi organica를 거치는 순간 새로운 역사적 블록의 형 성된다는 다소 결정론적이고 숙명론적인 해석을 하고 있는 점이나 그람시가 제시한 역 사적 블록의 전형을 남부 지식인 블록으로 설정한 점 역시 그람시에 대한 해석에서 봅 비오Bobbio나 그루피Grupi 등의 다른 그람시 학자들과도 차이가 존재한다. 보다 자 세한 사항은 다음을 참고하시오. Hugues Portelli(1973), pp. 101-132.

5   Gramsci Antonio,(1975), pp. 869, 1051-52, 1091, 1237-38, 854, 1300-1, 977, 1569, 451-2, 1505-6, 1300, 1316, 437, 1321, 1211, 1235, 1120, 1611-2.

6   《옥중수고》의 집필 순서를 보면 초기에는 집필에 대한 방향과 다소 잡다한 문화비평의 성격을 띠는 글들이 대부분이다. 그러나 뒤로 오면서 일정하고 하나의 체계를 갖추고 서술되어 있다. 이 부분에 대한 것은 다시 본문에서 설명하겠다.

7   *Ibid.,* p. 1237.

8　*Ibid.*, pp. 603-604.

9　*Ibid.*, pp. 763, 1214, 1222-25, 1226-29.

10　*Ibid.*, pp. 1082, 1084, 1234-35, 1267-1268, 1302.

11　*Ibid.*, pp. 641, 658, 1822, 2053. 참조.

12　*Ibid.*, pp. 2010-11.

13　*Ibid.*, p. 2287.

14　*Ibid.*, pp. 1051-2.

15　*Ibid.*, p. 2632. 노트 4(XIII) ∮15의 각주 8에서 서술하고 있는 부분이다.

16　*Ibid.*, pp. 1300, 1316, 1321. 참조.

17　그람시가 의미하는 윤리적-정치적 국가의 의미는 다음의 항을 참고하시오. *Ibid.*, pp. 1222-5.

18　*Ibid.*, pp. 1315-17. 참조.

19　그람시는 자신의 옥바라지를 하던 처형 타티아나에게 수고에 대해 자주 이야기했는데, 처음에 집필을 시작할 때도 '무언가 영원한 것'을 구상하고 쓰려고 한다고 이야기했으며, 수고의 첫 장에는 이러한 그의 의도와 내용들이 잘 설명되어 있다. *Ibid.*, p. 5. 참조.

20　이 시기라 함은 노트로 이야기하자면 8권(1931년에서 1932년까지 작성된 노트)부터이며, 이론적 전제들이라 할 수 있는 여러 개념 설명과 함께 이론적 논의의 쟁점 사항들을 집중적으로 서술하고 있는 시기를 말한다. 이는 향후 전개되는 노트들이 본격적으로 이탈리아에서 역사적으로 등장한 국가나 시대를 이야기하고 있으며, 이들 개별적인 역사적 실례를 통해 헤게모니 이론이나 다른 이론적 논의들을 정교화하고 있다는 점에서 그람시 이론이 하나의 체계적 틀을 갖추려고 했다는 주장의 근거가 될 수 있다. 또한 수고의 구성이 자연스럽게 기승전결의 구조를 갖추면서 전개되고 있다는 점(본론 부분이 완성되지 못했고, 결론 부분은 손도 대지 못하였다는 점은 인정할지라도)은 《옥중수고》가 갖는 전체적 윤곽을 그려 낼 수 있다고 생각한다.

21　김종법, 2012b. 《현대 이탈리아 정치·사회》, 바오출판사.

22　1799년 1월 23일 프랑스 군대의 지지를 받아 20명의 위원에 의해 공화국 형태로 건국된 나폴리 공화국을 일컫는다. 그러나 나폴리 민중들의 참여나 지지를 받지 못하는 상황에서 루포 추기경의 농민군에게 패배하여 동년 6월 13일에 단명한 남부의 전형적인 봉건 국가였다.

23　파브리치오 루포(1744~1827)는 이탈리아 조그마한 도시 산 루치도에서 태어난 가톨릭 성직자로 반쟈코뱅 의용군이었던 가톨릭 농민군 '산타 페데(성스러운 신의)'군을 이끌고 나폴리의 파르테노페나 공화국을 멸망시킨 것으로 유명하다.

24　마시모 다젤리오(1798~1866)는 1798년 토리노에서 태어난 정치가이자 화가이며 문

학가였던 이탈리아 통일의 주역 중 한 사람이다. 1849년과 1852년 사이에는 피에몬테 왕국의 수상을 역임했던 정치가로 1853년 상원의원이 된 신흥 귀족이었다. 1860년 이 탈리아 통일왕국에서 밀리노 주지사를 역임하였고, 알렉산드로 만초니의 딸과 결혼한 인물이었으며, 이탈리아 민족주의를 고양한 유명한 작품《에토레 피에라모스카Ettore Fieramosca》의 작가이기도 하다. 태어나서 죽을 때까지 피에몬테를 사랑했던 애국자 로 이탈리아 낭만주의 문학을 대표하는 작가이기도 하다.

25 우고 포스콜로(1778~1827)는 이탈리아 낭만주의 시대의 시인이자 작가였다. 신고전 주의와 초기 낭만주의 계열의 작품을 통해 이탈리아라는 민족적인 정체성을 고양하는 데 힘썼다. 특히 그의 작품 중에서 가장 잘 알려진《무덤들Dei Sepolcri》(1807)은 자 유와 사랑 그리고 애국이라는 소재를 가장 잘 보여주는 작품으로 평가받고 있다. 특히 그는 오랜 기간 해외에서 망명 생활을 하면서 저명하고 중요한 작품들을 집필했다.

26 알레산드로 만초니(1785~1873)는 밀라노에서 태어난 이탈리아 낭만주의의 중요한 문 학가이다. 이탈리아 민족주의를 다루고 있는 유명한 작품《약혼자들I promessi sposi》 (1827 초판)을 저술했으며, 이탈리아 근대 희곡에도 상당한 공헌을 하였다. 그는 특히 자신들의 작품에서 사용된 이탈리어를 통해 현대 표준 이탈리아어가 형성되고 보급할 수 있도록 많은 기여를 했던 이탈리아 근대 문학가였다.

27 Gramsci Antonio,(1975), pp. 1152-1203. 노트 9 권의 후반부에서 리소르지멘토에 대하여 할애하고 있는데, 다시 노트 19권에서 독립적인 주제로서 리소르지멘토에 대한 분석을 자세하게 전개하고 있다.

28 그람시가 이야기하고 있는 리소르지멘토의 해석 방향에 대한 자세한 사항은 다음의 항 을 참조하시오. *Ibid.*, pp. 1974-1989.

29 *Ibid.*, pp. 2285-6.

30 *Ibid.*, p. 2288.

31 1853년 3월 마치니에 의해 창설된 정당의 성격을 갖는 결사체였다. 이탈리아 국민협회 Associazione Nazionale Italiana의 후신으로 이탈리아 통일 운동의 주요 세력이었으 며, 가톨릭과 민중 지향의 기묘하게 혼합된 공화주의적 입장을 견지하였다. 1959년 가 리발디의 시칠리아 원정부대인 천인대Mille를 조직하는 등 정치적 세력 확대를 꾀하 기도 했지만, 통일 이후 해체되어 좌파 정당과 공화당으로 흩어졌다. 리소르지멘토 시 기 이들이 일반 민중에게 갖는 영향은 상당했다. 결국 통일의 주도권은 카부르를 중심 으로 한 일단의 자유주의 온건파들에게 넘어갔다.

32 *Ibid.*, pp. 2010-1.

33 19세기 후반 이래 이탈리아에서 정당들이 일정한 원칙이나 기준 없이 반대파를 제거 하거나 다수당이 되기 위하여 개별적으로나 집단적으로 변형시켜 외형을 바꾸는 정치

양태를 가리킨다. 1882년 선거에서 데 프레티스De Pretis가 선거에서 모토로 내세웠던 Trasformarsi에서 유래한 단어이다. 그람시는 리소르지멘토 시기에 이미 존재하던 정치 행태의 하나로 파악하였다. 그람시에 의하면, 대표성을 가진 마치니가 카보우르에게 복속되어 이끌리게 된 것을 빗대어서 이야기했다. 한국에서는 최장집, 1996,《한국민주주의의 조건과 전망》, 나남, 203-240쪽; 이경일, 〈이탈리아 세기말 위기〉,《서양사 연구》(제17집; 1995년 4월호), 101쪽 등에 소개되어 있다.

34 빈센초 쿠오코Vincenzo Cuoco(1770~1823)는 나폴리 태생의 보수적 사상가로 초기 리소르지멘토 시기 상당한 영향력을 가졌던 이다. 1799년 나폴리 공화국 사건을 다룬 논문에서 이를 수동적 혁명이라 명명하면서, 그람시가 그에 대해 관심을 갖게 되었다. 일반 민중의 참여 없는 지배계급이나 자코뱅 세력에 의해 단행되는 개혁이나 변혁을 수동적 혁명이라 명했다. 그람시는 이 개념을 진지전과 기동전 차원으로까지 좀 더 심화시키고 확장시킴으로써 이탈리아 리소르지멘토를 비롯한 혁명의 계기들과 헤게모니의 형성 과정을 설명하거나 여러 역사적 세기들의 분석에 활용하였다.

35 조반니 졸리티Giovanni Giolitti(1842~1928)는 피에몬테 출신의 정치가로, 20세기 초 이탈리아 역사의 주역 중 한 사람이다. 1892년에 처음으로 이탈리아의 수상이 된 뒤, 1903년부터 1914년까지 거의 연속으로 수상을 지냈다. 그는 노동자 계층에 비교적 우호적이었지만, 피에몬테 산업 자본가의 이익을 대표하는 자유주의 정치가였다. 리비아 전쟁을 준비하는 20세기 초 이탈리아 정치를 이해하는 데 핵심적인 인물이다.

36 Gramsci A.(1975), p. 2038.

37 Ibid., p. 2289.

38 남부 문제에 대한 다양한 분석은 아래의 자료를 참고하시오. Gramsci A./ 김종법 옮김. 2004.《남부문제에 대한 몇 가지 주제들 외》. 책세상.; 김종법, 2004. 〈이탈리아 남부문제의 역사 -카부르에서 니띠까지 부르주아 지배계급의 관점에서-〉,《이탈리아어문학》(Vol.15).; 김종법, 2006. 〈이탈리아 남부문제에 대한 정치사상적 기원 -치꼬띠에서 그람쉬까지-〉,《세계지역연구논총》(Vol.24 No.1).

39 Gramsci A. 1972, L'Ordine Nuovo,(Torino, Einaudi), p. 37.

40 Ibid, p. 125.

41 Ibid, pp. 318-9.

42 Massimo L. Salvadori, 1981. Il mito del buongoverno, (Torino, Einaudi), p. 534.

43 이탈리아어로 파쇼fascio란 본래 '여러 사람의 의견을 하나로 묶는다'는 의미다. 즉 일반적으로 연대를 의미하는데, 19세기 말 남부 이탈리아에서 발생한 소요와 농민봉기 등에서 일단의 그룹들을 지칭할 때 사용되기도 하였다. 이후 카포레토Caporetto 전투에서 패배한 뒤 정부에서 국민적 에너지 결집을 촉구하는 선전문으로 사용하기도 했

다. 전체적이고 군국적인 의미를 지니기 시작한 것은 무솔리니가 1919년 밀라노에서 발족한 전투연대Fasci di Combattimento라는 단체를 이끌면서부터였다. 특히 1919년 선거에서 전투연대는 단 한 명의 당선자도 내지 못했고, 무솔리니도 자신의 고향에서 낙선하고 말았다. 이후 무솔리니는 다소 사회주의적 성향의 단체를 우익단체로 탈바꿈시켰고, 이때부터 본격적인 전체주의와 군국주의적 성격을 띠기 시작했다.

44　당시 왕은 무장도 안된 폭도들이었던 이들 파시스트 청년단원들을 진압하라는 명령을 내리지 않았다. 이는 아직까지도 풀리지 않는 의혹이다. 무솔리니 자신도 이에 대한 성공 여부를 확신하지 못해 밀라노에서 사태 추이를 지켜볼 정도로 성공 가능성이 거의 없었던 일이었다. 후세 역사가들은 만약 파시스트들의 로마 진군을 왕과 정부가 진압했다면, 이탈리아는 무솔리니가 지배하지 못했을 뿐 아니라 파시스트 국가라는 오명에서 벗어날 수 있었을 것이라고 이야기한다.

45　지오반니 젠틸레Giovanni Gentile는 이탈리아 파시즘의 철학을 완성시킨 인물로 무솔리니 정부의 교육부 장관을 맡으면서 전체적인 파시즘의 방향 정립에 힘을 쓴 인물이었다.

46　1909년 마리네티Marinetti에 의해 선언된 미래주의 운동에 가담한 일련의 예술가들을 가리킨다. 마리네티와 함께 《예수의 생애》를 쓴 파피니Papini 등이 주도한 미래주의 운동은 기계에 대한 찬양과 국가를 고양시키는 예술적 작업을 했으며, 파시즘의 예술적 기반으로 무솔리니에 협력하였다.

4　체제 연구를 통한 그람시 이론의 한국적 적용

1　박정희 시대에 대한 연구의 쟁점은 크게 세 가지 측면에서 논의되고 있다. 첫째는 친일과 민족주의에 대한 문제이고, 둘째는 경제 발전과 민주주의의 관계 문제이며, 셋째는 박정희 체제의 경제 발전 전략과 정책 정당성과 유효성 문제다. 제기되는 문제에 대한 설명을 여기서 모두 펼치기는 어렵기 때문에 주요 사항들을 정리하는 것으로 대신하겠다. 주요 논쟁점은 박정희의 친일 문제인데, 일본 사관생도 출신 박정희가 민족주의를 논한다는 것 자체가 문제가 있다는 것이며, 박정희의 통일론인 대한 '선건설 후통일'의 유효 적절성 문제와 경제 발전 전략의 자주성과 대외의존적 경향에 대한 혼재, 그리고 박정희 체제의 경제 발전이 민주주의적 가치와 비교하여 어떤 관계와 가치 문제로 해석할 것인가의 논쟁들이다. 김일영, 2005, 〈박정희 시대 연구의 쟁점과 과제〉, 정성화 편, 《박정희 시대 연구의 쟁점과 과제》, 선인, 13-16쪽 요약.

2　이탈리아에서 가장 최근에 줄간된 파시즘 관련 연구서는 다음과 같다. Paxton

Robert, 2005, *Il fasctsmo in azione*, Milano, Mondadori.; Ludo Salvatore, 2005, *Il fascismo. La Politica in un regime totatitario*, Milano, Donzelli.; Emilio Gentile, 2004, *Storia e interpretazione*, Roma-Bari, Laterza.

3   이에 대한 보다 자세한 이론적 논의는 다음의 책을 참고하시오. 김수용 외 4인, 2001. 《유럽의 파시즘-이데올로기와 문화》, 서울대학교출판부.

4   이탈리아에는 1861년 통일 이전부터 주요 우파 보수주의 경향의 부르주아 사상가들에게 나타나는 공통된 철학적 배경이 존재하였다. 주로 로마 시대나 피렌체 공화국을 동경하면서 새로운 이탈리아의 건설을 위해 '힘'을 바탕으로 하는 식민지 전쟁과 정복 전쟁을 옹호하는 철학 조류가 존재하고 있었으며, 대표적인 사상가들로는 투리엘로Turiello, 젠틸레Gentile, 파레토Pareto, 로코Rocco 등이 있었다.

5   '근대화론'은 1960년대 미국 케네디 정부 시절 제3세계를 발전시키기 위한 세계 전략의 일환으로 제시된 이론이다. 급속한 경제 발전을 통해 민주주의의 발전을 함께 이룰 수 있다는 내용을 담고 있다. '발선국가론'은 경제 발전 과정에서 국가의 역할을 강조하는 측면이 강한 이론으로 보통 일본과 대만 등의 급속한 경제 발전 과정을 설명하기 위해 사용되는 이론이다. 경제적 측면에서 국가가 주도하는 근대 국가 발전론으로 설명할 수 있다.

6   '개발독재론'은 경제 발전을 위해 민주주의의 절차나 과정을 무시하고 독재를 통한 왜곡과 변형을 통해 국가를 발전시킨다는 내용을 담고 있다. 이는 박정희라는 인물을 중요하게 생각하는 것이 아니라, 어느 누구라도 국가의 경제 발전을 위해 취할 수 있는 정치 체제라고 이야기한다. '관료적 권위주의론'은 오도넬G A. O'Donell 등이 주장하는 이론으로 신흥개발도상국과 같은 경우 강력한 경제개발의 과정에는 필연적으로 군부-기술관료-국내외자본 연합의 쿠데타가 발생함으로써 강력한 경제력과 억압력을 갖는 권위주의 체제가 등장한다는 것을 내용으로 하고 있다.

7   실제로 정해구 교수는 "박정희 체제의 국가 동원 메커니즘에 관한 연구: '반공-개발 역사블록'의 기원, 형성과 전개 및 균열"이라는 주제로 박정희 동원 체제에 대한 연구를 진행하고 있다. 여기서 박정희 체제에 대한 성격 분석은 정해구 교수 연구팀의 일반적 관점에 준하여 논의를 전개할 것이다.

8   그람시는 자신의 저서 곳곳에서 '역사적 블록'개념에 대하여 논하고 있는데, 주요한 사항만을 정리해보면 다음과 같다. Gramsci(1975), p. 869, pp. 1051-2, pp. 1237-8, pp. 1300-1, pp 1505-6, p. 1300, p. 1306, p. 1321, p. 1211, p. 1235, pp. 1611-2.

9   이하 제기하는 세 가지 차원의 역사적 블록의 수준에 대한 것은 다음의 책을 참조하시오. Huggues Portelli(1973) pp. xi-xiii.

10   최장집, 《한국민주주의의 조건과 전망》, 서울, 1996, 164쪽.

11 P. Farnetti, 1973. *Il sistema politico italiano, Bologna*, Il Muilino.

12 김종법, 2006b. 〈파시즘의 기반으로서 젠틸레의 정치사상: 힘의 철학과 실천 개념을 중심으로〉,《이탈리아어문학》(제18집), 39~41쪽 중에서 필요한 부분을 책의 성격에 맞게 각색하고, 한국 부분을 첨가하여 재작성한 내용이다.

13 이탈리아 파시즘을 포함한 유럽 각국의 파시즘 연구는 김수용 외(2001),《유럽의 파시즘》(서울대학교출판부, 2001)에서 보다 상세하게 다루어지고 있다. 그러나 전체적인 측면에서 각국 사례를 비교한 위의 책 대신 이탈리아 파시즘에 대한 보다 정교한 해석과 내용은 다음의 책을 참고하라. Paxton Robert(2005), Ludo Salvatore(2005), Gentile Emilio(2004).

14 앞의 책, 41~47쪽의 내용을 재편집하고 한국 부분을 첨부하는 형식으로 글을 재구성하였다.

15 이탈리아에서 헤겔 철학의 관념론적 요소를 받아들이면서, 헤겔 철학이 갖는 발전론적 측면을 다소 보완하여 형상과 본질의 상호연관성이나 통일성을 강조하는 당대의 이탈리아 철학과 사상계의 일반적 기조를 의미한다. 특히 헤겔 철학의 3부분, '논리학', '자연철학', '정신철학' 중에서 세 번째인 '정신철학'의 주요 내용이 되는 법과 국가철학 부분을 강조하면서 사회를 구성하는 가족-사회-국가의 개념을 절대국가 혹은 국가지상주의의 내용을 담는 경향으로 실천 문제를 중요한 철학적 기준으로 삼았다.

16 시대적으로 1기(1850~1870년대)와 2기(1880~1890년대)로 구분되는 나폴리 헤겔학파의 우파 지도자는 아우구스트 베라August Vera(1813~1885)였고, 좌파에는 베르트란도 스파벤타Bertrando Spaventa(1817~1883), 실비오 스파벤타Silvio Spaventa(1822~1893), 프란체스코 데 상티스Francesco De Santis(1817~1883) 등이 있다. 소비에트 과학아카데미 철학연구소 편, 이을호 편역, 1990,《세계철학사》VI, 중원문화사, 288-292쪽 참조.

17 투리엘로의 정치사상에 대한 것은 아래의 책을 참고하시오. M. Salvadori(1981). 이하 투리엘로에 대한 것은 아래 논문에서 발췌하여 정리한 것이다. 김종법(2004).

18 20세기 초 이탈리아에서 발생했던 문예사조로 마리네티Marinetti가 중심이 되어 출발했다. 1909년 마리네티가 프랑스의《르 피가로》에 미래주의 선언문을 게재하면서 기계 문명과 '힘'을 바탕으로 하는 강력한 역동성을 갖춘 문학과 예술을 찬양하면서 새로운 시대의 사조로서 제창한 것이 미래주의이다.

19 '전투적'이라는 형용사는 제1차 세계대전 이후 대학이나 연구소 중심의 아카데미즘과는 다소 다른 이탈리아적인 학술 활동을 가리키는 말이다. 주로 소규모의 평론지나 카페나 살롱 중심의 문화와 학술 활동을 지칭하기 위해 사용한 용어이다.

20 남과 북의 경제적이고 사회적 차이를 규명하고 자신의 이론적 출발점으로 삼은 이가

그람시였다. 그람시는 '남부 문제'로 불리는 이탈리아 특유의 지역 문제를 후일 논문 형식으로 발표하였다. 그람시 남부 문제에 대한 글은 안토니오 그람시 지음, 김종법 옮김, 2004.《남부 문제에 대한 몇 가지 주제들 외》, 학민사.를 참조하시오.

21 V. Pareto, ed. da N. Bobbio, 1964. *Trattato sociologia generale*(Milano: Edizioni di Comunità).

22 여기서 파레토의 철학적 논의를 전부 거론할 수는 없지만, 논의의 중점은 인간 행위를 '논리적'인 것과 '비논리적'인 것으로 구분한 뒤, 이 행동의 근거와 원칙 등을 밝히고 있다. V. Pareto(1964), 84-85, 149-151, 867-870까지의 절을 참조.

23 V. Pareto(1964), 2025-2059, 2178, 2227-2279까지의 절 참조.

24 가장 대표적인 사상가로는 '강성국가론'을 주장한 법학자 로코A. Rocco와 의용군을 이끌고 피우메Fiume를 점령했던 단눈치오D'Annunzio라는 문학가 등이다.

25 전인권,《박정희 평전》, 이학사, 2006, 265-268쪽.

26 《프레이저 보고서》라는 다큐멘터리 영상 기록물을 보면, 발선 국가를 위한 수출 지향적인 정책이 박정희의 주도나 제안으로 이루어진 것이 아니라는 주장이 상당히 설득력 있게 전개되고 있다. 여기서는 일반적인 학문적 접근에 따른 가장 정형화되고 보편적인 논지를 근거로 하여 박정희의 '발전국가론' 주장을 소개하는 것으로 정리하겠다.

27 박종홍에 대한 것은 다음의 두 자료를 참조하시오. 손인수, 1990,《한국교육사상가 평전 Ⅱ》, 문음사; 한국중앙연구원.《한국민족문화대백과》(http://100.nate.com/dicsearch/pentry.html?s=K&i=240354&v=42)

28 안호상에 대한 것은 다음의 자료를 참조하시오. 김석수, 2001,《현실 속의 철학, 철학 속의 현실》, 책세상.

29 '하나의 국민(一民)으로 대동단결하여 민주주의의 토대를 마련하고 공산주의에 대항한다'는 이승만 정부 대북 정책의 원칙이자 국시였던 지침을 이야기한다.

30 여기서 언급되는 헤겔 관련 부분은 다음의 책을 참조하였다. 소비에트 과학아카데미 철학연구소편, 이을호 편역, 1990,《세계철학사》III, 중원문화사, 91-145쪽; 조지 세이빈·토마스 솔슨 지음, 성유보·차남희 옮김, 1983.《정치사상사 2》, 한길사, 793-843쪽, 버트런드 러셀 지음, 최민홍 옮김, 1995,《서양철학사 하》, 집문당, 1013-1035쪽.

31 소비에트 과학아카데미 철학연구소편(1990), 100쪽.

32 소비에트 과학아카데미 철학연구소편(1990), 114-115쪽 참조.

33 라브리올라가 이탈리아 사상계에 끼친 영향관계에 대하여는 다음의 책을 참조하시오. Luigi Dal Pane, 1975. *Antonio Labriola nella politica e nella cultura italiana*(Torino: Einaudi).

34 몬돌포를 우파 계열에 포함시키는 문제는 다소의 이론이 있을 수 있다. 몬돌포는 라

브리올라 사후 라브리올라의 사상을 계승하려는 노력을 했음에도 불구하고, 실제로 몬돌포가 주장한 논의들은 지나치게 관념적이어서 스승인 라브리올라조차 관념론자로 비칠 지경이었다. 이런 이유로 여기서는 몬돌포를 물적 토대보다는 의식과 이데올로기를 더 중요시했던 속류 마르크스주의자로 분류하고, 그를 우파의 진영으로 포함시키겠다. 몬돌포의 사상에 대하여는 다음의 책을 참조하시오. R. Medici, 1992. *Tra teoria sociale e filosofia politica. Rodolfo Mondolfo interprete della coscienza moderna*,(Milano: Clueb).

35 G. Gentile, 2003. *La filosofia di Marx*,(Firenze: Le Lettere).

36 G. Gentile(2003), pp. 5-14.

37 G. Gentile(2003), p. 87.

38 G. Gentile(2003), pp. 104-110. 참조.

39 20세기 초에 등장한 유럽 각국의 파시즘 체제의 일반적 특징 중 하나가 바로 이와 같은 '행동'에 입각한 원칙을 관철시키는 주의주의로 보았을 때, '행동'이 갖는 철학적이고 이데올로기적 의미는 다분히 폭력적이고 강압적이며 집단적인 성격을 갖는다고 볼 수 있다. 이는 '실천'이라는 개념이 갖는 적극적 의지의 실현이라는 의식을 동반한 이데올로기적 성격에 비하여 '행동'이라는 개념이 갖는 무비판적이고 감성적인 무의식적 개념이 갖는 차이성에 의해 두 개념은 다소 다르다는 전제를 가지고 '행동'이라는 개념을 우파적 경향으로 산정하였다. 이와 관련한 보다 상세한 논의는 다음의 책을 참조하시오. 김수용 외(2001).

40 Attualismo를 어떻게 번역할 것인가의 문제는 상당히 어렵다. 영어로는 Actualism으로 바꿀 수 있지만, 영어 사전에서 정의하고 있는 '현실주의'와는 다소 다른 맥락을 가지고 있기 때문이다. 따라서 여기서는 Attualismo를 젠틸레의 적극적이고 능동적인 현실주의라는 측면에서 '행동주의'라고 칭하도록 하겠다.

41 G. Gentile, 2003. *Teoria generale dello spirito come atto puro*,(Firenze: Le Lettere).

42 G. Gentile, 2003. *I fondamenti della filosofia del diritto*,(Firenze: Le Lettere).

43 세 권의 저서는 다음의 제목으로 동일한 주제의 편집본으로 간행된 저서를 참조하였다. G. Gentile(a cura di H. A. Cavallera), 1990. *Politica e cultura* Vol. I,(Firenze: Le Lettere).

44 G. Gentile(1990), p. 25.

45 G. Gentile(1990), p. 33.

46 G. Gentile(1990), p. 36.

47 G. Gentile(1990), pp. 384-394.

48   G. Gentile(1990), pp. 399-400.

49   G. Gentile, 1975. *Genesi e struttura della società*,(Firenze: Sansoni).

50   G. Gentile(1975), pp. 61-66, 114.

51   무솔리니의 일생에 대한 것은 다음의 책을 참고하시오. P Alatri, 2004, *Mussolini, Newton & Compton*, Milano.; Bosworth Richard J., 2004, *Mussolini. Un dittatore italiano*, Mondadori, Milano. 또한 박정희의 일생에 대한 것은 다음의 자료를 참조하시오. 정운현, 2004,《군인 박정희》, 개마고원.

52   무솔리니의 경우 1922년 10월 '로마 진군'으로 알려진 일종의 쿠데타를 기획하여 정권을 요구하려 했던 과정에서 이탈리아 국왕이 이를 겁먹고 먼저 무솔리니에게 수상 지위를 넘겨주어 합법적으로 권력을 장악했다. 박정희는 이미 잘 알려진 대로 5·16 군사 쿠데타로 정치권력을 장악했다.

53   리더십을 대별하는 이론은 크게 세 가지 정도가 있는데, 특성이론과 행동이론 및 상황적합이론이 그것이다. 무솔리니나 박정희 모두 이런 기준에서 리더십의 유형을 논의할 수 있는데, 짧은 지면상 두 사람에 대한 구체적 비교는 생략하도록 하겠다.

54   Brunello Mantelli, 1994. *La nascita del fascismo*, FENICE 2000, Milano pp. 32-55.

55   친위대는 파시즘의 사설 경찰이라는 성격을 띠고 있었으며, 더 나아가 파시스트 행동대의 활동을 합법적인 것으로 만들기 위한 도구였다. 1923년 1월 12일 파시즘 대평의회의 심의에서 친위대의 성격을 "10월 혁명 로마 진군의 발전을 수호할 목적으로 창설된 파시스트의 필수적인 기구"라고 명시하고 있으며, 의회법령에서는 군과 경찰의 협력으로 내부 공공질서를 유지하는 것뿐 아니라 세계 속 이탈리아의 이익 수호를 위해 시민들을 조직화하는 임무를 부여하고 있다. 1924년에는 친위대 구성원들에게 왕에 대한 서약이 의무화됨으로써 그 성격이 다소 완화되었다. 12월 31일 알도 타라벨라Aldo Tarabella와 에치오 갈비아티Ezio Galbiati를 대표로 한 33명 친위대 장교들이 작성한 유명한 선언서는 마테오티 암살에 따른 위기에서 빠져나오기 위해 무솔리니에게 바치는 일종의 결의서와 같은 것이었다. 친위대에 복무하는 것은 지원을 통해 이루어졌으며 무보수였다. 이는 공직과 공무원 집단 속에서 중간 부르주아 계층의 우월성을 나타내는 것이었다. 그 이후 친위대는 다양한 하위 단체(철도, 우편, 산림, 교통, 대학)들로 분리되었고 그 안에서 군사 교련교육의 임무가 맡겨졌다. Giunti, 2003, *Storia illustarta del Fascismo*, Giunti, Firenze, 53.

56   이에 대해서는 다음의 자료를 참조할 것. 전인권, 2006,《박정희 평전》, 이학사, 260-265쪽.

57   이하 노동 관련 파시즘 체제의 정비와 통제 정책에 대한 내용은 아래의 책을 참조하시

오. Giunti(2003), 68-76.

58 노동헌장은 비록 파시즘 시기 노동 분쟁을 해결하는 데 실질적인 효율성을 가져오지는 못했지만, 커다란 선전적 가치를 가지고 있었다. 노동헌장은 다른 조합들의 시스템, 특히 1938년 스페인의 프랑코 총통이 제안한 스페인식 조합주의 형태의 모델이 되었다. 헌장은 서른 개의 선언으로 구성되었으며, 처음 아홉 개 선언은 개괄적인 성격을 띠고 있다. 노동은 국가에 의해 보호받는 '사회적 의무'이다(I). 노동의 목적은 '생산자의 복지'와 국가 역량의 증진이다(II). 노동조합 조직은 자유롭지만, 조직은 (파시스트)에 의해 법적으로 승인된 노동조합만이 전적으로 전 부문을 대표할 수 있다(III). 노동 협약은 고용자와 노동자들의 상충되는 이익을 조정하여 노동 생산 부문에서 보다 큰 이익이 나는 쪽에 종속시킴으로써, 다양한 생산 요소들 간의 연대를 표명한다. 개인적 이니셔티브는 국가의 이익이 된다. 가장 효과적이고 유용한 도구이다(IV). 국가가 생산자 시설과 운영에 개입하는 것은 오직 개인적 이니셔티브가 부족하여, 의무 이행이 불충분할 경우이거나, 혹은 국가의 정치적 이익 위험한 결정의 순간에만 정당하다(IX). 다른 선언들은 노동협약, 임금, 계약, 야간근무, 주간휴가와 유급휴가, 퇴직수당, 노동자 교육, 직무배치, 자택근무, 그리고 보험에 관한 규정을 조합이 통제하지만 규정으로 정한다(XXIII). 국가는 재해보험과 양육보험의 개선, 그리고 직업병과 원치 않은 실업에 대한 보험의 설립을 보장한다. Ibid, 73쪽.

59 이러한 주장의 대표적 학자들로는 변형윤과 김대환과 같은 이들이 있다. 변형윤, 1986, 《한국경제연구》, 유풍출판사; 김대환, 1997, 〈근대화와 경제개발의 재검토: 박정희 시대의 종언을 위하여〉, 《경제발전연구》(1997년 12월호) 등의 자료를 참조하시오.

60 이에 대한 근거는 여러 가지가 있다. 먼저 급격히 감소한 농업 인구를 들 수 있다. 1960년 총인구의 58.3퍼센트였던 농업 인구는 1969년 50퍼센트 미만으로 줄었고, 1979년에는 29.9퍼센트로 격감했다. 절대인구 역시 1967년 1,608만 명에서 1979년 1,088만 명으로 3분의 1이 줄었다. 정영일, 1986, 〈외향적 경제 발전과 농업정책〉, 김윤환 외, 《한국경제의 전개과정》, 돌베개, 229쪽. 또한 국민총생산에서 농업과 임업이 차지하는 비중 역시 급감했다. 1962년 37퍼센트에서 1971년 26.8퍼센트, 1981년에는 15.6퍼센트를 차지했다. 전광희, 1999, 〈1970년대 전반기의 사회 구조와 사회정책의 변화〉, 한국정신문화연구원 편, 《1970년대 전반기의 정치·사회변동》 백산서당, 128쪽. 더욱이 '제2차 경제개발계획(1967-1971)'에서 농가소득의 향상이라는 목표가 있었지만, 연평균 경제 성장률 11.4퍼센트와 비교했을 때 농림수산업은 목표치 5퍼센트에도 한참 못 미치는 2퍼센트의 성장에 머무르게 되었다. 전광희(1999), 156쪽.

61 김대환·김유혁, 1981, 〈새마을운동의 보편성과 특수성〉, 서울대학교 새마을운동 종합연구소, 《새마을운동의 이념과 실제: 새마을운동 국제학술회의 논문집》, 서울대학교 새

마을운동 종합연구소, 567쪽.

62 김성진 편저, 1994,《박정희 시대》, 조선일보사출판국; 유광호 외, 2003,《한국 유신시대의 경제 정책》, 한국정신문화연구원; 정윤재, 2003,《정치리더십과 한국민주주의》, 나남출판; 이완범, 2006,《박정희와 한강의 기적》, 선인; 조갑제, 2006,《박정희: 한 근대혁명가의 비장한 생애》, 조갑제닷컴. 등이 있다.

63 파시스트 체제의 조합주의를 조합주의로 해석할 수 있느냐의 문제는 쉽게 결론을 내릴 수 있는 문제는 아니지만, 22개의 전국적 조합의 대평의회를 통해 국가 경제와 정치의 주요 정책을 입안하고 결정하려 했다는 점과 한국에서 흔히 통용되고 있는 용어로서 조합주의가 널리 사용되고 있다는 점 등을 고려하여 이하 조합주의로 표현하겠다.

64 역사적인 관점에서 보자면 이미 가톨릭의 수도원을 통해 그리고 교회의 노동 정책을 통해 중세 시대부터 시작되었다.

65 조합주의에 대한 논쟁은 1933년까지 매우 왕성하게 진행되었으며, 가장 두드러졌던 파시스트 조합주 학자는 우고 스피리토Ugo Spirito로 그의 주장을 집약하면 다음과 같다. 그는 사유재산에 기반 한 조합주의를 주장했는데, 이는 경제 부문에서 기업 경영권과 관련하여 경영권은 개인이 갖고 정책과 경영 방향 등은 국가와 협력하는 형태를 취하는 조합주의를 주장했다.

66 조합 설립은 '이익의 대표성' 원칙에 따라 착안한 것으로, 비록 노동자가 고용자의 권리와 동등한 수준의 권리를 갖지 못했을지라도 모든 산업 부문에서 노동자 대표성을 통합적으로 나타내었다. 이 법률(이후 5월과 6월 정부 수반의 포고령에 기초하여)에 따라 노동조합은 농업 부문 8개, 산업과 상업 부문 8개, 서비스업 부문 6개, 총 22개로 구성될 수 있었다. 농업 부문은 곡물, 야채, 과수농업, 포도나무, 포도주 농업, 올리브유, 사탕무, 설탕, 동물축양, 어업, 목재, 직조생산업이 있었고, 산업 및 상업 부문은 금속제련과 기계, 화학, 섬유, 제지와 인쇄, 건축, 수도, 가스와 전기, 채굴, 유리와 세라믹이 있었다. 서비스 부문에는 보험과 신용, 전문직 및 예술, 선박 및 항공, 통신업종, 공연, 숙박업의 조합으로 구성되어 총 22개의 조합이 결성되었다. Giunti(2003), 85쪽.

67 이 부분의 주요 내용에 대해서는 다음의 글을 참조하시오. 김삼수, 2004, 〈박정희 시대의 노동 정책과 노사관계〉, 이병천 엮음,《개발독재와 박정희 시대》, 창비, 183-212쪽.

68 마키아벨리가《군주론》을 저술한 목적은, 주지하다시피 통일된 강력한 왕국으로서 이탈리아의 대업을 이루기 위하여 당시 피렌체 공화국의 실질적인 지배 가문이었던 메디치 가에게 상정하기 위한 것이었다. 마키아벨리는《군주론》을 통해 이탈리아 통일의 가장 적대적인 방해 세력이 교황을 중심으로 하는 가톨릭이라고 비난하고 있으며, 이후에도 많은 정치 사상가들이 가톨릭을 이탈리아 통일의 장애 세력으로 인식하였다.

69 Giunti(2003), 79쪽.

70   1853년 토리노에서 탄생한 일종의 언론통제실이었다. 정부의 공식 입장이나 사건 등
      을 언론사에 전달하고 보고하는 공보 역할을 했던 기구로 파시즘 체제가 들어선 후에
      는 정권의 나팔수 노릇을 했다.

71   필리포 톰마소 마리네티는 1909년 2월 20일 일간지《르 피가로Le Figaro》에 미래파
      선언을 발표함으로써 미래주의의 문학과 예술 운동의 기초를 다졌다. 전쟁 전 이탈리
      아에서 이 운동은 커다란 반향을 불러일으켰는데, 조형예술 분야에서는 움베르토 보치
      오니Umberto Boccioni, 카를로 카라Carlo Carrò, 지노 세베리니Gino Severini, 쟈
      코모 발라Giacomo Balla와 같은 인물들, 그리고 문학 분야에서는 1913년 밀라노의
      미래주의자들을 위한 잡지《라체르바Lacerba》를 창간한 파피니와 아르뎅고 소피치
      Ardengo Soffici 등이 주목할 만한 인물들이다. 전쟁 후에는 마리네티의 후원 아래 발
      라와 엔리코 프람폴리니Enrico Prampolini에 의해 새로운 흐름의 운동이 나타났다.
      이탈리아 밖에서 미래주의의 확산의 주요 거점이 되었던 곳은 파리와 러시아였다. '정
      치적인' 미래주의는 주창자인 필리포 톰마소 마리네티와 밀접한 관련을 맺고 있다. 학
      술회의, 시 분야, 음악, 회화, 조각, 건축. 미래주의자들의 정치적인 선전은 민주주의에
      대한 조소, 교권주의, 반평화주의라는 목표를 가지고 있었다. 마리네티의 시 〈장 툼 툼
      Zang Tumb Tumb〉에서처럼 전쟁은 세계의 유일한 보건상의 해결책으로 칭송되었다.
      전쟁에 자원병으로 참가했다 부상을 입고 훈장을 받은 마리네티는 다른 미래주의자들
      과 마찬가지로 1919년 공공연히 파쇼 운동에 대한 지지 입장을 표명했으며, 이후 체제
      의 전면에 등장하게 되었다. 그는 1929년 이탈리아 학술 및 전국작가노조의 서기장으
      로 임명되었다. Ibid, 13쪽.

72   박정희, 2005,《박정희 어록—하면 된다! 떨쳐서 일어나자》, 동서문화사. 417쪽.

73   고원, 2006, 〈박정희 정권 시기 가정의례준칙과 근대화의 변용에 관한 연구〉,《담론》
      (201 9(3)). 192쪽.

5 한국의 지배계급 형성 과정을 통해 본 그람시 이론의 적용 가능성

1   김종법(2010), 145-149쪽의 내용을 본서의 성격에 맞게 재편집하고 추가하여 구성한
      것이다.

2   한국 사회에서 계급의 개념을 어떻게 정의할 것인가에 대해서는 다양한 의견이 존재하
      지만, 본서의 성격이나 특징상 일반적으로 정의하는 객관적 계급 개념보다는 역사적으
      로 형성되고 정치권력과 경제적 자원 소유 여부에 의해 결정되는 특수한 한국적 상황
      을 반영한 계급 개념을 활용하게 될 것이다. 따라서 다음의 세 가지 기준, 첫째 경제적

속성에 따른 기준, 둘째 고립적이고 단절적이며 경계를 갖는 집단의 의미, 셋째 심리적 귀속감 등의 일반적 기준과 유교적 사회전통에 따른 전통적인 계급 구분과 정치권력의 소유 여부와 접근 용이성 등을 첨가하여 한국의 계급 구분을 할 것이다.

3   한국의 계급 모델과 이론에 대해 학문적 분석을 비교적 일찍 시도했던 이들은 구해근, 홍두승, 서관모, 김진균 등이 있다. 구해근이나 홍두승 등은 마르크스나 라이트E. O. Wright의 계급모델과는 달리 육체노동과 정신노동의 차이를 존중하여 신중간 계급의 범주를 추가시켰으며, 서관모의 경우에는 자본가, 프티부르주아, 노동자라는 전통적인 방식에 입각해 계급을 구분하고 있다. 그리고 김진균 등은 보다 다양한 직군과 범주들을 고려하여 계급을 분류하는 시도를 하고 있다.

4   홍두승, 1983b, "한국 사회계층 연구를 위한 예비적 고찰,"《한국사회의 전통과 변화》, 서울: 법문사, 179. 등 참조.

5   김종법(2010), 149-154쪽의 내용을 본서의 성격에 맞게 재편집하고 추가하여 구성한 것이다.

6   Blau 1975, *Approaches to the Study of Social Structure*, New York: The Free Press., 220-253.

7   김일철, 1986,《사회구조와 사회행위론》, 서울: 전예원. 33-34쪽을 참조하여 변형하여 인용하였다.

8   공제욱, 1995, "현대 한국 계급연구의 현황과 쟁점,"《한국사회의 계급연구》, 서울: 한울.; 박길성, 2001,《현대 한국사회의 계층구조》, 집문당(공저), 61~65쪽.

9   홍덕률, 1995, "한국자본가 계급의 성격," 김진균 외,《한국지배계급연구》, 서울: 한울.

10 김종법(2010), 154-182쪽의 내용을 본서의 성격에 맞게 재편집하고 추가하여 구성한 것임.

11 김일영, 2005, 〈박정희 시대 연구의 쟁점과 전망〉, 정성화 편,《박정희 시대 연구의 쟁점과 과제》, 선인, 13-26쪽.

12 Gramsci(1975), pp. 2287-88.

13 Gramsci(1975), pp. 2288.

14 최장집, 1996,《한국민주주의의 조건과 전망》, 서울; 나남. 21쪽.

15 이에 대한 보다 자세한 내용은 아래의 책을 참조하시오. 이재오, 1984,《해방후 한국학생운동사》, 형성사, 185-194쪽.

16 김호진, 1997,《한국의 도전과 선택》, 서울: 나남. 405쪽.

17 최근에 출간된 박정희와 박정희 체제에 대한 주요 연구 결과물들은 다음과 같다. 이병천 엮음, 2003,《개발독재와 박정희 시대》, 창비, ; 정성화 편, 2005,《박정희 시대 연구의 쟁점과 과제》, 선인; 이영환 편, 2001,《한국 시민사회의 변동과 사회 문제》, 나눔의

집; 윤상철, 1977,《한국 권위주의체제의 정치변동, 1983-1990 : 지배블럭, 제도야당 및 중간 계급을 중심으로》(서울대학교, 사회학과 박사학위논문).

18 Gramsci, *Risorgimento*(Torino; Einaudi), 195-6.

19 여기서 제기하는 세 가지 차원의 역사적 블록에 대해서는 다음의 책을 참조하시오. Huggues Portelli(1973), pp. xi-xiii.

20 Gramsci(1975) 48-49.

21 실제로 정해구 교수는 "박정희 체제의 국가 동원 메커니즘에 관한 연구: '반공-개발 역사 블록'의 기원, 형성과 전개 및 균열"이라는 주제로 박정희 동원 체제에 대한 연구를 진행했다. 정해구 교수가 이야기하는 '반공-개발 역사 블록'은 반공과 성장을 가장 중요한 국시이자 국가 발전의 원동력으로 삼은 박정희 체제를 함축적으로 대내는 용어로, 이를 지배계급의 문제로 확대하면 '반공-개발 지배 블록'(가칭)으로 규정할 수 있을 것이다. 그런 관점에서 보자면 박정희 체제를 거쳐 완성된 한국적 지배 블록을 이와 같이 규정할 수 있을 것이다.

22 이미 이전의 각주에서 설명했듯이 '근대화론'은 1960년대 미국 케네디 정부 시절 제3세계를 발전시키기 위한 세계 전략의 일환으로 제시된 이론이다. 급속한 경제 발전을 통해 민주주의의 발전을 함께 이룰 수 있다는 내용을 담고 있다. '발전국가론'은 경제 발전 과정에서 국가의 역할을 강조하는 측면이 강한 이론으로, 보통 일본과 대만 등 급속한 경제 발전 과정을 거친 나라를 설명할 때 사용되는 이론이다. 경제적 측면에서는 국가가 주도하는 근대 국가 발전론으로 설명할 수 있다. 이 두 개념을 결합하여 지배계급 설명을 위한 개념으로 활용하면, 박정희 체제 이후 한국의 지배계급의 형성과 구조화를 설명하는 데 어느 정도의 유용성을 가질 수 있다. 실제로 근대화론과 발전국가론은 박정희 체제의 안정성과 공고화에 크게 기여한 이론이기 때문에 이를 통해 새롭게 성장한 이들 역시 이와 동조적인 입장을 갖거나, 적어도 박정희 체제에 공헌하였다는 점에서 이들에 의해 형성된 지배계급을 규정할 수 있을 것이기 때문에, 박정희 체제의 지배계급을 '근대화-발전 국가 지배 블록'으로 칭할 수 있는 것이다.

23 '개발독재론' 역시 이전의 각주에서 기본적인 성격을 밝혔다. 이 개념은 경제 발전을 위해 민주주의의 절차나 과정을 무시하고 독재를 통한 왜곡과 변형을 통해 국가를 발전시킨다는 내용을 담고 있다. 이는 박정희라는 인물을 중요하게 생각하는 것이 아니라, 어느 누구라도 국가의 경제 발전을 위해 취할 수 있는 정치 체제라고 이야기한다. '관료적 권위주의론'은 오도넬G. A. O'Donell 등이 주장하는 이론으로. 신흥 개발도상국과 같은 경우 강력한 경제개발의 과정에는 필연적으로 군부-기술관료-국내외 자본 연합의 쿠데타가 발생함으로써, 강력한 강제력과 억압력을 갖는 권위주의 체제가 등장한다는 것을 내용으로 하고 있다. 이러한 관점에서 보자면 체제 내의 지배계급을 '개발

독재-권위주의 지배 블록'으로 유형화할 수 있을 것이다. 국가 발전과 성장을 위해 독
재 체제를 구축하고 안정화시킨 지배계급의 블록을 개념화하고 이론화한 것으로 볼 수
있다.

24 5·16 군사 쿠데타 이후 박정희 체제가 수립하였던 경제계획의 기본 방향은 다양한 제
안과 계획안이 존재했다. 실제로 쿠데타 직후 작성된 세 개의 안은 건설부가 주도한 건
설부안과 최고회의가 주도한 최고회의안 그리고 경제기획원이 주도한 경제기획원안이
존재했는데, 이에 대한 자세한 내용은 다음의 논문을 참조하시오. 이완범, 〈박정희의
장기 경제개발계획 추진과 미국, 1961~1966〉, 정성화 편,《박정희 시대 연구의 쟁점과
과제》, 선인, 2005, 168-183쪽 참조.

25 전택수, 1998, 〈1960년대 한미경제관계: 미국의 시각을 중심으로〉,《한국현대사의 재
조명》Ⅱ. 한국정신문화연구원 현대사연구소. 104쪽.

26 슈얼은 경로 의존성을 다음과 같이 정의하였다. "초기 시점에서 발생한 사건이 이후
시점에서 발생하게 될 일련의 사건들이 초래하게 될 결과에 영향을 미치는 것"이라
고 정의하면서, 역사적 과정 전후 간의 영향 관계와 결과의 연속성을 강조하고 있다.
Sewell, Williams, 1996, "Three Temporalities: Toward an Eventful Sociology". in
McDonald, Terrance(ed.), *The Historic Turn in the Human Science*. Ann Arbor:
University of Michigan Press.

27 Levi, Magaret, 1997, "A Model, A Method, and a Map: Rational Choice
in Comparative and Historical Analysis in Lichbach," Mark and Alan
Zuckerman(eds.). *Comparative Politics: Rationality, Culture and Structure*.
Cambridge: Cambridge University Press. 28.

28 Krasner, Sthephen, 1988, "Sovereignty: An Institutional Perspective,"
Comparative Political Studies, 21.

6 '친일반공지배발전연합'의 이론적 함의

1   Gramsci(1975), pp. 474-475.

2   Ibid, pp. 476-477.

3   클라이브 해밀턴은 경제 성장이 갖는 부정적인 측면을 분석하여 제시하면서, 개인 소
득의 증가나 국부의 증가가 개인적인 삶의 질을 보장하거나 행복을 담보하는 것이 아
님에도 지금까지 좌우 정권 모두 이를 신앙처럼 숭배하고 있다는 사실을 다양한 산업
과의 연계 속에서 지적했다. 보다 자세한 내용은 아래의 책을 참조하시오. 클라이브 해

밀턴 지음, 김홍식 옮김, 2011.《성장숭배》, 바오출판사.

4 참진보지수(GPI)에 대해서는《성장숭배》를 참조하시오.

5 이에 대해서는 다음의 책을 참조하시오. 발레리 즐레조 지음, 길혜연 옮김, 2007.《아파트 공화국》, 후마니타스.

6 《아파트 공화국》, 42쪽.

7 이에 대해서는 여전히 많은 논란이 있겠지만, 한국 사회에서 그리고 한국 경제 구조에서 재벌이 갖는 의미는 사회 구조와 지배계급 논쟁에서도 작지 않다. 재벌 중심의 성장과 개발을 잘 해석하여 설명하고 있는 자료들은 아래의 책을 참조하라. 우석훈, 2008.《괴물의 탄생》, 개마고원; 김용철, 2010.《삼성을 생각한다》, 사회평론; 조돈문·이병천·송원근 엮음, 2008.《한국 사회, 삼성을 묻는다》, 후마니타스.

참고문헌

국내 단행본(번역서 포함)

강준만·김환표,《희생양과 죄의식》, 개마고원, 2004.

구갑우 지음,《마르크스주의 국가이론은 존재하는가: 보비오 논쟁》, 1992, 의암.

김기원,《미군정기의 경제구조》, 푸른산, 1990.

김석수,《현실 속의 철학, 철학 속의 현실》, 책세상, 2001.

김성진 편저,《박정희시대》, 조선일보사출판국, 1994.

김수용 외 4인,《유럽의 파시즘-이데올로기와 문화》, 서울대학교출판부, 2001.

김용철,《삼성을 생각한다》, 사회평론, 2010.

김일철,《사회구조와 사회행위론》, 전예원, 1986.

김종법,《현대 이탈리아 정치·사회》, 바오출판사, 2012b.

김학노·박형준 외,《국가 계급 사회운동》, 한울, 1986.

김현우,《안토니오 그람시》, 살림, 2005.

김호진,《한국의 도전과 선택》, 나남, 1997.

나카오 미치코,《해방 후 전평 노동운동》, 춘추사, 1984.

니코 풀란차스 지음, 박병영 옮김,《정치권력과 사회계급》, 백의, 1968.

로버트 보콕 지음, 이향순 옮김,《그람시 헤게모니 사회이론》, 학문과사상사, 1991.

로저 시몬 지음, 김주환 옮김,《그람시의 정치사상》, 청사, 1985.

루이 알튀세르 지음, 고길환·이화숙 옮김,《마르크스를 위하여》, 백의, 1990.

루이 알튀세르, 이진수 옮김,《레닌과 철학》, 백의, 1991.

루이 알튀세르·에티엔 발리바르 지음, 김진엽 옮김,《자본론을 읽는다》, 두레, 1991.

리처드 벨라미 엮음, 김현우·장석준 옮김,《안토니오 그람시 옥중수고 이전》, 갈무리, 2001.

리처드 벨라미, 윤민재 옮김,《그람시와 민족국가》, 사회문화연구소, 1996.

린 로너 엮음, 양희정 옮김,《감옥에서 보낸 편지》, 민음사, 2000.

마틴 카노이 지음, 이재석 외 옮김,《국가와 정치이론》, 한울, 1992.

박기덕,《한국 민주주의의 이론과 실제 : 민주화. 공고화. 안정화》, 한울, 2006.

박정희,《박정희 어록 - 하면 된다! 떨쳐서 일어나자》, 동서문화사, 2005.

발레리 즐레조 지음, 길혜연 옮김,《아파트 공화국》, 후마니타스, 2007.

변형윤,《한국경제연구》, 유풍출판사, 1986.

산티아고 카리요 지음,《유로코뮤니즘과 국가》, 새길, 1992.

샹탈 무페 편, 장상철·이기웅 옮김,《그람시와 마르크스주의 이론》, 녹두, 1992.

소비에트 과학아카데미 철학연구소 편, 이을호 편역,《세계철학사 VI》, 중원문화사, 1990.

손인수,《한국교육사상가평전 Ⅱ》, 문음사, 1990.

손호철,《해방 60년의 한국정치》, 이매진, 2006.

송병헌,《한국자유민주주의의 전개와 성격》, 민주화운동기념사업회연구소, 2004.

신덕룡 엮음,《폭풍-해방공간의 노동운동 소설선집》, 시민사, 1990.

안토니오 그람시 지음, 김종법 옮김,《남부문제에 대한 몇 가지 주제들 외》, 책세상, 2004.

안토니오 그람시 지음, 이상훈 옮김,《그람시의 옥중수고 1 - 정치편》, 거름, 1986.

안토니오 그람시 지음, 이상훈 옮김,《그람시의 옥중수고 2 ? 철학/역사/문화편》, 거름, 1993.

안토니오 그람시 지음, 조형준 옮김,《그람시와 함께 읽는 문화 - 대중문화/언어학/저널리
    즘》, 새물결, 1992.

앤 서순 편저, 최우길 옮김,《그람시와 혁명전략》, 녹두, 1984.

에르네스토 라클라우·샹팔 무페 지음, 김성기 외 옮김,《사회변혁과 터》, 터, 1992.

에르네스트 만델, 이범구 옮김,《후기 자본주의》, 한마당, 1985.

에릭 홉스봄 지음, 김동택 옮김,《자본의 시대》, 한길사, 1998.

우석훈,《괴물의 탄생》, 개마고원, 2008.

월터 애덤스 지음, 권순홍 옮김,《헤게모니와 혁명》, 학민사, 1986.

유광호 외,《한국 유신시대의 경제 정책》, 한국정신문화연구원, 2003.

유팔무·김호기 엮음,《한국 시민사회와 민주주의의 전망》, 한울, 1995.

윤상철,《한국 권위주의체제의 정치변동, 1983-1990 : 지배블럭, 제도야당 및 중간계급을 중
    심으로》, 서울대학교: 사회학과 박사학위논문, 1997.

이병천 엮음,《개발독재와 박정희 시대》, 창비, 2003.

이병천·박형준 편저,《마르크스주의의 위기와 포스트 마르크스주의》, 의암출판, 1992.

이영환 편,《한국 시민사회의 변동과 사회문제》, 나눔의집, 2001.

이완범,《박정희와 한강의 기적》, 선인, 2006.

이재오,《해방후 한국학생운동사》, 형성사, 1984.

이종훈,《한국경제론》, 법문사, 1979.

임영일 편저,《국가 계급 헤게모니》, 풀빛, 1985.

전인권,《박정희 평전》, 이학사, 2006.

정운형,《군인 박정희》, 개마고원, 2004.

정윤재,《정치리더십과 한국민주주의》, 나남출판, 2003.

정해구,《6월 항쟁과 한국의 민주주의》, 민주화운동기념사업회연구소, 2004.

조갑제,《박정희: 한 근대혁명가의 비장한 생애》, 조갑제닷컴, 2006.

조돈문·이병천·송원근 엮음,《한국 사회, 삼성을 묻는다》, 후마니타스, 2008.

조희연 편,《한국의 정치사회적 저항담론과 민주주의 동학(3)》, 함께읽는책, 2003.

조희연,《한국의 정치사회적 지배담론과 민주주의 동학 : 한국 민주주의와 사회운동의 동학
    (4)》, 함께읽는책, 2004.

존 어리 지음, 이기홍 옮김,《경세, 시민사회, 그리고 국가》, 1994, 한울.

주세페 피오리 지음, 신지평 옮김,《그람시》, 두레, 1991.

최장집,《민주주의의 민주화: 한국 민주주의의 변형과 헤게모니》, 후마니타스, 2006.

최장집,《민주화 이후의 민주주의 : 한국 보수주의의 보수적 기원과 위기》, 후마니타스,
    2005.

최장집,《한국민주주의의 조건과 전망》, 나남, 1996.

최장집,《한국민주주의의 조건과 전망》, 나남, 1996.

카린 프리스터 지음, 윤수종 옮김,《이탈리아 맑스주의와 국가이론》, 새길, 1993.

칼 보그 지음, 강문구 옮김,《다시 그람시에게로》, 한울, 1991.

케이트 크리언 지음, 김우영 옮김,《그람시·문화·인류학》, 길, 2004.

크리스토퍼 피어슨 지음, 어수영 옮김,《마르크스주의와 민주주의 정치이론》, 학문과사상사,
    1989.

클라이브 해밀턴 지음, 김홍식 옮김,《성장숭배》, 바오출판사, 2011.

패리 앤더슨 지음, 이현 옮김,《서구 마르크스주의 읽기》, 이매진, 2003.

피오리 저, 김종법 옮김,《안또니오 그람시》, 이매진, 2004.

학술단체협의회,《민주주의는 종료된 프로젝트인가: 현 단계 한국 민주주의의 이념, 현황, 전
    망》, 이후, 2003.

한스 헤인즈 홀츠 지음, 주정훈 옮김,《현대 마르크스주의의 현재와 미래》, 한울, 1985.

국내 연구논문

고원, 〈박정희 정권 시기 가정의례준칙과 근대화의 변용에 관한 연구〉,《담론》(201 9(3)), 2006.

공제욱, 〈1950년대 한국사회의 계급구성〉,《경제와 사회》3호(봄·여름 합본), 1990.

공제욱, 〈현대 한국 계급연구의 현황과 쟁점〉,《한국사회의 계급연구》, 한울, 1995.

김대환, 〈근대화와 경제개발의 재검토: 박정희 시대의 종언을 위하여〉,《경제발전연구》(1997 년 12월호), 1997.

김대환·김유혁, 〈새마을운동의 보편성과 특수성〉, 서울대학교 새마을운동 종합연구소,《새 마을운동의 이념과 실제: 새마을운동 국제학술회의 논문집》, 서울대학교 새마을운동 종합연구소, 1981.

김삼수, 〈박정희 시대의 노동 정책과 노사관계〉, 이병천 엮음,《개발독재와 박정희 시대》, 창 비, 2004.

김일영, 〈박정희시대 연구의 쟁점과 전망〉, 정성화 편.《박정희시대 연구의 쟁점과 과제》, 선 인, 2005.

김정훈, 〈정치사회적 저항담론과 민주주의〉, 조희연 편,《한국의 정치사회적 저항담론과 민 주주의 동학(3)》, 함께읽는책, 2004.

김종법, 〈'옥중수고'의 현대적 읽기〉,《지중해지역연구》, (2012, 제14권 제3호), 2012a.

김종법, 〈구조주의: 정치적 해석과 전망〉, 한국정치학회 편,《정치학이해의 길잡이 : 정치이 론과 방법론》, 법문사, 2008.

김종법, 〈그람시 역사적 블록 개념을 통해 본 한국지배계급 연구〉,《동서연구》,(2010, 제22권 2호), 2010.

김종법, 〈그람시, 그는 여전히 유용한 학문적 지표인가?〉,《마르크스주의연구》, 경상대사회 과학연구소, 2007.

김종법, 〈발리에서 다시 태어난 그람시〉,《정치비평》제14호. 한국정치연구회, 2005.

김종법, 〈이탈리아 남부문제에 대한 정치사상적 기원 ?치꼬띠에서 그람쉬까지〉,《세계지역 연구논총》(Vol.24 No.1), 2006.

김종법, 〈이탈리아 남부문제의 역사 −카부르에서 니띠까지 부르주아 지배계급의 관점에서〉, 《이탈리아어문학》(Vol.15), 2004.

김종법, 〈파시즘의 기반으로서 젠틸레의 정치사상: 힘의 철학과 실천 개념을 중심으로〉,《이 탈리아어문학》(제18집), 2006.

김종법, 〈헤게모니론: 쟁점, 문제점, 그리고 한국화〉, 이정희·최연식,《현대정치사상과 한국 적 수용》, 법문사, 2009.

박현채, 〈남북 분단의 민족경제사적 위치〉, 《해방전후사의 인식 2》, 한길사, 1985.

성한표, 〈8·15 직후의 노동자자주관리운동〉, 《한국 사회연구 2》, 한길사, 1984.

신납풍, 〈해방 후 한국경제의 구조〉, 《한국현대사 1》, 열음사, 1985.

이경일, 〈이탈리아 세기말 위기〉, 《서양사 연구》 제17집, 서양사연구회, 1995.

이대근, 〈남북 분단과 미군정 경제 정책의 성격〉, 《한국경제론》, 까치, 1987.

이완범, 〈박정희의 장기 경제개발계획 추진과 미국, 1961~1966〉, 정성화 편, 《박정희시대 연구의 쟁점과 과제》, 선인, 2005.

이헌창, 〈8·15의 사회경제사적 인식〉, 《한국자본주의론》, 까치, 1984.

자빈 케비어 지음, 이철규 옮김, 《안토니오 그람시의 시민사회》, 백의, 1994.

장상환, 〈해방 후 대미의존적 경제구조의 성립과정〉, 《해방 40년의 재인식》, 돌베개, 1985.

전광희, 〈1970년대 전반기의 사회 구조와 사회정책의 변화〉, 한국정신문화연구원 편, 《1970년대 전반기의 정치·사회변동》, 백산서당, 1999.

전택수, 〈1960년대 한미경제관계: 미국의 시각을 중심으로〉, 《한국현대사의 재조명 II》, 한국정신문화연구원 현대사연구소, 1998.

정영일, 〈외향적 경제 발전과 농업정책〉, 김윤환 외, 《한국경제의 전개과정》, 돌베개, 1986.

정해구, 〈한국정치의 민주화와 개혁의 실패〉, 한국학술단체협의회 편, 《6월 민주항쟁과 한국 사회 10년 II》, 당대, 1997.

최장집, 〈그람씨의 헤게모니 개념〉, 《한국정치학회보》 제18집, 한국정치학회, 1984.

홍덕률, 〈한국자본가 계급의 성격〉, 김진균 외, 《한국지배계급연구》, 한울, 1995.

홍두승, 〈직업분석을 통한 계층 분석〉, 《사회과학과 정책연구》 제5권 3호, 1983.

홍두승, 〈한국 사회계층 연구를 위한 예비적 고찰〉, 《한국사회의 전통과 변화》, 법문사, 1983.

외국 단행본

AA.VV., 1986, *I giuristi e la crisi dello Stato liberale in Italia fra Otto e Novecento*, a cura di A. Mazzacane(Napoli, Liguori).

AA.VV., 1989, *Teoria politica e societ? industriale. Ripensare Gramsci*, a cura di F. Sbarberi(Torino, Bollati Boringhieri).

AA.VV., 1997, *Gramsci e il Novecento 2 voll.* a cura di G. Vacca(Roma-Bari, Laterza).

AA.VV., 2004, *Gramsci e la storia contemporanea: i "Quaderni" come 'teoria' e 'critica' della storiografia in Gramsci il suo il nostro tempo.* a cura di Rita Medici(Bologna: Clueb).

AA.VV., 2004, *Le parole di Gramsci. Per un lessico dei Quaderni del carcere.* a cura di G. Liguori e F. Frosini(Roma, Carocci).

AA.VV., 2007. *Studi gramsciani nel mondo 2002-2005,* a cura di Giuseppe Vacca e Giancarlo Schirru(Bologna: Il Mulino).

AAA., a cura di Vacca Giuseppe, 1999, *Gramsci e il Novecento I, II*(Roma, Carocci).

Adamson W., 1980, *Hegemony and Revolution: A Study of Antonio Gramsci's Political and cultural Theory*(Berkeley and Los Angeles: University of California Press).

Althusser L., 1969, *For Marx*(London: Allen Lane).

Althusser L., 1977, *Lenin and Philosophy and Other Essays*(London: Verso).

Anderson P., 1975, *Consideration on Western Marxism*(London: New Left Books).

Badaloni N. et. al., 1986, *Marx e il mondo contemporaneo, Atti del convegno dell'Istituto Gramsci, Roma 16-19 novembre 1983,* a cura di C. Mancina(Roma: Editori Riuniti).

Baratta Giorgio, 2003. *Le rose e i quaderni. Il pensiero dialogo di Antonio Gramsci*(Roma: Carocci).

Bieler A., 2000. *Current Politics and Economics of Europe*(Nova Science Publishers, Incorporated).

Blau, 1975, *Approaches to the Study of Social Structure*(New York: The Free Press).

Bobbio N., 1990, *Saggi su Gramsci*(Milano: Feltrinelli).

Bocock R., 1986, *Hegemony*(London: Tavistock Publications Limited).

Boggs C., 1976, *Gramsci's Marxism*(London: Pluto Press).

Boggs C., 1982, *The Impasse of European Communism*(Boulder Colo: Westview Press).

Bosworth Richard J., 2004, *Mussolini. Un dittatore italiano*(Milano: Mondadori).

Brunello Mantelli, 1994, *La nascita del fascismo*(Milano: FENICE 2000)

Bucci-Glucksmann C., 1980, *Gramsci and the State,* trans. D. Fernbach(London: Lawrence & Wishart).

Buci-Glucksmann C., 1974, *Gramsci et l'état*(Paris).

Burgio Alberto, 2003, *Gramsci storico, Una lettura dei Quaderni del carcere*(Roma-Bari: Laterza).

Camette J., 1967, *Antonio Gramsci and the Origins of Italian Communism*(London: Palo Alto).

Ceradi Cosimo, 2002, *Gramsci e la costruzione egemonia*(La Mongolfiera).

Claudin F., 1978, *Eurocommunism and Socialism*(London: New Left Books).

Coutinho Carlos N., 2006, *Il pensiero politico di Gramsci*(Milano: Edizioni Unipoli).

Cox. R. W., 1987, *Production, Power, and World Order: Social Forces in the Making of History*(New York: Colombia University Press).

Crehan K., 2002, *Gramsci, Culture and Anthropology*(California: University of California Press).

Emilio Gentile, 2004, *Storia e interpretazione*(Roma-Bari: Laterza).

Femia J., 1981, *Gramsci's Political Thought. Hegemony, Consciousness and Revolutionary Process*(Oxford: Clarendon Press).

Fondazione Istituto Gramsci, 1981, *Il laboratorio della riforma. Contenuti culturali, organizzazione didattica e valutazione nella secondaria superiore*(Milano: Angeli).

Fondazione Istituto Gramsci, 1990, *Gramsci e l'Occidente. Trasformazioni della società e riforma della politica*, a cura di W. Tega. Atti del convegno internazionale organizzato dall'Istituto Gramsci Emilia-Romagna, dalla Fondazione Istituto Gramsci e dal Partito comunista italiano, Bologna 9-11 settembre 1987(Bologna: Cappelli).

Fondazione Istituto Gramsci, 1995, *Gramsci nel mondo*, a cura di M. L. Righi(Roma: FIG).

Fondazione Istituto Gramsci, 1997, *Centro per la riforma dello Stato, La transizione italiana. Alternative dell'integrazione sovranazionale dagli anni Settanta agli anni Ottanta*, a cura di A. Romano, Atti del convegno, Frattocchie, Roma 29 ottobre 1996(Roma: Manifesto Libri).

Fondazione Istituto Gramsci, 1998, *L'economia mondiale in trasformazione, a cura di A. Graziani con la collaborazione di A. M. Nassisi, Atti del convegno organizzato dalla Fondazione Istituto Gramsci e dal Dipartimento di Economia Pubblica dell'Università di Roma "La Sapienza", Roma 6-8 ottobre 1994*(Roma: Manifestolibri).

Frosini F., & Liguori G., 2004, *Le parole di Gramsci. Per un lessico dei Quaderni del carcere*(Roma: Carocci).

Frosini F., 2003, *Gramsci e la filosofia. Saggio sui quaderni del carcere*(Roma: Carocci).

G. Gentile(a cura di H. A. Cavallera), 1990, *Politica e cultura Vol. I*(Firenze: Le

Lettere).

G. Gentile, 1975, *Genesi e struttura della società* (Firenze: Sansoni).

G. Gentile, 2003, *I fondamenti della filosofia del diritto* (Firenze: Le Lettere).

G. Gentile, 2003, *Teoria generale dello spirito come atto puro* (Firenze: Le Lettere).

Gentile Emilio, 2004, *Storia e interpretazione* (Roma-Bari: Laterza).

Geras N., 1978, *Marx and Human Nature. Refutation of a Legend* (London: Verso Press and New Left Books).

Giunti, 2003, *Storia illustarta del Fascismo* (Firenze: Giunti).

Gramsci Antonio, 1972, *L'Ordine Nuovo* (Torino: Einaudi).

Gramsci Antonio, 1972, *La costruzione del partito comunista* (1923-1926) (Torino: Einaudi).

Gramsci Antonio, 1975, *Quaderni del carcere, a cura di Gerratana Valentino* (Torino: Einaudi).

Gramsci Antonio, 1975, *Quaderni del carcere, a cura di Gerratana Valentino* (Torino: Einaudi).

Gramsci Antonio, 2004, *Il lettore in catene, La critica letteraria nei Quaderni, a cura di Andrea Menetti* (Roma: Carocci).

Gramsci, 1972, *Risorgimento* (Roma: Riuniti).

Hoare. Q. & Smith. G. N., 1971, *Selections from the Prison Notebooks of Antonio Gramsci* (New York: International Publishers).

Howard D./Klare (ed.), 1972, *The Unknown Dimension: European Marxism since Lenin* (New York: Basic Books).

Hugues Portelli, 1972, *Gramsci e il blocco storico* (Roma-Bari: Laterza).

Ives P., 2004, *Language And Hegemony In Gramsci* (London: Pluto).

Joll J., 1977, *Gramsci. London: Fontana. Gramsci Antonio, 1978, Socialismo e fascismo* (L'Ordine Nuovo 1921-1922) (Torino: Einaudi).

Laclau E. & Mouffe C., 1985, *Hegemony & Socialist Strategy*, (trans.) Moore W. & Cammack P (London: Verso).

Laclau E., 1977, *Politics and Ideology in Marxist Theory* (London: New Left Book).

Liguori G., 1996, *Gramsci Conteso* (Roma: Editori Riuniti).

Ludo Salvatore, 2005, *Il fascismo. La Politica in un regime totatitario* (Milano: Donzelli).

Luigi Dal Pane, 1975, *Antonio Labriola nella politica e nella cultura italiana* (Torino:

Einaudi).

Mandel E., 1975, *Late Capitalism*(London: Verso).

Marramao G., 1971, *Marxismo e revisionismo in Italia*(Bari: De Donato).

Marzani C., 1980, *The Promise of Eurocommunism*(Westport Conn.: Lowrence Hill and Co.).

Mordenti Raul, 2007, *Gramsci e la rivoluzione necessaria*(Roma: Editori Riuniti).

Morton A. D., 2007, *Unravelling Gramsci: Hegemony and Passive Revolution in the Global Political Economy*(London: Pluto).

P. Alatri, 2004, *Mussolini, Newton & Compton*(Milano).

P. Farnetti, 1973, *Il sistema politico italiano*(Bologna: Il Muilino).

P. Togliatti, 2004, *Sul fascismo. a cura di Giuseppe Vacca*(Bari-Roma: Editori Laterza, Fondazione Istituto Gramsci).

Paggi L., 1984, *Le strategie del potere in Gramsci: tra fascismo e socilaismo in un solo paese, 1923-1926*(Roma: Eiditori Riuniti).

Paxton Robert, 2005, *Il fasctsmo in azione*(Milano: Mondadori).

Renate Holub, 1992, *Antonio Gramsci: Beyond Marxism and postmodernism*(London: Routledge).

Salvadori, Massimo L., 1981, *Il mito del buongoverno*(Torino: Einaudi)

Salvatore Ludo, 2005, *Il fascismo. La politica in un regime totalitario*(Milano: Donzelli).

Sassoon A. S., 1980, *Gramsci's Politics*(New York: St. Martin's Press).

Sassoon A. S., 1982, *Approaches to Gramsci*(London: Writers and Readers).

Savio Antonella, 2004, *Fascino e ambiguità di Gramsci*(Milano: Prospettiva).

Sbarberi F., 1986, *Gramsci in socialismo armonico*(Milano: Angeli).

Simon R., 1982, *Gramsci's Political Thought. An Introduction*(London: Lawrence & Wishart).

Spriano P., 1988, *Gramsci in carcere e il partito*(Roma: Editori Riuniti).

V. Pareto(ed.) da N. Bobbio, 1964, *Trattato sociologia generale*(Milano: Edizioni di Comunit?).

Vacca Giuseppe, 1999, *Appuntamenti con Gramsci*(Roma: Carocci).

Williams R., 1977, *Marxism and Literature*(New York: Oxford University Press).

Worsley P., 1982, *Marx and Marxism*(Chichester and London: Ellis Horwood and Tavistock Publications Limited).

외국 연구논문

Anderson P., 1978, "The Antinomies of Antonio Gramsci", in *New Left Review* no. 100(London. New Left Books).

Bates T. R., 1975, "Gramsci and Theory of Hegemony", *Journal of the History of Ideas.* vol. XXXVI, no. 2. April~June.

Bieler A. and Adam D. Morton, 2001, "The Gordian Knot of Agency-Structure in International Relations: A Neo-Gramscian Perspective." *European Journal of International Relations*, vol. 7, no. 1.

Bobbio N., 1985, "Gramsci and the Conception of Civil Society", in Mouffe C.(ed.) *Hegemony & Socialist Strategy*, (tran.) Moore W. & Cammack P.(London: Verso).

Cammett J., 1971, "Socialism and Participatory Democracy", in G. Fischer(ed.), *The Revival of American Socialism*(New York: Oxford University Press).

Cox. R. W., 1981, "Social Forces, States and World Orders: Beyond International Theory", *Millennium: Journal of International Studies*, 10(2).

Cox. R. W., 1983, "Gramsci, Hegemony and International Relations: An Essay in Method", *Millennium: Journal of International Studies*, 12(2).

G. Eley, 1984, "Reading Gramsci in English: Observations on the Reception of Antonio Gramsci in the English-Speaking World 1957~1882", *European History Quarterly.* vol. 14.

Gervasoni M., 1997, "Antonio Gramsci e la Francia. Dal Mito della modernit? alla scienza della politica"(Milano: Edizioni Unipoli).

Hall S. 1978."The 'Political' and the 'Economic' in Marx's Theory of Classes", Hunt A.(ed.), *Class and Class Structure*(London: Lawrence & Wishart).

Karabell, 1976, "Revolutionary Contradiction: Antonio Gramsci and the Problem of Intellectuals", *Politics and Society*, vol. 6. no. 2.

Krasner Sthephen, 1988, "Sovereignty: An Institutional Perspective", *Comparative Political Studies*, 21.

Levi Magaret, 1997, "A Model, A Method, and a Map: Rational Choice in Comparative and Historical Analysis in Lichbach", Mark and Alan Zuckerman(eds.). *Comparative Politics: Rationality, Culture and Structure*(Cambridge: Cambridge University Press).

Long T., 1980, "Marx and Western Marxism in the 1970's", *Berkeley Journal of*

Sociology, vol. XXV.

Markovic M., 1967, "L'unita' di filosofia e politica nel Gramsci", in P. Rossi(ed.), *Gramsci e la cultura contemporanea*(Roma: Editori Riuniti).

Martinelli A., 1968, "In Defence of Revolution", *Berkeley Journal of Sociology*, vol. XIII.

Merrington J., 1968, "Theory and Practice in Gramsci's Marxism", *The Socialist Register*(London).

Piccone P., 1971, "Phenomenological Marxism", *Telos*, no. 9. Autumn.

Piccone P., 1974, "Gramsci's Hegelian Marxism", *Political Theory*.

Piccone P., 1976, "Gramsci's Marxism: Beyond Lenin and Togliatti", *Theory and Society*, no. 3. Winter.

Piccone P., 1977, "From Spaventa to Gramsci", *Telos*, no. 31. Spring.

Salvadori M., 1985, "Gramsci and the PCI: Two Conceptions of Hegemony", in Mouffe C.(ed.), *Hegemony & Socialist Strategy*, Moore W. & Cammack P.(tran.) (London: Verso).

Sewell, Williams, 1996, "Three Temporalities: Toward an Eventful Sociology", in McDonald, Terrance(ed.), *The Historic Turn in the Human Science*(Ann Arbor: University of Michigan Press).

Williams G., "The Concept of 'egemonia' in the Thought of Antonio Gramsci", *Journal of the History of Ideas*, vol. XXI, no. 4, October~December 1960.

그람시와 한국 지배계급 분석

그람시의 역사적 블록 개념과 한국적 적용을 중심으로

초판 1쇄 발행 | 2015년 11월 20일

지은이   김종법
책임편집   여미숙
디자인   주수현, 정진혁

펴낸곳   바다출판사
발행인   김인호
주소   서울시 마포구 어울마당로5길 17(서교동, 5층)
전화   322-3885(편집), 322-3575(마케팅)
팩스   322-3858
E-mail   badabooks@daum.net
홈페이지   www.badabooks.co.kr
출판등록일   1996년 5월 8일
등록번호   제10-1288호

ISBN 978-89-5561-806-8 93300

본서는 2010년 정부(교육부)의 재원으로 한국연구재단의 지원을 받아 수행된 연구임
(NRF-2010-812-B00005)